Ernst Pöppel

Grenzen des Bewußtseins

Wie kommen wir
zur Zeit,
und wie entsteht
Wirklichkeit?

Insel Verlag

Das Buch erschien zuerst unter demselben Titel 1985 (1988²)
bei der Deutschen Verlagsanstalt Stuttgart,
es erscheint hier als grundlegend überarbeitete Neuausgabe.

Übersetzungen des Buches in
Englisch Spanisch Portugiesisch Polnisch Japanisch Chinesisch

Erste Auflage 1997
© Insel Verlag Frankfurt am Main und Leipzig 1997
Alle Rechte vorbehalten
Satz: Allgäuer Zeitungsverlag, Kempten
Druck: Friedrich Pustet, Regensburg
Printed in Germany

Inhalt

Vorwort   7

1. Grenzen der Selbstbeobachtung – oder: Wie wir
   lesen 11

2. Fenster der Gleichzeitigkeit – oder: Über zeitliche
   Spitzenleistungen beim Hören 18

3. Wann ist ein Ereignis ein Ereignis? – oder: Wenn
   das Gehirn zu langsam arbeitet 28

4. Schnellste Reaktionen – und der Horizont der
   Gleichzeitigkeit 33

5. Der zeitliche Rahmen für Entscheidungen – oder:
   Warum unsere Zeit in Quanten zerlegt ist 43

6. Braucht das Gehirn eine Uhr? – oder: Wie zeitliche
   Ordnung geschaffen wird 50

7. Die zeitliche Begrenztheit des Bewußtseins – oder:
   Wie das »Jetzt« entsteht 59

8. Das »Jetzt« – eine zeitliche Insel für geistige Gestaltung und persönliche Autonomie 74

9. Die zeitliche Struktur von Gedichten – oder: Wie
   sich das »Jetzt« in der Kunst bemerkbar macht . . 81

10. Die Dauer und das Zeitparadox – oder: Wie
    kommt es zu Langeweile und Kurzweil? 93

11. Gedächtnis und Gedächtnisstörung – oder: Wie
    Vergangenheit und Zukunft entstehen 100

12. Der Tageslauf des Bewußtseins – oder: Warum wir
    uns erst einen Tag später wieder ähnlich sind . . . 110

13. Der geordnete Ablauf des Schlafens – oder: Warum
    wir eigentlich träumen 121

14. Das Gehirn – der eng bemessene Raum für einen
    unermeßlichen Reichtum des Erlebens 132

15. Lust und Schmerz – oder: Wie die rechte Gehirnhälfte in unser Erleben eingreift 144

16. Der Aufbau der Wirklichkeit – oder: Wie Vor-Urteile unser Weltbild bestimmen 157

17. Sehen ohne zu sehen: Blindsehen – oder: Ist Bewußtsein abhängig von Sprache? 168

18. »Über die allmähliche Verfertigung der Gedanken beim Reden« – sowie beim Gehen, Schreiben und nach dem Handeln 181

19. Der zeitliche Aufbau des Bewußtseins – und wie Unbewußtes Vorbewußtes beeinflußt 187

20. Besuch von einem anderen Stern – oder: Warum Grenzen notwendig sind 194

Nachweise 199

Literaturverzeichnis 201

Est modus in rebus,
sunt certi denique fines.

Horaz

Vorwort

Dieses Buch ist ein langes Argument darüber, was man unter
»Bewußtsein« versteht. Eine grundlegende Annahme ist, daß
wir über unser Zeiterleben Zugang zum Verständnis von
Bewußtsein erlangen. Hierin unterscheidet sich dieses Buch
grundlegend von vielen anderen, die zum Thema Bewußtsein
in der letzten Zeit veröffentlicht wurden. Es ist interessant zu
beobachten, wie sehr dieses Thema Wissenschaftler aus den
verschiedensten Bereichen in seinen Bann zieht; neben Hirnfor-
schern und Psychologen haben sich Philosophen und bemerkenswerterweise auch Physiker der Frage nach dem Bewußtsein zugewandt.

Dieses neue Interesse mag viele Gründe haben, wie den rein
äußerlichen, daß wir uns an der Zeitenwende, dem Übertritt
zu einem neuen Jahrtausend, plötzlich mehr für die »Natur
in uns« interessieren. Die Lebenswissenschaften gewinnen ein
neues Gesicht, und die bevorzugte Untersuchung der »Natur
um uns«, wie sie beispielhaft in der Physik vorgenommen wird,
verliert ihre Dominanz. In den Lebenswissenschaften sind es
zwei Bereiche, die in das Zentrum des wissenschaftlichen Inter-
esses getreten sind, zum einen die genetische Analyse von
Lebensprozessen, zum anderen die Untersuchung neuronaler
Programme, wie sie Verhalten und Erleben steuern.

In diesem Buch wird auf neurowissenschaftlicher Grundlage
versucht, den Problemen des Bewußtseins näherzukommen,
wobei dem Leser sehr schnell deutlich wird, daß moderne
Hirnforschung notwendigerweise interdisziplinär ist. Hiermit
drückt sich ein paradigmatischer Wechsel in den Wissenschaften
aus, d. h. bestimmte Fragen kann man nur interdisziplinär bearbeiten. Das Thema Bewußtsein gehört nicht allein in die Psychologie oder nur in die Philosophie oder nur in die Hirnforschung,

sondern alle sind aufgerufen, gemeinsam daran zu arbeiten, ihre methodischen Fertigkeiten und ihre Denkweisen einzubringen. Als besonders fruchtbar hat sich erwiesen, daß neben den genannten Disziplinen auch die Computerwissenschaften, die Informatik, die Robotik, sich dem Thema geöffnet haben, so daß weltweit – z. B. auch im Internet – ein völlig neuer Diskurs zum Bewußtsein über die Fächergrenzen hinweg entsteht.

Wie aus diesem Buch deutlich werden wird, reicht aber die Brücke zu anderen »Teilkulturen« noch weiter. Bestimmte Phänomene in den Künsten tragen ganz wesentlich zu einer Analyse des Bewußtseins bei. Spricht man von »two cultures«, den zwei Kulturen, sollte der geneigte Leser im Hintergrund mitbedenken, daß die zwei Kulturen, wie sie sich in den Geistes- und Naturwissenschaften widerspiegeln, doch nur Ausdruck zweier verschiedener Trajektorien aus einer, dem Menschen gemäßen Kultur sind. Für ein besseres Erkennen unserer selbst müssen wir uns allen Denkwegen, bereits vollzogenen oder vielleicht möglichen, öffnen.

Die Hinwendung zur Hirnforschung und insbesondere zum Bewußtsein als einem zentralen Thema hat aber auch eine ganz praktische Ursache. Der Erfolg der Medizin hat dazu beigetragen, daß die Menschen immer älter werden – und wer sollte darüber nicht zufrieden sein. Durch die höhere Lebenserwartung ist für uns jedoch ein neues Risiko entstanden: das alternde Gehirn ist besonders anfällig für Störungen, die mit Veränderungen des Bewußtseins einhergehen können. Hierher gehören die Demenzen, z. B. die Alzheimersche Erkrankung, die altersbedingten Schlaganfälle, chronische Schmerzen, die Parkinsonsche Erkrankung und altersbedingte Depressionen. Obwohl genaue Zahlen nicht vorliegen, kann man dennoch vermuten, daß vielleicht die Hälfte aller Kosten im Gesundheitssystem durch Erkrankungen des Gehirns bedingt sind. Dies heißt, daß es auch einen ärztlichen Grund gibt, Hirnforschung zu betreiben, um nämlich sicherzustellen, daß Lebensqualität und Lebenswürde erhalten bleiben, und dies ist nur möglich mit »vollem Bewußtsein«. Damit diese Aufgaben erfüllt werden können, müssen wir verstehen, wie das Gehirn funktioniert.

Die eigene Forschung und die der Mitarbeiter, auf der zum großen Teil die Argumente dieses Buches beruhen, wurde im wesentlichen durch Unterstützung der Deutschen Forschungsgemeinschaft und des Bundesministers für Bildung, Wissenschaft, Forschung und Technologie ermöglicht. Ohne die Herausforderung jedoch, den Studenten verständlich zu machen, was getan wurde, hätte das Buch nicht geschrieben werden können. Ich bin der Auffassung, daß akademischer Unterricht eine entscheidende Säule wissenschaftlicher Aktivität, wenn nicht gar Kreativität ist – mit der Bedingung allerdings, daß es die eigene Forschung ist, die man in einer neuen argumentativen Struktur zu vermitteln sucht. Die Neugier der jungen Kollegen, ihre Unvoreingenommenheit, ihre Kritiklust und auch ihre Frechheit sind notwendige Randbedingungen für den wissenschaftlichen Fortschritt.

Doch ein Autor braucht auch die anderen. Ich habe das Glück gehabt, mit Persönlichkeiten – oft älter als ich – zusammenzukommen, die mich nicht nur herausforderten, sondern mir auch das Gefühl der Sicherheit in meinem Tun gaben. Im Fortgang der Forschung ist man meist auf unsicherem Boden, denn Antworten sind selten; meist sind die Fragen noch offen. Nichts Schlimmeres gibt es in der Wissenschaft, als wenn Antworten zu schnell gegeben werden, und geradezu unerträglich sind jene Wissenschaftler, die immer alles gleich »wissen«. Man muß auch einmal dumm sein können, und man darf davor keine Angst haben. Eine solche Situation zu schaffen, in der man sich sicher fühlt und nicht immer alles wissen muß – und dies möglichst sofort –, ist schwierig, aber Bedingung für das Forschen. Dies gelang Jürgen Aschoff. In ganz anderer Weise machte mich Janos Szentágothai sicher, der mit immer neuen Fragen überraschte und mit Begeisterung sein Staunen über die Natur und den Respekt vor anderen ausdrückte. Ich hatte das Glück, dem Erfinder und Unternehmer Edwin Land zu begegnen, den es trotz seines wirtschaftlichen Erfolgs täglich in sein Labor zog, um unser Farbensehen besser zu verstehen. Sicherheit in einer wiederum ganz anderen Weise gibt mir Joachim Treusch, der meine oft unklaren Gedanken erkennt, und ich mich dennoch nicht unsicher dabei fühlen muß.

Dieses Buch erscheint hier in überarbeiteter Weise als 3. Auflage, wobei bereits mehrere Übersetzungen erschienen oder in Vorbereitung sind. Dies alles hat letzten Endes Hans Rössner zu verantworten, der mich auf den Weg gebracht hat, überhaupt ein solches Buch zu schreiben, das sich an die Allgemeinheit wendet. Ich danke ihm für die geistige Begleitung auf dem Weg durch das Manuskript und für die zahlreichen Anregungen.

Jülich/München, Januar 1997   *Ernst Pöppel*

1 Grenzen der Selbstbeobachtung – oder: Wie wir lesen

Wenn der geneigte Leser dieses Buch zur Hand genommen und mit dem Lesen dieses Satzes begonnen hat, dann hat er bereits, ohne es zu wollen, eine wichtige Erfahrung über die »Grenzen der Selbstbeobachtung« gemacht. Ich könnte den Leser nämlich schon nach wenigen gelesenen Worte fragen, welchen Eindruck er vom Vorgang des Lesens habe. Dazu bedarf es nur weniger gelesener Zeilen. Die Antwort wäre vermutlich – und so berichtet eigentlich jeder, den man über den Vorgang des Lesens befragt –, daß beim Lesen der Blick gleichmäßig über die Zeilen gleite. Am Ende einer Zeile springt der Blick dann an den Anfang der nächsten Zeile zurück. Aber dieses Gefühl, als gleite unser Blick gleichförmig über das Geschriebene, ist eine Illusion.

Um zu verdeutlichen, daß es sich hier um eine »zeitliche Täuschung« (im Gegensatz zu einer »optischen Täuschung«) handelt, zeige ich in den ersten Abbildungen verschiedene Registrierungen von Augenbewegungen beim Lesen. In allen Fällen war der Autor auch selber die Versuchsperson. In Abbildung 1 sind Augenbewegungen beim Lesen eines Textes von Sigmund Freud registriert. Der Text steht im übrigen mit dem zentralen Thema dieses Buches, den Grenzen des Bewußtseins, in engem Zusammenhang. Dargestellt sind in diesem ersten Beispiel die Lesebewegungen der Augen für die drei markierten Zeilen. Eine Bewegung der Augen nach rechts, als in der Leserichtung, entspricht einer Kurvenbewegung nach oben. Wird die nächste Zeile begonnen, springen die Augen nach links. Dies entspricht einer Kurvenbewegung nach unten. Die jeweils nächsten Zeilen sind durch Pfeile markiert.

Würden die Augen sich gleichmäßig über die Zeilen bewegen, dann müßte auf der Abbildung die Kurvenbewegung nach oben auch gleichförmig erscheinen. In Wirklichkeit sehen wir aber kleine Stufen. Diese »Lesetreppen« bedeuten, daß die Augen jeweils einen kleinen Sprung nach rechts machen und für

eine gewisse Zeit einen bestimmten Punkt auf der Zeile fixie-
ren. Nach einer kurzen Zeit folgt dann ein weiterer Sprung, bis
schließlich das Ende der Zeile erreicht ist. Dann erfolgt ein
großer Sprung zurück zum Beginn der nächsten Zeile. Die
Dauer der einzelnen Fixationen zwischen den kleinen Blicksprüngen liegt bei dem gelesenen Beispiel etwa zwischen 0,2
und 0,3 Sekunden.

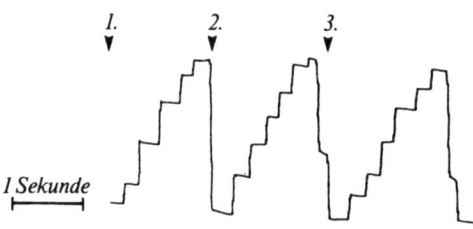

EINIGE BEMERKUNGEN
ÜBER DEN BEGRIFF DES UNBEWUSSTEN
IN DER PSYCHOANALYSE

Ich möchte mit wenigen Worten und so klar als möglich
darlegen, welcher Sinn dem Ausdruck „Unbewußtes" in der
Psychoanalyse, nur in der Psychoanalyse, zukommt.

1. ►   Eine Vorstellung — oder jedes andere psychische Element —
2. ►   kann jetzt in meinem Bewußtsein gegenwärtig sein und im
3. ►   nächsten Augenblick daraus verschwinden; sie kann nach einer
Zwischenzeit ganz unverändert wiederum auftauchen, und zwar,
wie wir es ausdrücken, aus der Erinnerung, nicht als Folge einer
neuen Sinneswahrnehmung. Um dieser Tatsache Rechnung zu
tragen, sind wir zu der Annahme genötigt, daß die Vorstellung
auch während der Zwischenzeit in unserem Geiste gegenwärtig
gewesen sei, wenn sie auch im Bewußtsein latent blieb. In
welcher Gestalt sie aber existiert haben kann, während sie im
Seelenleben gegenwärtig und im Bewußtsein latent war, darüber
können wir keine Vermutungen aufstellen.

Abbildung 1

Für den hier gelesenen Text ergab sich, daß pro Zeile sechs
oder sieben Fixationen notwendig waren, jeweils unterbrochen
durch aufeinanderfolgende Blicksprünge. Subjektiv hatte der
Autor aber das Gefühl, als glitten die Augen gleichförmig über
die Zeilen. Daß diese Art des Lesens in Blicksprüngen nicht
eine Besonderheit ungewöhnlicher Augenbewegungen beim

Autor ist, das möge der Leser akzeptieren; denn in zahlreichen Untersuchungen über Lesebewegungen in allen Labors, in denen Augenbewegungen registriert werden, ist nie etwas anderes beobachtet worden als das Lesen mit solchen Blicksprüngen, die wir auch als Sakkaden bezeichnen. Der Leser muß also davon ausgehen, daß auch bei ihm in diesem Augenblick das Lesen in solchen Sprüngen erfolgt – trotz seines subjektiven Gefühls, als gleite der Blick kontinuierlich über die Zeilen.

Nun mag mancher Leser, vielleicht beunruhigt durch die Behauptung des Autors, daß wir durch unsere Selbstbeobachtung beim Lesen irregeführt werden, entgegnen, er könne, auf den wirklichen Sachverhalt aufmerksam gemacht, tatsächlich beobachten, daß sein Blick in Sprüngen und nicht gleichförmig über die Zeilen gleite. Also habe die Selbstbeobachtung doch Zugang zum tatsächlichen Geschehen. Dem muß der Autor zweierlei entgegnen, nämlich daß es zunächst seines Hinweises auf die Sprünge bedurft habe und daß außerdem dann, wenn sich die Selbstbeobachtung auf den Prozeß des Lesens konzentriere (und der Leser dann tatsächlich Blicksprünge beobachten könne), vom eigentlichen Lesen keine Rede mehr sei, da das Inhaltliche, das im Geschriebenen Gemeinte, nicht mehr erfaßt werden kann. Wenn sich die Aufmerksamkeit nämlich auf den Prozeß des Lesens konzentriert in der Absicht, die Grenzen der Selbstbeobachtung zu überschreiten, dann ist es notwendig, daß der Leser ohne Interesse am Inhaltlichen liest – und das kann man kaum noch als Lesen bezeichnen. Dies weist bereits auf einen weiteren Sachverhalt hin, dem wir immer wieder begegnen, daß wir nämlich nicht gleichzeitig mehrere Dinge im Bewußtsein haben können. Wir können nicht gleichzeitig unsere Aufmerksamkeit auf den Inhalt eines gelesenen Stückes richten und uns dabei beobachten, wie mit auf den Inhalt gerichteter Aufmerksamkeit der Leseprozeß selbst abläuft.

Aus der Tatsache des Lesens in Sprüngen und unserer mangelnden Einsicht in diese Tatsache hat sich in den letzten Jahren das Forschungsfeld »kognitive Psychologie« entfaltet. Man kann nämlich diese Lesebewegungen ausnutzen, um indirekt über Denkvorgänge informiert zu werden, ohne daß man Versuchspersonen mit komplizierten Verfahren ausfragen muß.

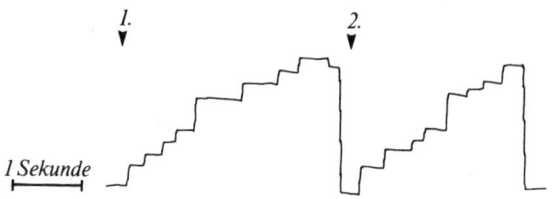

Von der Zeit

§ 4

Metaphysische Erörterung des Begriffs der Zeit[1])

Die Zeit ist 1[2]) kein empirischer Begriff, der irgend von einer[3]) Erfahrung abgezogen worden. Denn das Zugleichsein oder Aufeinanderfolgen würde selbst nicht in die Wahrnehmung kommen, wenn die Vorstellung der Zeit nicht a priori zum Grunde läge. Nur unter deren Voraussetzung kann man sich vorstellen, daß einiges zu einer und derselben Zeit (zugleich) oder in verschiedenen Zeiten (nacheinander) sei.

1. ➤
2. ➤ | 2. Die Zeit ist eine notwendige Vorstellung, die allen Anschauungen zum Grunde liegt. Man kann in Ansehung der Erscheinungen überhaupt die Zeit selbst nicht aufheben, ob man zwar ganz wohl die Erscheinungen aus der Zeit wegnehmen kann. Die Zeit ist also a priori gegeben. In ihr allein ist alle Wirklichkeit der Erscheinungen möglich. Diese können insgesamt wegfallen, aber sie selbst (als die allgemeine Bedingung ihrer Möglichkeit,)[4]) kann nicht aufgehoben werden.

Abbildung 2

Was hiermit gemeint ist, sei mit den nächsten Abbildungen erläutert.

In Abbildung 2 sind Lesebewegungen des Autors gezeigt, wie er einen Abschnitt aus Immanuel Kants »Kritik der reinen Vernunft« liest. Der Text steht wiederum im inhaltlichen Zusammenhang mit dem Thema dieses Buches. Die Registrierung zeigt das Lesen der zwei markierten Zeilen. Im Vergleich mit der ersten Abbildung wird deutlich, daß pro Zeile deutlich mehr Fixationen registriert wurden. Insgesamt wurde also je Zeile mehr Zeit als beim Text von Freud benötigt, um den Text von Kant zu lesen. Ein quantitativer Vergleich zeigt, daß für den Kantschen Text etwa doppelt soviel Zeit für die Lektüre benötigt wurde.

Nun gilt Kant als einer der Philosophen, die sehr schwer zu verstehen sind. Die größere Zahl von Fixationen und Blicksprüngen je Zeile ist ein unmittelbarer Beleg für die große Schwierigkeit Kants im Vergleich mit Freud. In der längeren Lesezeit drückt sich die größere gedankliche Herausforderung aus, die der Text Kants erfordert. Diese Beobachtung gilt zunächst natürlich nur für den Autor. Vielleicht ist für andere Leser der Text von Freud schwieriger als der von Kant. Dies würde sich dann in umgekehrter Weise in mehr Blicksprüngen und Fixationen je Zeile, das heißt in mehr Leseaufwand je Zeile, bei dem Text von Freud äußern.

In jedem Fall kann man als eine allgemein gültige Tatsache festhalten, daß der Schwierigkeitsgrad eines gelesenen Textes an der Anzahl und Dauer einzelner Fixationen und der Anzahl der Blicksprünge ablesbar ist. Mit der Möglichkeit, Augenbewegungen beim Lesen zu registrieren, hat man ein Verfahren an der Hand, objektiv etwas über die Schnelligkeit geistiger Verarbeitungsvorgänge auszusagen. Je größer der geistige Aufwand, um so länger dauern einzelne Fixationen und um so kleiner sind die einzelnen Blicksprünge oder Lesetreppen.

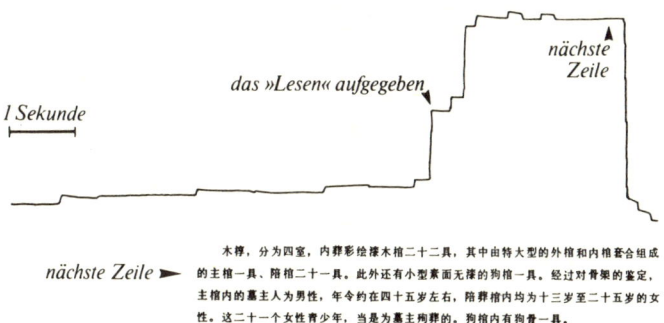

der Autor »liest« chinesische Schriftzeichen (Piktogramme)

Abbildung 3

Wie sich die üblichen Lesebewegungen und die normale Lesegeschwindigkeit von der Betrachtung eines unverständlichen Textes unterscheiden, soll ebenfalls gezeigt werden. In Abbildung 3 sind Augenbewegungen beim Betrachten chinesischer Schriftzeichen, sogenannter Piktogramme, gezeigt. Leider kann der Autor nicht Chinesisch. Was gezeigt wird, sind deshalb

nicht die typischen Lesebewegungen, sondern Augenbewegungen bei der Inspektion unbekannter Zeichen. Nachdem einige
solcher Zeichen für jeweils etwa zwei Sekunden betrachtet wurden, gab der Autor offenbar sein Bemühen auf (siehe erster
Pfeil), sprang mit den Augen zum Ende dieser Zeile und dann
(siehe zweiter Pfeil) zum Anfang der nächsten Zeile. Für das
Betrachten eines einzelnen chinesischen Schriftzeichens, das
dem Autor inhaltlich nicht verständlich war, wurde also erheblich mehr Zeit aufgewendet, etwa zehnmal soviel wie für eine
Fixation beim Lesen des Textes von Freud oder Kant.

Das Lesenlernen und Verstehen einer fremden Sprache oder
eines fremden Schriftsystems drückt sich in der Abnahme der
Zeit aus, die für einzelne Fixationen benötigt wird. Diese Abnahme hat aber eine zeitliche Grenze, die prinzipiell nicht unterschritten werden kann. Man benötigt mindestens 0,2 Sekunden für eine Fixation beim Lesen. Es ist unmöglich, schon nach
0,1 Sekunden Fixationszeit eine Lesebewegung zum nächsten
Punkt einer Zeile durchzuführen. Wenn wir einen Text schneller lesen, dann drückt sich die Erhöhung der Lesegeschwindigkeit nicht in einer Verkürzung der einzelnen Fixationen aus,
sondern wir machen dann größere Blicksprünge. Statt beispielsweise sechs Fixationen je Zeile treten dann vielleicht nur
noch drei auf. Die Konsequenz einer solchen Beschleunigung
des Lesens sollte klar sein: Wenn weniger Fixationen je Zeile
auftreten, wird die Genauigkeit der visuellen Informationsverarbeitung abnehmen, das heißt, es wird häufiger zum »Verlesen« kommen, da dann mehr Geschriebenes mit einem Blick
erfaßt werden muß. Aus dem Gesagten geht hervor, daß es
notwendigerweise zeitliche Grenzen der Informationsaufnahme gibt. Sicher gibt es dabei individuelle Unterschiede. Der
eine liest schneller, der andere langsamer. Aber auch für den
Schnellstlesenden gibt es eine prinzipielle zeitliche Grenze, die
nicht unterschritten werden kann, weil die Augen nicht häufiger als fünfmal je Sekunde zu neuen Blickzielen bewegt werden
können. Diese zeitliche Grenze hat ihre Ursache in Mechanismen des Gehirns, die nicht verändert werden können.

Die hier erörterte Beschränkung unseres Einblicks in den
Vorgang des Lesens ist nur *ein* Beispiel von vielen für Grenzen

der Selbstbeobachtung, neben das andere gestellt werden können. Aus dieser Beobachtung folgt, daß wir uns in der Analyse subjektiver Phänomene nicht auf die Selbstbeobachtung – zumindest nicht allein – verlassen können. Wir müssen versuchen, mit Hilfe von Experimenten Einblick zu gewinnen in die Grundlagen jener Prozesse, die wir mit dem Bewußtsein in Verbindung bringen.

2 Fenster der Gleichzeitigkeit – oder: Über zeitliche Spitzenleistungen beim Hören

»Die absolute, wahre und mathematische Zeit fließt auf Grund ihrer eigenen Natur und aus sich selbst heraus ohne Beziehung zu etwas Äußerem gleichmäßig dahin.« *(Absolute, true and mathematical time, of itself, and from its own nature, flows equably, without relation to anything external.)* Das ist die berühmte Definition der Zeit, die Isaac Newton vor etwa 300 Jahren gegeben hat. Man muß sich verdeutlichen, daß die Annahme einer gleichförmig fließenden Zeit die Formulierung physikalischer Gesetze überhaupt erst möglich macht. Man stelle sich vor, die Zeit selbst würde sich dauernd ändern. Dann könnte man keine Aussagen über Geschwindigkeiten machen, da eine Geschwindigkeit ja als zurückgelegter Weg je Zeiteinheit definiert ist und der Ablauf der Zeit innerhalb einer Zeiteinheit als gleichbleibend angenommen wird.

Ist aber mit der Definition von Newton eigentlich auch schon eine hinreichende Aussage über den Ablauf der *subjektiven* Zeit gemacht? Newton selbst kennzeichnet subjektive Zeit, frei übersetzt, in folgender Weise: »Die relative, subjektive und gewöhnliche Zeit ist ein äußeres, durch die Sinnesorgane vermitteltes Maß der absoluten Zeit, und zwar auf der Grundlage von Bewegung, gleichgültig, ob dieses Maß genau oder ungleichmäßig ist.« *(Relative, apparent, and common time, is some sensible and external (whether accurate or unequable) measure of duration by the means of motion.)* Wenn die absolute Zeit gleichmäßig fließt und die subjektive Zeit nur ein Maß dieser absoluten Zeit ist, das uns durch unsere Sinnesorgane an sich bewegenden Objekten vermittelt wird, dann könnte man daraus ableiten, daß auch die subjektive Zeit gleichmäßig fließt, da sie an die absolute Zeit angepaßt ist. Das Primäre ist nach dieser Auffassung Newtons und jener, die sich diesen Standpunkt zu eigen gemacht haben, die absolute Zeit, die subjektive Zeit ist sekundär.

Daß subjektive Zeit kontinuierlich fließt, wenn auch nicht unbedingt immer gleichmäßig, entspricht unserer unmittelbaren Erfahrung, wie es unserer unkritischen Erfahrung entspricht, daß beim Lesen der Blick gleichförmig über die gelesenen Zeilen gleitet. Die beim Lesen gemachte Erfahrung, als laufe ein Prozeß kontinuierlich ab, wo er doch tatsächlich in zerhackten, zeitlichen Schritten erfolgt, sollte uns allerdings auch hier mißtrauisch machen. Vielleicht ist unser Gefühl, als fließe die Zeit kontinuierlich, ebenfalls eine Illusion. Fragen wir uns deshalb, wie menschliches Zeiterleben überhaupt aufgebaut ist. Um diese Frage nach der Struktur menschlichen Zeiterlebens zu erörtern, gehe ich von der Grundfrage aus: Wie kommt der Mensch zur Zeit?

Wohlgemerkt, die Grundfrage lautet nicht: Was ist Zeit? – und daraus abgeleitet: Wie erlebt der Mensch das, was als Zeit definiert wird? Diese prinzipielle Frage nach der »Was-heit« der Zeit, wie man philosophisch sagen würde, wird deshalb nicht an den Anfang der Überlegungen gestellt, weil es bemerkenswerterweise darauf keine einhellige Antwort gibt. Nahezu alle Denker haben im Lauf der über 2 500 Jahre dauernden abendländischen Geistesgeschichte diese Frage verschieden beantwortet. Stellen wir nur zum Vergleich zu der von Newton gegebenen Definition jene von Aristoteles: »Die Zeit ist die Zahl der Bewegungen nach dem Früher oder Später«. Oder lesen wir noch einmal in der Abbildung 2 die Worte von Kant. Eine witzige, mit der Auffassung von Kant in Verbindung stehende Definition hat der amerikanische Physiker und Nobelpreisträger Richard Feynman gegeben: »Zeit ist, was passiert, wenn sonst nichts passiert.« *(Time is what happens when nothing else happens.)* Wenn der Autor nun auch noch eine Definition geben würde, dann wäre es wieder nur eine, nämlich *seine* Definition neben anderen. Er könnte aber kaum für sich beanspruchen, die »wirkliche« Antwort gefunden zu haben. Würde man bei der Untersuchung menschlichen Zeiterlebens von Definitionen ausgehen, die Philosophen oder Physiker oder Denker anderer Richtungen im Laufe der Geistesgeschichte gegeben haben, dann würde man vermutlich jeweils ein anderes Ergebnis erhalten, da ja der Ausgangspunkt immer ein anderer

wäre und ein gewählter Ausgangspunkt entscheidend Erkenntnisse bestimmt.

Will man sich aber dennoch auf eine Autorität berufen,
dann noch am ehesten auf den Kirchenvater Augustinus, der
im 11. Buch seiner »Bekenntnisse« schreibt – da dies eine so
wichtige Äußerung in der europäischen Geistesgeschichte ist,
zunächst das originale, lateinische Zitat: *Quid est ergo »tem-
pus«? Si nemo ex me quaerat, scio; si quaerenti explicare velim,
nescio.* (»Was ist also Zeit? Wenn mich niemand danach fragt,
weiß ich es; will ich einem Fragenden es erklären, weiß ich es
nicht.«)

Der Autor möchte mit Augustinus dem Leser nahelegen, die
Frage nach dem »Was ist ...?« beiseite zu lassen oder zu übergehen, da ja jeder von uns unausgesprochen weiß, um was es
sich handelt, wenn wir von Zeit sprechen. Wir sollten uns vielmehr auf die andere Frage konzentrieren: »Wie kommt der
Mensch zur Zeit?« Um diese Frage zu beantworten, wird eine
hierarchische Klassifikation von Zeiterlebnissen dargestellt, die
uns schließlich dorthin führt, wo wir am Ende der Überlegungen vielleicht wissen, warum wir solche Schwierigkeiten haben,
Fragen wie »Was ist Zeit« zu beantworten.

Eine Hierarchie ist dadurch gekennzeichnet, daß die jeweils
höheren Stufen die unteren Stufen voraussetzen, daß aber auf
den höheren Stufen etwas Neues hinzukommen muß. Die
Hierarchie des menschlichen Zeiterlebens ist durch folgende
elementaren Phänomene gekennzeichnet: Erlebnis der *Gleichzeitigkeit* gegenüber *Ungleichzeitigkeit*, Erlebnis der *Aufeinanderfolge* oder der zeitlichen *Ordnung*, Erlebnis der *Gegenwart*
oder des *Jetzt* und das Erleben von *Dauer*. Jedes später ge-
nannte Zeiterlebnis setzt die zuvor genannten voraus. So setzt
beispielsweise das Erleben einer Folge von Ereignissen die Ungleichzeitigkeit dieser Ereignisse voraus. Zur Verdeutlichung
befasse ich mich zunächst mit dem Problem, was wir eigentlich
unter Gleichzeitigkeit verstehen.

Um zu bestimmen, was gleichzeitig oder ungleichzeitig ist,
können wir ein relativ einfaches Experiment durchführen. Wir
setzen einer Versuchsperson einen Kopfhörer auf und spielen
nun in jedes Ohr getrennt kurzdauernde Töne. Die akustischen

Reize, die wir wählen, sollen jeweils nur eine tausendstel Sekunde dauern. Wenn das linke und das rechte Ohr »gleichzeitig« gereizt werden, das heißt, wenn kein meßbarer Abstand zwischen dem Ton links und dem Ton rechts besteht, dann hört die Versuchsperson nicht zwei Töne in beiden Ohren, wie man vielleicht meinen könnte, sondern nur einen Ton. Dieser Ton hat eine merkwürdige Eigenschaft: man hört ihn »im Kopf«. Das bedeutet, daß die akustische Information aus beiden Ohren zu einem einzigen Ton verschmolzen wird. Wir sprechen hier deshalb von dem Phänomen der »Klick-Fusion«. Interessanterweise hört man den verschmolzenen Klick nicht genau in der Mitte vom Kopf, sondern etwas nach links verschoben. Dies hängt damit zusammen, daß die linke Seite des Gehirns besonders kompetent ist in der Verarbeitung zeitlicher Reize und – anthropomorph gesprochen – immer dann die Analyse an sich zu reißen versucht, wenn Reize zeitlich getrennt auftreten. Diese höhere Kompetenz äußert sich gleichsam im Hinüberziehen nach links.

Wenn man nun die beiden Ohren – physikalisch gesprochen – nicht mehr exakt gleichzeitig mit den einzelnen Klicks reizt, sondern eine kleine Differenz zwischen die Klicks legt, dann kommt es zu einem erstaunlichen subjektiven Phänomen. Man hört zwar immer noch einen Klick, aber jetzt an einer anderen Stelle im Kopf. Wird beispielsweise zuerst das linke Ohr gereizt und eine tausendstel Sekunde später das rechte Ohr, dann hört man diesen einen Klick deutlich in der linken Kopfhälfte. Wird die Differenz zwischen den Klicks im linken und rechten Ohr auf zwei tausendstel Sekunden erhöht, wandert der verschmolzene Klick noch weiter nach links in Richtung des linken Ohres. So kann man durch geringfügig geänderte Ankunftszeiten der Töne in den Ohren den Klick im Kopf hin- und herwandern lassen, ohne daß der Hörende Einfluß darauf hätte.

Es ist wichtig, hier noch einmal hervorzuheben, daß man bei diesen zeitlichen Differenzen stets nur einen Klick hört, auch wenn eine objektiv meßbare Differenz zum Beispiel von zwei tausendstel Sekunden zwischen den beiden Reizen liegt. Der objektive zeitliche Unterschied ist also nicht hinreichend, damit zwei Töne gehört werden. Was zwei tausendstel Sekunden auseinanderliegt, was also objektiv ungleichzeitig ist, erscheint subjektiv als *ein* Ereignis, das heißt: Mit diesen beiden akustischen Reizen befinden wir uns innerhalb eines »Gleichzeitigkeits-Fensters«.

Wenn nun der zeitliche Abstand zwischen den Klicks weiter vergrößert wird, dann wird schließlich eine Schwelle erreicht, von der ab man die beiden Klicks nicht mehr zu einem Klick verschmelzen kann. Außerhalb des Gleichzeitigkeits-Fensters hört man plötzlich zwei Klicks. Diese Schwelle ist individuell verschieden, sie kann bei dem einen zwei, bei einem anderen drei, vier oder sogar fünf tausendstel Sekunden betragen. Je älter jemand ist, desto höher scheint der Wert zu sein. Und dieser Wert hängt auch davon ab, wie laut die einzelnen Klicks in den Ohren sind. In jedem Fall aber wird der Beobachter bei einer bestimmten zeitlichen Differenz feststellen, daß er nun nicht mehr einen, sondern zwei Klicks hört. Wollte man durch Übung versuchen, das Gleichzeitigkeits-Fenster zu verkleinern, dann müßte man feststellen, daß dies nicht möglich ist. Festgelegte Grenzen, die mit den Mechanismen unseres Gehirns zu tun haben, machen es unmöglich, das Gleichzeitigkeits-Fenster zusammenzuziehen.

In der Vergangenheit haben wir in München zahlreiche Untersuchungen zur Klick-Fusion durchgeführt, um insbesondere zu prüfen, ob sich nach Hirnverletzungen, also zum Beispiel nach Schlaganfällen, die zu Sprachstörungen führen, eine Änderung ergibt. Ausgangspunkt dieser Untersuchungen war eine Beobachtung von amerikanischen Kollegen (Lackner und Teuber, 1973), die meinten, daß nach Hirnverletzungen aufgrund von Unfällen eine deutliche Verlängerung der Klick-Fusion feststellbar sei, daß also das Gleichzeitigkeits-Fenster größer werde. Diese Verlängerung wurde allerdings nur bei Patienten mit Verletzungen der linken Gehirnhälfte, nicht bei Patienten mit Verletzungen der rechten Gehirnhälfte festgestellt. Aus solchen Beobachtungen wurde geschlossen, daß möglicherweise eine Sprachstörung nach Verletzung der linken Gehirnhälfte darauf zurückzuführen sei, daß die zeitlichen Verarbeitungsmechanismen auf der einen Seite, der linken, gestört sind. Sprache, das heißt Sprechen und Sprache verstehen, ist ein in der Zeit ablaufender Vorgang, und Störungen im Bereich der zeitlichen Auflösung akustischer Reize könnten sich in der Tat auf Sprachfunktionen auswirken. Da diese Beobachtung der amerikanischen Kollegen von fundamentaler Bedeutung ist für unser Verständnis von Sprache und da sich, wenn diese Beobachtung zutrifft, sogar neue Therapiekonzepte für die Behandlung von sprachbehinderten Patienten ergeben könnten, schien es uns geboten, die Untersuchung zu wiederholen.

Das Ergebnis unserer Untersuchungen ist in Abbildung 4 zusammengefaßt. Auf der linken Seite ist der Wert für die Klick-Fusion der gesunden Versuchspersonen ablesbar. Im Mittel waren etwa viereinhalb tausendstel Sekunden notwendig, um mit den zwei Klicks aus dem Gleichzeitigkeits-Fenster herauszukommen. Betrachtet man nun das Ergebnis bei den Patienten, so mußten wir feststellen, daß bei ihnen praktisch der gleiche Wert gemessen wurde. Eine Überprüfung mit einem mathematisch-statistischen Test ergab, daß zwischen Gesunden und Patienten hinsichtlich der akustischen Fusionsschwelle und der Größe des Gleichzeitigkeits-Fensters kein Unterschied vorlag. Dies ist mit dem Doppelpfeil und »nicht signifikant« (ns) angedeutet.

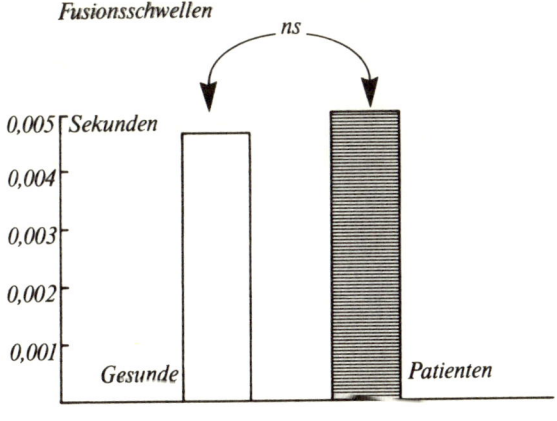

Abbildung 4

Hier steht nun Ergebnis gegen Ergebnis: Die amerikanischen
Kollegen fanden einen Unterschied, wir fanden keinen. Uns ist
bisher nicht erklärbar, wieso in den beiden Labors sich wider-
sprechende Ergebnisse erzielt wurden. Wir haben zwar Vermutungen, warum wir ein anderes Ergebnis erhielten als die Kollegen, aber eindeutig belegen können wir es bisher nicht. Genau
aus diesem Grunde aber erwähne ich die Ergebnisse dieser
Studien. In einer wissenschaftlichen Untersuchung hat man,
vielleicht mit Ausnahme streng eingeengter physikalischer Experimente, nie eine vollständige Kontrolle über alle Einfluß-
möglichkeiten. Auch wenn wir versucht haben, das Experiment
unserer Kollegen genau zu wiederholen, waren mit Sicherheit
viele Bedingungen anders, ganz abgesehen von der Tatsache,
daß es sich um andere Patienten handelte. Dieser unvermeid-
bare Unterschied in den Versuchsbedingungen, also die man-
gelnde Möglichkeit absoluter Kontrolle, die bei Versuchen mit
Menschen immer gegeben ist, führt sehr häufig zu unterschiedlichen Ergebnissen.

Eingangs wurde auf die Grenzen in der Selbstbeobachtung
hingewiesen. Hier muß nun betont werden, daß es offenbar
auch entscheidende Grenzen der Beobachtung gibt. Unsere
Einsicht in Vorgänge der Natur, unser Verständnis des Verhaltens und des Erlebens beruhen häufig auf experimentellen Beobachtungen. Wir haben uns in der Naturwissenschaft daran
gewöhnt, Ergebnissen aus Experimenten nahezu blinden Glau-
ben zu schenken, vor allem dann, wenn die Befunde unseren
Erwartungen (oder Vorurteilen) entsprechen. Da unsere Experimente aber nie vollständig kontrollierbar sind und sich
dadurch notwendige Einschränkungen bei der Beurteilung experimenteller Beobachtungen ergeben, sollte der Wissenschaftler – und kann der Laie – wissenschaftlichen Aussagen getrost
kritisch gegenüberstehen. Denn wissenschaftliche Befunde
können eben auch falsch sein. Diese Feststellung bezieht sich
natürlich auch auf Sachverhalte, die hier und im folgenden erörtert werden. Dabei sollte der Leser, sofern er Laie ist, allerdings davon ausgehen, daß Wissenschaftler selbstverständlich
bemüht sind, das Richtige zu sagen. Wohl keiner wird (oder
sollte zumindest) absichtlich etwas Falsches mitteilen. Aber

aufgrund der Unmöglichkeit einer vollständigen Kontrolle von
Experimenten hat interessanterweise *das* eher eine Chance, als
richtig erkannt und anerkannt zu werden, was unseren Erwartungen entspricht. Und im übrigen können ja auch wissenschaftliche Befunde, die den Erwartungen entsprechen, sehr viel
leichter in wissenschaftlichen Zeitschriften veröffentlicht werden! Dagegen ist das wirklich Neue zunächst kaum akzeptabel.
Über diesen Sachverhalt hat der kürzlich verstorbene Wissen-
schaftstheoretiker Thomas Kuhn ein lesenswertes Buch geschrieben.

Der Leser mag nun, mit einigen Vorbehalten ausgestattet,
sich entscheiden, die Lektüre zu beenden, da »Grenzen der
Selbstbeobachtung« und »Grenzen der Beobachtung« nicht
viel Richtiges oder gar Sinnvolles erwarten lassen – oder er
mag sich, wie das ja auch viele Wissenschaftler tun, für einen
praktischen Standpunkt entscheiden. Gemeint ist ein Standpunkt, von dem aus wir mit den uns verfügbaren geistigen und
technischen Mitteln Einblick in Vorgänge der Natur, des Verhaltens oder Erlebens zu gewinnen versuchen, wohl wissend,
daß wir uns irren können, daß wir aber natürlich den Irrtum
zu vermeiden versuchen. Außerdem sollte dem Leser bewußt
sein, daß dies hier die Darstellung *eines* Autors ist, der wissenschaftliche Ergebnisse in der *ihm* interessant erscheinenden
Weise auswählt und interpretiert. Ein anderer Autor würde sicher im Hinblick auf die »Grenzen des Bewußtseins« anders
auswählen und auch anders bewerten. Wenn Wissenschaftler
alle einer Meinung wären, dann dürfte es kaum noch Wissenschaft geben. Obwohl Wissenschaft objektiv sein soll, kommt
bei der *Bewertung* und *Deutung* wissenschaftlicher Befunde ein
notwendig subjektives Moment zur Geltung, dem jeder unter-
worfen ist.

Für den tatsächlich die Lektüre fortsetzenden Leser darf ich
nun zum Problem der Messung von Gleichzeitigkeit gegenüber
Ungleichzeitigkeit bei akustischer Reizung zurückkehren. Es
wurde festgestellt, daß die Schwelle zur Ungleichzeitigkeit nur
wenige tausendstel Sekunden beträgt. Führt man einen ähnlichen Versuch in einem anderen Sinnessystem durch, also etwa
beim Sehen oder beim Tastsinn, könnte man zunächst dasselbe

Ergebnis erwarten. Dem ist aber nicht so. Stimuliert man mit kurz dauernden Reizen die Haut, dann ist das Gleichzeitigkeits-Fenster auf etwa zehn tausendstel Sekunden verlängert. Die fehlende Übereinstimmung zwischen physikalischer und subjektiver Gleichzeitigkeit muß also noch einmal differenziert werden. Was innerhalb der auditiven Modalität, also beim Hören, als ungleichzeitig bestimmt werden kann – wenn der Reizabstand etwa sechs tausendstel Sekunden beträgt –, wäre innerhalb der taktilen Modalität, des Tatsinns, noch gleichzeitig.

Wenn nun ein ähnlicher Versuch in der visuellen Modalität, dem Sehen, durchgeführt wird, erhalten wir wiederum ein anderes Ergebnis. Es müssen etwa 20 bis 30 tausendstel Sekunden vergehen, damit zwei Seheindrücke als ungleichzeitig erscheinen. Unterhalb dieser zeitlichen Grenze ist alles gleichzeitig. Obwohl wir uns gern als »Augentiere« bezeichnen, ist unser Sehsystem, verglichen mit dem Hören oder Tasten, sehr langsam. Über den Geschmack oder den Geruch, den anderen beiden Sinnessystemen, liegen meines Wissens bisher keine Messungen über die Spanne der Gleichzeitigkeit vor. Dies mag daran liegen, daß solche Messungen technisch außerordentlich schwierig sind.

Aus diesen Beobachtungen über Gleichzeitigkeit verglichen mit Ungleichzeitigkeit können wir festhalten, daß physikalische Gleichzeitigkeit nicht dasselbe ist wie subjektive Gleichzeitigkeit. Wenn man das Wort *gleichzeitig* verwendet, muß man sich, um Mißverständnisse zu vermeiden, stets verdeutlichen, in welchem Zusammenhang man den Begriff gebraucht. Gerade bei Diskussionen zwischen den Disziplinen, also etwa zwischen Biologen oder Psychologen und Physikern, kommt es zu überflüssigen Kontroversen, wenn man jeweils von einem anderen Sachverhalt spricht.

Ein weiterer Gesichtspunkt muß ebenfalls noch einmal hervorgehoben werden: Gleichzeitigkeit im subjektiven Bereich ist nichts Absolutes. Je nach unserem Ausblick in die Welt, etwa hörend oder sehend, ist das Gleichzeitigkeits-Fenster verschieden, wobei wir beim Hören das kleinste Fenster zu haben scheinen. Gleichzeitigkeit ist also ein relativer Begriff in unserem Zeiterleben. Dies erinnert an ein Phänomen in der Physik,

nämlich die Relativität der Zeit in der speziellen Relativitätstheorie Albert Einsteins. Über die Gleichzeitigkeit von zwei Ereignissen kann sinnvoll nur innerhalb eines Bewegungssystems
gesprochen werden. Man könnte also sagen, um eine Analogie
herzustellen, daß dem Bewegungssystem (Inertialsystem) in der
speziellen Relativitätstheorie Einsteins das Sinnessystem im Erleben entspricht.

3 Wann ist ein Ereignis ein Ereignis? –
oder: Wenn das Gehirn zu langsam arbeitet

Wenn man das Gleichzeitigkeits-Fenster untersucht, dann fragt man die Versuchsperson, so hatten wir festgestellt, ob ein oder zwei Reize (Töne, Lichter oder Hautreize) wahrgenommen werden. Je nach der Sinnesmodalität ist das Gleichzeitigkeits-Fenster verschieden. Wir nehmen nun eine geringfügige Änderung im Experiment vor, die allein darin besteht zu fragen, welches jeweils der erste und welches der zweite Reiz gewesen ist. Der Unterschied besteht also darin, daß nicht gefragt wird, ob es ein oder zwei Reize waren, sondern ob im Falle der akustischen Reizung zuerst der Ton im linken oder im rechten Ohr gehört wurde.

Damit eine solche Aufgabe überhaupt gelöst werden kann, muß zunächst einmal ein Ereignis als solches identifiziert werden. Erst dann, wenn etwas ein eigenständiges Ereignis ist, kann es zeitlich auch auf andere Ereignisse bezogen werden, also Element in einer Folge von Ereignissen sein. Die *Identifikation* muß notwendigerweise der Möglichkeit einer Einordnung eines Ereignisses in einer Folge vorausgehen. Bei der Bestimmung der notwendigen Identifikationszeit oder Ordnungsschwelle stellt man fest, daß jemand erst dann in der Lage ist, eine korrekte Auskunft zu geben, wenn der zeitliche Abstand zwischen den beiden Tönen etwa bei 30 bis 40 tausendstel Sekunden liegt. Obwohl also zwei verschiedene Töne gehört werden können, muß von etwa zwei, drei oder vier tausendstel Sekunden an eine lange Zeit vergehen, bis Sicherheit darüber besteht, welches der erste und welches der zweite Ton war. Für die Identifikation eines akustischen Ereignisses braucht man also erheblich mehr Zeit als für die Aufgabe, Einheit gegenüber Zweiheit zu unterscheiden.

Wenn das Experiment mit Hautreizen oder optischen Reizen durchgeführt wird, dann ergibt sich für diese Sinnessysteme ebenfalls ein deutlicher Unterschied zum Gleichzeitigkeits-Fenster. Sagen zu können, etwas sei das erste oder das zweite, erfordert interessanterweise jeweils dasselbe zeitliche Intervall für die drei genannten Sinnessyteme, eben etwa 30 bis 40 tausendstel Sekunden, während die Spanne der Gleichzeitigkeit jeweils völlig verschieden ist. Die Tatsache, daß zwei Reize als zeitlich getrennt wahrgenommen werden können, heißt also noch nicht, daß sie eine zeitliche Richtung definieren. Unterhalb von etwa 30 bis 40 tausendstel Sekunden bestimmt ihre getrennte Wahrnehmung noch nicht eine zeitliche Reihenfolge. Die subjektive Ungleichzeitigkeit von gehörten, gesehenen oder gefühlten Reizen ist eine notwendige, aber keine hinreichende Bedingung dafür, daß die zeitliche Folge von zwei Reizen angegeben werden kann. Wir wissen, daß etwas verschieden ist, können aber nicht sagen, in welche Richtung es läuft. Dies widerspricht unserer Intuition, das heißt, wir gehen von vornherein davon aus, daß etwas auch als aufeinanderfolgend bestimmt ist, wenn es als ungleichzeitig erlebt wird.

Der Begriff der Gleichzeitigkeit ist damit recht kompliziert geworden. Unterhalb einer bestimmten Schwelle, die für die einzelnen Sinnessysteme verschieden ist, kann man von »vollkommener« subjektiver Gleichzeitigkeit sprechen. Oberhalb dieser Schwelle, aber unterhalb der sogenannten Ordnungsschwelle bei 30 bis 40 tausendstel Sekunden, liegt ein Intervall, dessen Ausdehnung für jedes Sinnessystem verschieden ist und in dem es so etwas wie »unvollkommene« Gleichzeitigkeit gibt. Zwar wissen oder ahnen wir, daß zwei Reize nicht gleichzeitig sind. Aber die Frage, welches der erste oder welches der zweite war, können wir nicht beantworten. Erst jenseits dieser Grenze können wir dann mit hinreichender Gewähr sagen, daß zwei Reize nicht gleichzeitig waren, weil dieser der erste und jener der zweite war. Jenseits dieser Grenze werden unspezifische Reize zu Ereignissen mit Eigenständigkeit, und sie können sich aufgrund dieser Eigenständigkeit in eine zeitliche Reihe stellen.

Wenn man fragt, woran es liegt, daß das zeitliche Auflösungsvermögen, das Gleichzeitigkeits-Fenster der verschiedenen Sinnessysteme derart verschieden ist, während die Ordnungsschwelle in allen Fällen gleich ist, gelangt man zu der Vermutung, daß verschiedene Bereiche des Gehirns für diese Unterschiede verantwortlich sind. Daß das zeitliche Auflö-

sungsvermögen beim Hören, Tasten oder Sehen so verschieden
ist, liegt an Eigenschaften der Sinnesorgane selbst. Das Auge
ist, verglichen mit dem Gehör, zeitlich gesehen ein relativ träges
System. Das liegt unter anderem daran, daß die Umwandlung
von Lichtenergie in Impulse, die vom Gehirn verstanden werden, also in eine Gehirnsprache, auf einem relativ langsamen
chemischen Prozeß beruht, während die Umwandlung von akustischer Energie in die Gehirnsprache viel schneller geschieht.
Diese verschiedenen Umwandlungsweisen (Transduktions-
Mechanismen, wie der Wissenschaftler sagt) erfordern unterschiedliche Dauer und laufen mit unterschiedlicher Trägheit
ab, was sich dann subjektiv im zeitlichen Auflösungsvermögen
und im Erleben von Gleichzeitigkeit und Ungleichzeitigkeit
widerspiegelt.

Die Identifikation von Ereignissen, die wir mit der Ordnungsschwelle messen können, beruht dagegen nicht auf einem
Prozeß in den Sinnesorganen, sondern ist bedingt durch Vorgänge, die im Gehirn ablaufen. Daß dieses Phänomen irgendwo
zentral verankert sein muß, ergibt sich schon aus der Tatsache,
daß das zeitliche Intervall für die Angabe der zeitlichen Ordnung für die verschiedenen Sinnessysteme identisch ist. Dies
läßt darauf schließen, daß hier vermutlich ein gemeinsamer
Mechanismus am Werke ist, der in gleicher Weise Informationen von den Augen, den Ohren oder der Haut bearbeitet.

Zur Überprüfung der Vorstellung, daß diese zeitliche Ordnung im Gehirn selbst zustande kommt, wurde in den letzten
Jahren in unserem Labor eine Reihe von Experimenten durchgeführt. Dabei gingen wir von einer grundlegenden Erfahrung
aus, die Neurologen seit vielen Jahren gemacht haben, daß
nämlich Verletzungen im Gehirn immer zur Verlangsamung
der untersuchten Funktionen führen. Könnte es sein, so lautete
unsere Frage, daß beispielsweise bei einem Patienten mit einer
Sprachstörung nach einer Verletzung in den Teilen des Gehirns,
die die Sprachfähigkeit ermöglichen, die Ordnungsschwelle bei
zwei akustischen Reizen nicht mehr 30 bis 40 tausendstel Sekunden beträgt, sondern länger ist? Dies wäre ein Befund im
Sinne einer *Verlangsamung*. Das Ergebnis, das wir erhalten haben, hat uns bezüglich des Ausmaßes der Veränderung er-

staunt. Patienten mit solchen Sprachstörungen benötigen oft
über eine zehntel Sekunde, um anzugeben, welches der erste
und welches der zweite Ton war. Eine Störung an einer bestimmten Stelle im Gehirn führt demnach zu einer erheblichen
Verschlechterung der Fähigkeit, die Abfolge von akustischen
Ereignissen zu bestimmen.

Dieses Ergebnis bedeutet auch, daß der Bereich der unvoll-
kommenen Gleichzeitigkeit für solche Patienten mit Sprachstörungen stark verlängert ist. Wir hatten schon festgestellt, daß
Hirnverletzungen nach unseren Beobachtungen nicht zu einer
Veränderung des Gleichzeitigkeits-Fensters führen. Wenn nun
aber das Intervall, das benötigt wird, um Ereignisse zu identifi
zieren und ihre Aufeinanderfolge zu bestimmen, auf etwa 0,1
Sekunden oder mehr erhöht ist, dann heißt das ja, daß der
Patient z. B. zwischen 0,005 und 0,1 Sekunden akustische
Reize zwar als ungleichzeitig, nicht aber in korrekter Reihenfolge wahrnehmen kann. Zu vermuten ist, daß diese zeitliche
Grauzone erhebliche Probleme mit sich bringen kann. Eine Erhöhung der akustischen Ordnungsschwelle kann sich nämlich
auf Sprachfunktionen selbst auswirken. Es ist beispielsweise
naheliegend, daß aufgrund der Verlangsamung von Gehirnpro-
zessen nach einem Schlaganfall, die sich in der Erhöhung der
Ordnungsschwelle zeigt, sprachliche Information schon allein
deshalb nicht mehr verstanden werden kann, weil sie einfach
zu schnell für das verlangsamt arbeitende Gehirn auf den Patienten zukommt. In diesem Zusammenhang gibt es eine interessante Beobachtung an sprachbehinderten Patienten. Manchmal kann man deren Schwierigkeit, Sprache zu verstehen,
dadurch überwinden, daß man sehr viel langsamer als sonst
spricht. Die Sprechgeschwindigkeit wird gleichsam an die zeitlichen Möglichkeiten des geschädigten Gehirns angepaßt.

Es stellt sich die Frage, ob man mit Hilfe geeigneter Verfahren einem verlangsamten Gehirn helfen kann, so daß die Verarbeitungsprozesse jenen bei Gesunden entsprechen. Solche Versuche hat mit großem Erfolg in den letzten Jahren Nicole von
Steinbüchel durchgeführt. Im ersten Schritt werden die Patienten trainiert, weniger Zeit für das Erkennen von zeitlicher Ordnung bei zwei Tonreizen zu benötigen. In der Tat gelang dies,

d. h. Patienten mit zunächst erhöhten Ordnungsschwellen hatten nach dem Training Werte wie Gesunde. Die neuronalen Verarbeitungsprozesse werden also beschleunigt. Wichtiger als dieser erste Schritt war dann aber der nächste: Es wurde geprüft, ob Patienten mit verbesserter Zeitverarbeitung auch einen Vorteil für ihre Sprachfähigkeiten davontragen. Auch hier war die Studie erfolgreich. Patienten, die aufgrund ihres Schlaganfalls Schwierigkeiten hatten, bestimmte Sprachlaute zu erkennen, waren nach dem »Zeittraining« erheblich besser. Es gab also einen funktionellen Transfer von der Ebene der zeitlichen Verarbeitung zur Ebene der sprachlichen Verarbeitung.

Inzwischen haben amerikanische Arbeitsgruppen ähnliche Beobachtungen an Kindern mit Legasthenie gemacht. Man beobachtet bei solchen Kindern häufig auch eine Verlangsamung bei der Verarbeitung von Reizen, und es wurde festgestellt, daß ein »Zeittraining« auch hier helfen kann. Die Studien an hirngeschädigten Patienten mit Sprachausfällen und an Kindern mit Lese-Rechtschreib-Störungen belegen, daß man zum Sprechen, Lesen oder Schreiben nicht nur linguistische Kompetenzen einsetzen muß, sondern daß zeitliche Randbedingungen des Gehirns hinsichtlich von Informationsverarbeitung ebenfalls erfüllt sein müssen. In der Therapie muß man auch diese neuronalen Aspekte berücksichtigen – was bei Störungen, die sich im wesentlichen auf der psychologischen Ebene äußern, bisher viel zu wenig geschehen ist.

4 Schnellste Reaktionen –
und der Horizont der Gleichzeitigkeit

Die Reaktionszeit ist vermutlich das beliebteste Maß in der Psychologie, und es wird seit über 100 Jahren in den verschiedensten Bereichen angewendet. Man möchte meinen, daß Reaktionszeit eine zu einfache Sache sei, um etwas Grundsätzliches über die Art und Weise zu erfahren, wie menschliche Informationsverarbeitung, menschliches Verhalten oder gar Erleben strukturiert sind. Doch widerlegt die Erfahrung diese Meinung. An Reaktionszeiten kann man beispielsweise die Schnelligkeit von Denkvorgängen abschätzen – oder man kann auch die Wirkung von Alkohol auf die Leistungsfähigkeit beurteilen. Zunächst wollen wir uns klarmachen, daß es prinzipiell zwei Arten von Reaktionszeiten gibt, nämlich die Einfachreaktionen und die Wahlreaktionen.

Bei den Einfachreaktionen ist folgende Situation gegeben: Zu einem bekannten (oder auch unbekannten) Zeitpunkt tritt ein bestimmtes Signal auf, und man muß möglichst schnell auf dieses Signal reagieren. Eine typische Situation wäre der Start von 100-m-Läufern auf den Startschuß oder das möglichst schnelle Anfahren eines Wagens, wenn die Ampel auf grün schaltet. Es handelt sich hier um Einfachreaktionen, weil auf *ein* bestimmtes Signal *eine* dem Signal zugeordnete Reaktion erfolgt, also etwa das Loslaufen oder das Gaspedaldrücken. Ein Signal ist eindeutig auf eine entsprechende Reaktion bezogen. Diese Zuordnung ist üblicherweise erlernt, also kein Reflex. Ein Sprinter muß den Start lernen und dann üben, während ein Reflex, etwa der Kniesehnenreflex, angeboren ist.

Im Gegensatz zu den Einfachreaktionen ist die Zuordnung zwischen Reiz und Reaktion bei Wahlreaktionen verändert und kann jeden beliebigen Grad von Komplexität annehmen. Statt eines Reizes können mehrere auftreten, und man muß auf diese Reize jeweils mit einer Wahl reagieren. Im Experiment kann man dies etwa so vereinfachen, daß man im einfachsten Fall zwei verschiedene Reaktionstasten anbietet, die je nach Reiz in

unterschiedlicher Weise möglichst schnell zu bedienen sind.
Auf den einen Reiz muß man mit der einen Hand und auf
den anderen mit der zweiten reagieren. Der Unterschied zur
Einfachreaktion ist also der, daß vor der Reaktion eine Entscheidung gefällt werden muß, welche Reaktionstaste die richtige ist. Beim Autofahren etwa befinden wir uns ständig in solchen Situationen von Wahlreaktionen: Je nach Eintritt eines
Ereignisses müssen wir bremsen, Gas geben oder ausweichen,
und dies muß meist möglichst schnell geschehen. Aber natürlich nicht nur beim Autofahren oder allgemein beim Überwa-
chen des Funktionszustandes von Maschinen sehen wir uns vor
Wahlreaktionen gestellt. Wer sich mit Fußball oder Handball
befaßt, weiß, daß der gute Spieler sich dadurch auszeichnet,
daß er fähig ist, schnell eine neue Situation zu erkennen und
dementsprechend zu reagieren. Ein guter Spieler wird also auch
eine kürzere Reaktionszeit bei Entscheidungssituationen haben.

Wenden wir uns zunächst etwas ausführlicher den Einfachreaktionen zu, indem wir uns folgenden Versuch vorstellen.
Wir setzen jemandem einen Kopfhörer auf und sagen, daß er,
wann immer ein Ton zu hören sei, möglichst sofort auf eine
Reaktionstaste drücken soll. Diesen Versuch führen wir nicht
nur einmal aus, sondern wir messen die akustische Reaktionszeit mehrmals hintereinander, so daß wir auch eine Vorstellung
von der zeitlichen Stabilität und Variabilität erhalten. Um diese
Möglichkeit der Beurteilung zu haben, fassen wir alle Einzel-
messungen in einem sogenannten *Histogramm* zusammen.

Das ist nach einer Untersuchung am Autor in Abbildung 5
geschehen, wobei festzustellen ist, daß die akustische Reaktionszeit bei ihm nicht aus dem Rahmen fällt. Man erkennt,
daß auf den akustischen Reiz natürlich nicht immer mit exakt
derselben Zeit reagiert wurde. Aber es gibt einen häufigsten
Wert in dieser Verteilung, der zwischen 0,12 und 0,13 Sekunden liegt. Es erscheint möglich, diesen häufigsten Wert im Histogramm als mittlere Reaktionszeit auf akustische Reize anzunehmen. Man kann auch einen Mittelwert ausrechnen, der in
diesem Fall bei 0,129 Sekunden liegt. Betrachten wir nun das
Histogramm als Ganzes, dann fallen uns einige Besonderheiten

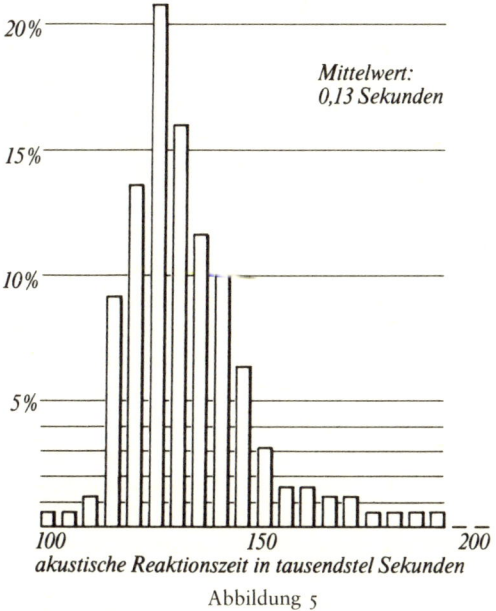

akustische Reaktionszeit in tausendstel Sekunden

Abbildung 5

auf. Die zeitliche Verteilung um den am häufigsten auftretenden Wert herum ist nicht genau symmetrisch, wie man vielleicht erwarten könnte, sondern sie ist etwas linksschief. Diese
Schiefe kommt dadurch zustande, daß Reaktionszeiten unter
0,1 Sekunden nicht vorkommen, daß es aber Abweichungen
nach oben mit sehr viel längeren Reaktionszeiten als zu dem
0,1 Sekunden symmetrischen Wert von 0,16 Sekunden gibt.
Auf ein bestimmtes Signal kann man zwar beliebig langsam,
aber nicht beliebig schnell reagieren. In Richtung kürzerer Zeiten gibt es eine absolute Grenze, die nicht unterschritten werden kann, und diese Grenze des Reagierens liegt für akustische
Reize etwa bei einer zehntel Sekunde. Man kann sich noch so
sehr anstrengen, und man kann noch so lange üben: Die zeitliche Grenze bleibt eine *biologische* Mauer.

Festgelegt ist diese Grenze durch Prozesse in unseren Sinnesorganen, im Gehirn und in den Muskeln. Es dauert eine gewisse Zeit, bis die Schallwellen, die ins Ohr gelangen, umge-

wandelt sind in die Sprache des Gehirns. Es dauert eine gewisse Zeit, bis die Information aus den Sinneszellen im Ohr ins Gehirn weitergeleitet ist. Diese Weiterleitung geschieht relativ langsam, vergleicht man sie mit der Schall- oder gar der Lichtgeschwindigkeit, denn sie liegt bei höchstens etwa 100 Metern pro Sekunde. Dann kostet es auch Zeit, wenn die Information von einer Nervenzelle auf die nächste umgeschaltet wird, was vor einer Reaktion mehrmals geschehen muß. Und es dauert auch noch eine gewisse Zeit, bis die Muskeln in Gang gesetzt werden. Wenn man das alles berücksichtigt, dann muß man sich eigentlich wundern, daß man mit nur einer zehntel Sekunde auf Signale reagieren kann. So kurz diese Zeit aber auch ist, für uns ist die Grenze in Richtung noch kürzerer Zeiten nicht überwindbar.

Für *uns*, denn es sind natürlich Lebewesen denkbar, bei denen Reaktionen sehr viel schneller erfolgen können, und solche Lebewesen gibt es tatsächlich. So hat man festgestellt, daß manche Affenarten oder etwa das Spitzhörnchen (Tupaia), über dessen Zuordnung die Zoologen sich noch streiten, sehr viel schneller als der Mensch reagieren können. Die Grenzen der Reaktionsschnelligkeit sind also charakteristisch für Lebewesen, das heißt, sie sind arteigen. Unsere Grenzen gelten nur für uns.

Bisher haben wir uns mit der einfachen Reaktionszeit auf einen *akustischen* Reiz befaßt. Wir wollen uns nun fragen, wie schnell wir auf einen *optischen* Reiz reagieren können. Zunächst könnte die Frage verwundern: Wieso sollte es überhaupt einen Unterschied geben zwischen Reaktionen auf akustische oder optische Reize? Daß ein solcher Unterschied besteht, erfahren wir im Experiment. Wieder ließ sich der Autor wie bei der Messung der akustischen Reaktionszeiten untersuchen. Diesmal wurden optische Reize geboten, auf die so schnell wie möglich zu reagieren war. Das Ergebnis dieses Versuchs ist in der Abbildung 6 dargestellt.

Zum Vergleich ist das Histogramm der Reaktionszeiten auf akustische Reize (Abbildung 5) noch einmal zeitgerecht darüber gezeigt. Wir stellen fest, daß die Reaktion auf visuelle Signale etwas langsamer ist als auf akustische Signale. Wenn

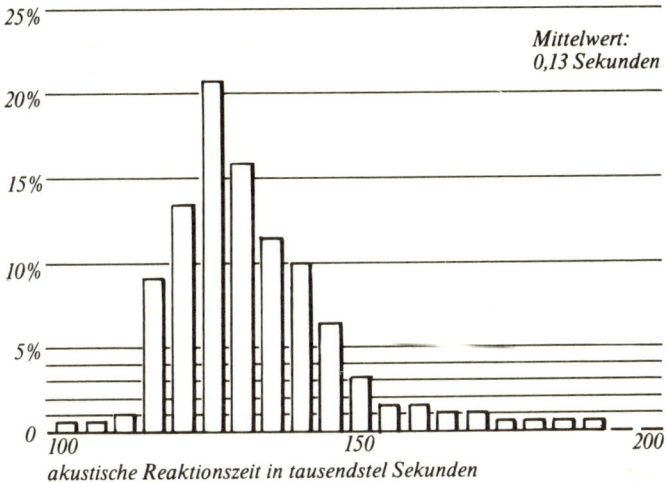

akustische Reaktionszeit in tausendstel Sekunden

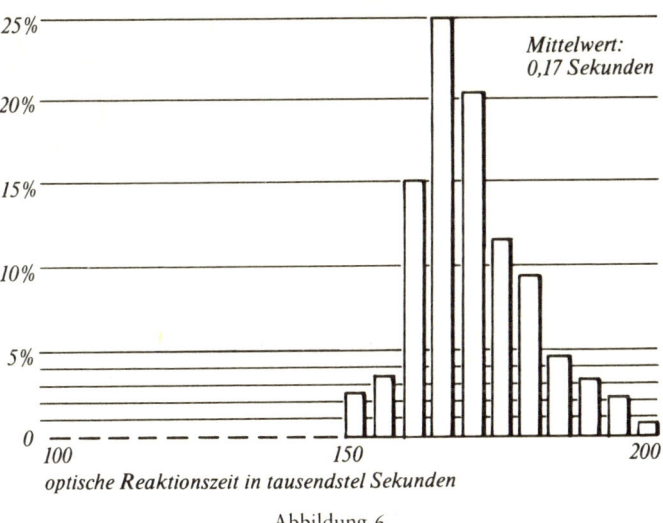

optische Reaktionszeit in tausendstel Sekunden

Abbildung 6

man die errechneten Mittelwerte vergleicht, braucht der Autor im Durchschnitt knapp 0,04 Sekunden mehr Zeit, um auf ein optisches Signal zu reagieren.

Das mag als sehr kurze Zeit erscheinen, denn es ist ja sehr viel weniger als eine zehntel Sekunde. Doch kann man einmal versuchen, sich ein anschauliches Bild von diesem Zeitunterschied zu machen, indem man sich in ein Auto setzt, das mit 180 Kilometern pro Stunde über die Autobahn fährt. Diese Geschwindigkeit entspricht 180 x 1000 Meter in 60 x 60 Sekunden oder genau 50 Meter pro Sekunde. Die beobachtete Differenz der optischen gegenüber der akustischen Reaktionszeit von 0,04 Sekunden entspricht dann einer gefahrenen Strecke von 2 Meter. Das scheint nicht viel zu sein bei dieser Geschwindigkeit. Muß man aber plötzlich bremsen, dann kann das ein lebenswichtiger Unterschied sein.

Die sehr viel bessere akustische Reaktion gegenüber der optischen hat im übrigen eine interessante Konsequenz in manchen Sportarten wie etwa Tischtennis oder Squash, wo der Spieler nicht nur gut sehen, sondern auch gut hören können muß. Beim Squash etwa gibt es Spielsituationen, in denen eine Reaktion auf den gegnerischen Ball aufgrund der langsameren visuellen Reaktion nicht mehr möglich ist, da der Ball zu schnell zurückgespielt wird. Der geübte Spieler ist dann in der Lage, aus dem akustischen Signal, das heißt, wenn der Gegner den Ball schlägt und der Ball dann von der Wand zurückprallt, die Flugbahn des Balles zu berechnen und seinen eigenen Schläger in die richtige Position zu bringen. Ich hatte die Möglichkeit, die weltbesten Squashspieler hinsichtlich ihrer Reaktionszeit zu untersuchen, und ich habe dabei bestätigt gefunden, daß diese Spieler sich vor allem durch eine hervorragende akustische Reaktionszeit auszeichnen.

Der Grund für die längere optische Reaktionszeit ist darin zu sehen, daß die Umwandlung von Lichtenergie in die Sprache des Gehirns mehr Zeit beansprucht, wie wir bereits bei der Erörterung des Erlebens von Gleichzeitigkeit festgestellt hatten. Dieser langsamere Umwandlungsprozeß führt notwendigerweise dazu, daß unser Sehen immer hinterherhinkt. Das kann man wortwörtlich verstehen: Wenn von einem Objekt ein Ton und ein Licht ausgehen, wobei das Objekt allerdings nicht zu weit von uns entfernt sein darf, damit die Schallgeschwindigkeit keine Rolle spielt, dann kommen die beiden Signale zu unterschiedlichen Zeiten in unserem Gehirn an, erst der Ton und dann das Licht. Objektiv gleichzeitige Ereignisse sind subjektiv also gegeneinander verschoben wegen des unterschiedlichen Zeitverhaltens unserer Sinnesorgane. Dagegen können wir gar nichts tun – die akustische und die optische Welt unserer näheren Umgebung bleiben zeitlich gegeneinander verschoben. Mit unserer visuellen Interpretation der Umwelt hinken wir immer um den Bruchteil einer Sekunde hinter der akustischen Interpretation her.

Aber nun gibt es ja tatsächlich die Schallgeschwindigkeit von etwa 330 Metern pro Sekunde gegenüber der sehr viel höheren Lichtgeschwindigkeit von 300000000 Metern pro Sekunde. Dann können wir ausrechnen, wie weit ein Objekt entfernt sein muß, damit im Gehirn ein von diesem Objekt ausgehender Ton und ein Lichtsignal wirklich gleichzeitig ankommen, so daß gleiche Reaktionszeiten möglich werden. Diese Distanz beträgt etwa 12 Meter, denn das ist die Entfernung, die der Schall in 0,038 Sekunden zurücklegt, die Differenz zwischen der akustischen und der optischen Reaktionszeit. Der *Gleichzeitigkeits-Horizont* der optischen und akustischen Welt liegt also bei 12 Metern. Unter zwölf Metern ist die akustische Welt früher, über zwölf die visuelle.

Hier sind nun Zahlen zugrunde gelegt worden, die für den Autor gelten, denn bei ihm wurde ja die Differenz von etwa 0,04 Sekunden zwischen der optischen und der akustischen Reaktionszeit gemessen. Bei einem anderen mag dieser Wert anders sein, vielleicht 0,03 Sekunden. Daraus ergibt sich, daß sich für jeden ein individueller Gleichzeitigkeits-Horizont errechnen läßt. Bei einer Differenz von 0,03 Sekunden sind das etwa zehn Meter. Messungen an mehreren Versuchspersonen ergaben, daß im Mittel der Gleichzeitigkeits-Horizont bei etwa zehn Metern liegt.

Der Horizont der Gleichzeitigkeit ist nicht nur eine Angelegenheit des Menschen, sondern er gilt auch für jedes Tier mit Augen und Ohren. Die Art und Weise, wie Lichtenergie oder

akustische Reize umgewandelt werden, ist im Prinzip für alle
Tiere gleich, zumindest, was die Wirbeltiere anbelangt. Daraus
ergeben sich wichtige Konsequenzen für das Verhalten. Ein
Tier ist im Vorteil, wenn es bis zu etwa zehn Metern Entfernung auf Geräusche achtet, denn die sind ihm früher verfügbar.
Jenseits des Gleichzeitigkeits-Horizonts von etwa zehn Metern
verlagert sich dieser Vorteil auf das Gesehene, da dieses dann
früher im Gehirn ankommt.

Aus dem Gleichzeitigkeits-Horizont ergibt sich für unser
Weltbild eine interessante Konsequenz. Wir haben, wie jeder
von sich selber weiß, nicht nur eine visuelle, sondern auch eine
akustische Raumvorstellung. Wenn irgendwo im Raum etwas
passiert, das mit einem Geräusch verbunden ist, dann können
wir unseren Blick sofort dorthin richten, auch wenn wir es
nicht gesehen haben. Das bedeutet, daß zwischen der akustischen und der visuellen Repräsentation der Welt in unserem
Gehirn dauernd ein Wechselgespräch darüber stattfindet, wo
wir etwas gehört haben. Dieses Wechselgespräch über das Wo
ist, wie wir durch den Gleichzeitigkeits-Horizont erfahren haben, abhängig von der Distanz. Bis zum Gleichzeitigkeits-Horizont, also in der Nähe, weiß unser Ohr früher, wo etwas ist,
und kann das Auge darüber informieren. Jenseits dieses Hori-
zonts ist das Auge früher informiert und kann dem Ohr seine
Berechnungen über den genauen Ort eines Ereignisses mitteil-
len.

Daß diese gegenseitige Information zwischen den Sinnessystemen ausgezeichnet funktioniert, wissen wir aus unserem
Verhalten. Wir können unseren Blick auf eine Tonquelle richten, oder wir können auf einer Cocktailparty, wo alle durchein-
anderreden, ein Gespräch gezielt mithören, wobei wir den, der
spricht, nicht anschauen müssen. Wie diese gegenseitige Information zwischen Auge und Ohr im Gehirn tatsächlich abläuft,
das entzieht sich bisher unserer Kenntnis, obwohl in vielen Labors in der ganzen Welt an diesem Problem gearbeitet wird.
Die besondere Schwierigkeit, die sich hier stellt, liegt darin,
daß der optische und der akustische Raum sich für uns dauernd gegeneinander verschieben. Was ist damit gemeint? Unsere Augen bewegen sich, und diese Bewegungen bewirken eine

Verschiebung zwischen den beiden Welten, denn unsere optische Welt ist auf die sich im Kopf bewegenden Augen bezogen, unsere akustische Welt aber auf unsere Ohren, und die bewegen sich (im Gegensatz zu manchen Tieren) nicht.

Man kann sich dieses Problem verdeutlichen, indem man sich fragt, wo eigentlich rechts und links für einen selber ist. Man schaue geradeaus, und man wird feststellen, daß unser Rechts und Links definiert wird durch die Blicklinie. Alles was links von der Blicklinie liegt, wobei in dieser Situation die Blicklinie mit dem Kopf geradeaus übereinstimmt, ist für uns links. Was rechts von der Blicklinie ist, empfinden wir als rechts. Jetzt drehen wir den Kopf etwas nach links, schauen aber immer noch genau auf denselben Punkt und fragen uns wieder, wo links und rechts ist. Obwohl der Kopf nach links gedreht wurde, ist links nicht mit dem Kopf mitgedreht worden, sondern bleibt auf die Blicklinie bezogen. Wir schauen ja immer noch denselben Punkt an und empfinden immer noch, daß links links von der Blicklinie liegt, trotz des gedrehten Kopfes. Wenn wir jetzt bei gleicher Fixation desselben Punktes den Kopf nach rechts drehen, werden wir wieder entdecken, daß links dort geblieben ist, wo es war.

Unser Links und unser Rechts sind also eine visuelle Angelegenheit. Indem wir den Kopf drehten, haben wir aber den akustischen Raum gegen den optischen verschoben, da uns der akustische Raum über die akustische Analyse durch die beiden Ohren vermittelt wird. Aus jeder beliebig verschobenen Position der Augen können wir auf irgendein Blickziel oder irgendeine Tonquelle schauen – das können wir, wissen aber bisher nicht, wie das möglich ist.

Dies ist eine der vielen Grenzen unseres Wissens darüber, wie eigentlich unser Verhalten durch Mechanismen im Gehirn ermöglicht wird. Wenn wir jetzt noch einmal an den Gleichzeitigkeits-Horizont denken, so ergibt sich, daß möglicherweise verschiedene Mechanismen notwendig sind für die Koordination des akustischen mit dem optischen Raum, wenn der Nahbereich oder die Ferne aktuell ist. Aber über diese Mechanismen wissen wir leider auch noch nichts. Wir können nur darüber spekulieren und auf dieser Grundlage feststellen –

sofern man das Spekulative als vorläufige Grundlage anzuerkennen bereit ist –, daß unser Weltbild je nach Nähe oder
Ferne verschieden ist. Unser Gleichzeitigkeits-Horizont um die
zehn Meter herum ist darum möglicherweise auch eine Welt-
bild-Grenze.

5 Der zeitliche Rahmen für Entscheidungen – oder: Warum unsere Zeit in Quanten zerlegt ist

Bisher haben wir uns mit Untersuchungen über Einfachreaktionen befaßt und aus den Beobachtungen einige Schlußfolgerungen gezogen. Wir wollen uns nun den Wahlreaktionen zuwenden, bei denen vor einer Reaktion eine Entscheidung zu treffen ist. Aus solchen Untersuchungen können wir ableiten, wieviel Zeit mindestens benötigt wird, um eine Entscheidung zu treffen. Außerdem werden wir erfahren, ob wir uns immer oder nur zu bestimmten Zeitpunkten entscheiden können.

Betrachten wir zunächst die Situation, daß zwei optische Reize zur Auswahl stehen, also zum Beispiel ein rotes und ein grünes Licht, die plötzlich aufleuchten können. Bei dem roten Licht sollte man auf den einen, bei dem grünen auf einen anderen Knopf drücken. Solche Untersuchungen wurden z. B. in Innsbruck durchgeführt, wobei es vor allem darum ging, die Reaktionsschnelligkeit zwischen aktiven Sportlerinnen und Nichtsportlerinnen zu vergleichen. Für Sportlerinnen wurde gefunden, daß im Durchschnitt bei *einem* optischen Reiz nach 0,23 Sekunden, bei *zwei* optischen Reizen nach 0,30 Sekunden reagiert wurde. Es fällt auf, daß die durchschnittliche Reaktionszeit auf einen optischen Reiz länger ist als die für den Autor gemessene Zeit im vorangegangenen Kapitel; das liegt an den völlig anderen Versuchsbedingungen. Der zeitliche Unterschied für die Wahlreaktion gegenüber der Einfachreaktion beträgt somit 0,07 Sekunden. Wenn also eine Entscheidung verlangt wird, dann wird zusätzlich knapp eine zehntel Sekunde Zeit benötigt. Diese zusätzliche Zeit macht etwa 25 Prozent der gesamten Reaktionszeit aus. Diese zusätzlichen Prozente gehen auf Kosten von Vorgängen im Gehirn, die der Entscheidung zugrunde liegen. Das Gehirn hat darüber zu befinden, welcher der beiden Reize es war, der auftauchte, und nach dieser *Unterscheidung* muß *entschieden* werden, welcher der beiden Knöpfe zu bedienen ist.

Wenn man in solchen Untersuchungen Sportlerinnen mit

jungen Damen vergleicht, die praktisch überhaupt keinen Sport treiben, dann stellt man fest, daß bei den Nichtsportlerinnen zwar die Einfach- und die Wahlreaktion länger sind als bei den Sportlerinnen, daß aber der Unterschied zwischen Einfach- und Wahlreaktion derselbe ist. Was im Gehirn an Unterscheidungs- und Entscheidungstätigkeit passiert, das ist in beiden Gruppen dasselbe. Die Sportlerinnen sind vermutlich wohl nur deshalb schneller in ihrer Reaktion, weil sie ihre Muskulatur schneller in Gang setzen können. Denn auch die Umsetzung von Licht in Gehirnsprache dürfte bei beiden Gruppen gleich sein.

Einen entsprechenden Versuch, der in einfachster Weise eine Entscheidungssituation darstellt, können wir auch mit einem oder zwei *akustischen* Signalen durchführen. Wir wissen bereits, daß die akustische Reaktionszeit sehr viel kürzer ist. Für Sportlerinnen aus Innsbruck fand sich eine mittlere akustische Reaktionszeit von 0,15 Sekunden, das heißt also 0,08 Sekunden weniger als die einfache optische Reaktionszeit (0,23 Sekunden, siehe oben). Im Vergleich zur Reaktion auf *einen* akustischen Reiz von 0,15 Sekunden fand sich bei *zwei* akustischen Reizen ein Wert von 0,22 Sekunden. Hier fällt nun sofort auf, daß die Differenz auch wieder 0,07 Sekunden beträgt. Wenn wir von einem *optischen* zu zwei optischen oder wenn wir von einem *akustischen* zu zwei akustischen Reizen übergehen, dann wird in beiden Fällen für die kompliziertere Reaktion, also die Wahlreaktion, gleichviel zusätzliche Zeit benötigt. Unterscheidung und Entscheidung laufen in beiden Sinnessystemen daher vermutlich in analoger Weise ab. Wir nehmen deshalb an, daß Entscheidungsprozesse unabhängig sind von der Art und Weise, wie die Information ins Gehirn kommt, oder daß die verschiedenen Sinnessysteme Entscheidungen auf der Grundlage des gleichen Programms – oder Algorithmus – ausführen, um eine computerorientierte Sprache zu verwenden. Man könnte nun meinen, daß wir mit diesen Beobachtungen bereits die Frage, wieviel Zeit für Entscheidungen benötigt wird, beantworten können, nämlich etwa 0,07 Sekunden. Um aber ganz sicher zu gehen – und das sollte eine wissenschaftliche Tugend sein –, ändern wir unseren Versuch noch einmal. Wenn es stimmt, daß 0,07 Sekunden für eine Entscheidung benötigt

werden, dann können wir voraussagen, daß bei *drei* optischen
Signalen die Reaktionszeit wohl auf 0,37 Sekunden anwachsen
müßte; denn bei *einem* war sie 0,23 und bei zwei Reizen 0,30
Sekunden.

Wenn wir aber diesen Versuch mit drei optischen Reizen
ausführen, wobei jedem Reiz eine von drei Reaktionstasten zu-
geordnet ist, dann bekommen wir ein Ergebnis, das von der
Erwartung abweicht, nämlich 0,335 Sekunden, also nur um
die Hälfte mehr, als wir in unserer Hypothese annahmen. Die
zusätzliche Wahlmöglichkeit erfordert an zusätzlicher Zeit also
nur 0,035 Sekunden. Vielleicht laufen unsere Entscheidungsprozesse also doch noch etwas schneller ab als vermutet, denn
bei *drei* Situationen kommt ja noch eine Unterscheidungs- und
Entscheidungsmöglichkeit hinzu, und für diese zusätzliche Entscheidung wird ein kleinerer zusätzlicher Zeitaufwand benötigt.

Um dieser Frage nachzuspüren, nutzen wir die schon ge-
zeigte Möglichkeit, Reaktionszeiten in einem Histogramm zu
betrachten, und damit wir gute experimentelle Daten erhalten,
die außerdem unseren Einblick in die Entscheidungsprozesse
noch mehr erweitern, ändern wir unseren Versuch noch einmal
etwas ab. Wir setzen der Versuchsperson einen Kopfhörer auf,
wobei im Experiment ein Ton immer nur im rechten Kopfhörer
angeschaltet wird. Außer dem Ton wird unserer Versuchsperson ein optischer Reiz angeboten, so daß nun zwischen Reizen
aus verschiedenen Sinnessystemen zu unterscheiden ist. Dabei
achten wir darauf, daß der optische Reiz nicht genau fixiert
ist, sondern etwas rechts von der Blicklinie erscheint. Wir haben eine kooperative Versuchsperson, die dabei mitmacht. Die
Fixation seitlich von einem auftauchenden Lichtsignal können
wir natürlich auch experimentell kontrollieren. Mit dieser Ver-
suchsanordnung haben wir erreicht, daß sowohl der akustische
als auch der optische Reiz auf der gleichen Seite liegen, nämlich
rechts. Aufgrund des Aufbaus und der Verschaltung unserer
Sinnesorgane und unseres Gehirns – wir werden darüber später noch mehr erfahren – bedeutet dies, daß der akustische
und der optische Reiz in die *linke* Hälfte des Gehirns gelangen.
Nun sorgen wir noch dafür, daß optischer und akustischer Reiz

unvorhersehbar aufeinanderfolgen. Weiter verlangen wir von unserer Versuchsperson, daß die Reaktionstasten nur mit der rechten Hand bedient werden, wobei eine der Tasten möglichst schnell bei Licht, die andere bei Ton gedrückt werden soll. Die Steuerung der *rechten* Hand erfolgt ebenfalls von der *linken* Hälfte des Gehirns, so daß wir nun folgende Situation haben: In der linken Gehirnhälfte muß eine Unterscheidung zwischen optischen und akustischen Signalen vorgenommen werden, und es muß auch von dieser Gehirnhälfte entschieden werden, welche der zwei Reaktionstasten zu bedienen ist. Wir arbeiten also gleichsam nur mit halbem Kopf.

In der Abbildung 7 ist das Ergebnis eines solchen Versuchs als Histogramm dargestellt, und zwar ist nur die Verteilung der akustischen Reaktionszeiten gezeigt; aus den oben beschriebenen Situationen wurden für dieses Bild also nur die Reaktionen herausgesucht, die auf den Ton hin durchzuführen waren. Wenn

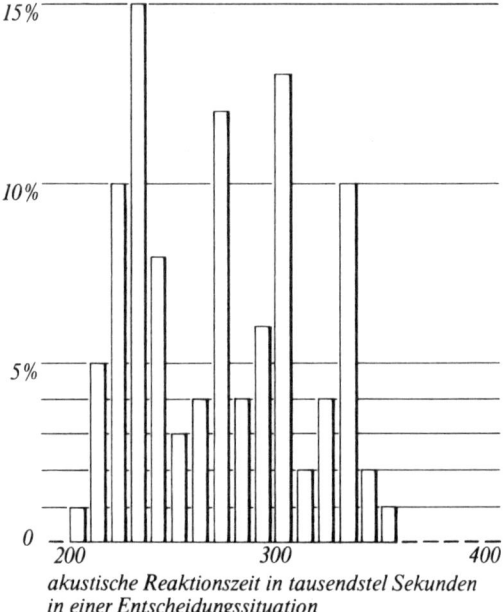

akustische Reaktionszeit in tausendstel Sekunden
in einer Entscheidungssituation

Abbildung 7

wir dieses Bild mit dem Histogramm in Abbildung 5 vergleichen, so ist der Unterschied offensichtlich. Wir beobachten nicht nur längere Zeiten, die durch die notwendigen Entscheidungen bedingt sind, sondern auch die Form der Verteilung ist radikal verändert. Statt eines häufigsten Wertes sehen wir mehrere nebeneinanderliegende Gipfel. Der Abstand dieser Erhebungen liegt zwischen 0,03 und 0,04 Sekunden. Wenn wir das umformulieren, um es leichter mit früheren Beobachtungen vergleichen zu können, so sind es 30 bis 40 tausendstel Sekunden.

Das Histogramm mit mehreren Spitzen, die in etwa gleichen Abständen aufeinanderfolgen, bedeutet, daß unsere Versuchsperson zu bestimmten Zeiten bevorzugt reagiert, andere Zeiten dagegen vernachlässigt. Den ersten Gipfel der Bevorzugung sehen wir bei 0,24 Sekunden, den letzten bei 0,34 Sekunden, und dazwischen liegen noch einmal zwei Gipfel. Wie läßt sich die auffällige Bevorzugung und Vernachlässigung von Reaktionszeiten erklären? Das regelmäßige Auf und Ab läßt natürlich an einen periodischen Vorgang denken, der vielleicht an der Ausführung von solchen Wahlreaktionen beteiligt ist.

Durch das plötzliche Ereignis und unser Zurkenntnisnehmen wird in unserem Gehirn vermutlich ein oszillatorischer, also schwingender Prozeß in Gang gesetzt, wobei die Dauer jeder Periode dieser Oszillation etwa bei 0,03 Sekunden liegt. Wir wollen uns allerdings nicht auf genau 0,03 Sekunden versteifen: Biologische Vorgänge, und das wäre eine solche Oszillation im Gehirn, sind nie so exakt wie physikalische Ereignisse. Die Periode liegt ungefähr bei 0,03 oder 0,04 Sekunden, sie kann aber manchmal etwas kürzer oder auch länger sein. Und wir müssen noch etwas betonen – falls sich Techniker unter den Lesern befinden: Es ist auch vorstellbar, daß die Oszillation immer vorhanden ist, daß sie aber durch plötzliche Ereignisse unmittelbar mit diesen Ereignissen synchronisiert werden kann. Im technischen Sinne würde es sich also um einen »Relaxations-Oszillator« handeln. Die Schwingung im Gehirn ist übrigens keine mechanische Schwingung, etwa wie bei einem Pudding, den man in Erschütterung versetzt, sondern eine »elektrische«, die aufgrund der besonderen Verschaltung der Nervenzellen zustande kommt.

Dieser oszillatorische Vorgang ist nach Auffassung des Autors Grundlage für Entscheidungsprozesse, die Wahlsituationen kennzeichnen. Und dieser oszillatorische Vorgang ist außerdem Grundlage für die Identifikation von Ereignissen. Denn es ist vermutlich schon aufgefallen, daß die Periode der hier diskutierten Oszillation bei 0,03 bis 0,04 Sekunden genau übereinstimmt mit der Ordnungsschwelle, also jener Zeit, die wir mindestens brauchen, um ein Ereignis zu identifizieren. Wir haben bei der Erörterung der Wahlreaktionen mehrfach festgestellt, daß zunächst »unterschieden« und dann »entschieden« werden muß. Unterscheiden heißt aber »identifizieren«. Erst wenn von uns etwas unterschieden und identifiziert ist, wird es uns als Ereignis verfügbar sein, und wir können mit diesem »Wissen« entscheiden.

Sowohl bei der Bestimmung der Ordnungsschwelle als auch bei den Wahlreaktionen wird also durch die Reize ein oszillatorischer Vorgang ausgelöst. Abzählbar werden Ereignisse aber erst dann, wenn sie getrennt identifiziert werden, was nur möglich ist, wenn die Reize zeitlich so getrennt sind, daß sie in aufeinanderfolgende Perioden fallen. In einer Wahlsituation können zwei Reize nur dann unterschieden werden, wenn sie miteinander verglichen werden. Dafür müssen sie aber identifiziert werden.

Natürlich ist der Vorgang bei den Wahlreaktionen ungleich komplizierter als bei der Bestimmung der Ordnungsschwelle; denn wir müssen hier auch unser Gedächtnis beanspruchen. Was ist damit gemeint? In der Situation der Wahlreaktion tritt ja immer nur _ein_ Reiz von zwei möglichen auf. Das bedeutet, daß der verarbeitete und identifizierte Reiz verglichen werden muß mit im Gedächtnis vorhandener Information. Wir stellen uns das so vor: Der Reiz setzt die Oszillation in Gang, und nun wird verglichen, mit welchen der im Gedächtnis gespeicherten Alternativen dieser Reiz übereinstimmt. Dieser Vergleichsvorgang führt dann zu einer Entscheidung, die sich in der richtigen (oder manchmal auch falschen) Reaktion zeigt. Wenn dieser Vergleichsvorgang schnell erledigt ist, dann gibt es eine frühe Reaktion, was wir in unserem Reaktionshistogramm beispielsweise als einen ersten Gipfel bei 0,24 Sekunden sehen. Wenn dieser Vergleich sich aber etwas hinzieht, weil vielleicht die Identität des Reizes im Vergleich mit den im Gedächtnis gespeicherten Reizen noch nicht sicher ist, dann erfolgt die Reaktion etwas später. Dieses Später ist aber nicht beliebig später, sondern zu bestimmten bevorzugten Zeitpunkten, die definiert sind durch den oszillatorischen Vorgang im Gehirn, der zur Identifikation eines Ereignisses benötigt wird.

Wir haben es hier mit einer Hierarchie von Phänomenen zu tun, die alle dieselbe zeitliche Organisation in unserem Gehirn ausnutzen. Zurkenntnisnehmen, Identifizieren, Auswählen sind eingebettet in dieselbe »Maschinerie unseres Gehirns«.

An dieser Stelle können wir nun kurz auf ein Problem hinweisen, das viele Wissenschaftler, aber auch Laien seit langem beschäftigt. Ist die Zeit eigentlich kontinuierlich, oder ist sie »gequantelt«? In unserer geläufigen Vorstellung ist Zeit vermutlich – ich nehme an, dies gilt für die meisten – kontinuierlich. Aber was sagen die hier diskutierten Beobachtungen? Wenn wir nur zu bestimmten Zeiten reagieren oder handeln können, dann ist Kontinuität der Zeit wohl eine Illusion. Zwar entzieht sich die Diskontinuität des Identifizierens und des Entscheidens unserem Bewußtsein, aber die experimentellen Hinweise sind eindeutig, daß wir – bei einer Periode der Gehirnoszillation von 0,03 bis 0,04 Sekunden – in einer Sekunde nur etwa 30 Identifikationsmöglichkeiten und *Entscheidungspunkte* haben. Daß uns dies nicht bewußt ist, braucht nicht zu stören, denn wir sind ja schon zu Beginn über die Grenzen der Selbstbeobachtung aufgeklärt worden. Wir können deshalb annehmen, daß die subjektive Zeit diskontinuierlich abläuft, daß der Ablauf unseres Erlebens und Verhaltens zerhackt ist in Zeitquanten. Wir können nicht »immer« reagieren. Die Funktionsweise unseres Gehirns definiert formale Randbedingungen für den zeitlichen Ablauf, die uns aufgezwungen sind. Wir sind vielleicht frei über das, *was* wir entscheiden, aber nicht *wann* wir entscheiden.

6 Braucht das Gehirn eine Uhr? –
oder: Wie zeitliche Ordnung geschaffen wird

»Kekawewechetushekamikowanowow«, zu deutsch »daß es
bei Dir bleiben möge«, ist ein Wort aus der Sprache der Cree-
Indianer. Der amerikanische Psychologe und Hirnforscher Karl
Lashley hat in einem bedeutenden Beitrag unter dem Titel
»Das Problem der seriellen Ordnung im Verhalten« erörtert,
daß die richtige Aufeinanderfolge der Silben in einem solchen
Wort nur dann gesagt oder verstanden werden kann, wenn eine
Uhr im Gehirn vorhanden ist, die für die richtige Reihenfolge
sorgt. Damit jede Silbe an die richtige Stelle der Folge »keka-
we ...« kommt, müssen die Silben wie bei einem Eisenbahnzug
die Waggons nach einem Zeitplan aufgereiht werden. Ein zeitlicher Kontrollplan funktioniert am besten, wenn eine Uhr dafür sorgt, daß überall im Gehirn bekannt ist, wie spät es ist.
Diese zeitliche Kontrolle wird durch Prozesse ermöglicht, die
wir schon angesprochen haben, nämlich durch das oszillatorische Verhalten von Nervenzellen im Gehirn, das nach Auffassung des Autors auch den Entscheidungsprozessen zugrunde
liegt.

Zum Glück brauchen wir nicht auf so entfernte und unbe-
kannte Sprachen wie das Cree-Indianisch zurückzugreifen,
wenn wir das Problem des Zusammenstellens langer Wörter
im Hinblick auf zeitliche Organisation erörtern wollen. Unsere
eigene Sprache ist ja bekannt für die Möglichkeit langer Wort-
ketten, und da wir für eine spätere Diskussion recht gut ein
Gedicht brauchen können, seien hier Verse von Hanns Freiherr
von Gumppenberg (1866-1928) wiedergegeben, der unter dem
Namen Jodok ein Gedicht »in der geschwollenen neuen Wort-
koppelweis'« geschrieben hat, das für manchen beim ersten
Lesen, vor allem beim lauten Lesen, eine Herausforderung bedeuten mag.

Sommermädchenküssetauschelächelbeichte

An der Murmelrieselplauderplätscherquelle
Saß ich sehnsuchtstränentröpfeltrauerbang:
Trat herzu ein Augenblinzeljunggeselle
In verwegnem Hüfteschwingeschlendergang,
Zog mit Schäkerehrfurchtsbittegrußverbeugung
Seinen Federbaumelriesenkrempenhut –
Gleich verspürt' ich Liebeszauberkeimeneigung,
War ihm zitterjubelschauderherzensgut.

Nahm er Platz mit Spitzbubtückekichern,
Schlang um mich den Eisenklammermuskelarm!
Vor dem Griff, dem grausegruselsiegessichern,
wurde mir so zappelseligsiedewarm.
Und er rief: »Mein Zuckerschnuckelputzelkindchen,
Welch ein Schmiegeschatzeschwelgehochgenuß!«
Gab mir auf mein Schmachteschmollerosenmündchen
Einen Schnurrbartstachelkitzelkosekuß.

Da durchfuhr mich Wonneloderflackerfeuer –
Ach, das war so überwinderwundervoll …
Küßt' ich selbst das Stachelkitzelungeheuer,
Sommersonnenrauschverwirrungsrasetoll!

Schilt nicht, Hüstelkeifewackeltrampeltante,
Wenn dein Nichtchen jetzt nicht knickeknirsche kniet,
Denn der Plauderplätscherquellenunbekannte
Küßte wirklich wetterbombenexquisit!

(Es empfiehlt sich, dieses Gedicht auswendig zu lernen und bei
jeder passenden oder unpassenden Gelegenheit vorzutragen.
Man wird stets einen nachhaltigen Erfolg damit erreichen!)
    Kommen wir zurück zur »seriellen Ordnung« des Erlebens
und Verhaltens. Wir vermuten, daß ein oszillatorischer Prozeß,
eine »Uhr« also, dahintersteht und für zeitliche Ordnung sorgt.
Daß zeitliche Ordnung keine Selbstverständlichkeit ist, ergibt
sich aus den Fehlern, die manchmal gemacht werden. Sehr häu-

fige Fehler beim Schreiben mit einer Maschine oder beim Sprechen, wenn also »serielle Ordnung« verlangt wird, sind die
Vertauschungsfehler, wenn die Reihenfolge (Reihenfolge wird
zu Feihenrolge) von Buchstaben versehentlich durcheinander-
gebracht wird. Beim Schreiben mit der Maschine kommt es vor
allem dann vor, wenn sehr schnell geschrieben wird, zumindest
bei eher Ungeübten. Aus solchen Vertauschungen können wir
schlußfolgern, daß normalerweise ein zeitlicher Ordnungspro-
zeß dafür sorgt, daß die Reihenfolge genau eingehalten wird –
nur manchmal drängelt sich eben ein Buchstabe vor, und dann
kommt es zu seriellen Vertauschungen. Daß Buchstaben an
ganz anderen Stellen auftauchen, wenn Fehler gemacht werden, das kommt sehr viel seltener vor. Gerade das Vertauschen
unmittelbar benachbarter Elemente in einer Folge legt nahe,
daß ein uhren-ähnlicher Prozeß für die Einhaltung der richtigen Reihenfolge sorgt.

Wir können uns ein anschaulicheres Bild von dem Problem
machen, wenn wir einfache sprachliche Beispiele heranziehen,
wie etwa den Drei-Wort-Satz »Was ist Zeit?«, und diesen ana-
lysieren: Die drei Wörter des Satzes ergeben in genau dieser
Reihenfolge die bekannte philosophische Frage. Die drei Wörter könnten aber prinzipiell in *sechs* verschiedenen Folgen aufgereiht sein, und jedesmal würde das Ganze etwas anderes –
oder gar nichts – bedeuten:

> Was ist Zeit?
> Was Zeit ist!
> Ist was Zeit?
> Ist Zeit was?
> Zeit ist was!
> Zeit was ist.

Manche der fünf zusätzlichen Wortfolgen erscheinen durchaus
sinnvoll, andere entbehren eines Sinnes. In jedem Fall ist es
aber so, daß für die Frage »Was ist Zeit?« die drei Wörter
genau in dieser Abfolge genannt sein müssen und nicht etwa
mit der Wortfolge »Ist Zeit was?« Auch dies scheint dem Autor
allerdings eine philosophische Frage zu sein, jedoch eine andere

als »Was ist Zeit?« Und »Zeit ist was!« als Antwort auf die
Frage »Ist Zeit was?« dürfte vermutlich nicht ganz befriedigen.

Damit die richtige Wortfolge das Gemeinte abbildet, ist es
notwendig, daß vor der tatsächlichen Äußerung oder dem Nie-
derschreiben dafür gesorgt wird, daß die Wortfolge programmiert wird. Aus dem Wortlexikon unseres Gehirns, das vielleicht 10000 Eintragungen hat – bei dem einen mehr, bei dem
anderen weniger –, müssen für das Mitteilen des bestimmten
Gedankens zunächst drei Wörter ausgewählt werden. Es müssen genau diese drei Wörter sein, denn es soll ja beispielsweise
nicht gefragt werden »Was ist Raum?« oder »Was hat Zeit?«,
sondern »Was ist Zeit?«. Nach dieser Bereitstellung auf dem
»Rangierbahnhof« des Sprechens, wo anfänglich noch alle
Wortfolgen möglich sind, wird *jene* Reihenfolge zusammenge-
stellt, die das Gemeinte zum Ausdruck bringen kann. Dieses
Zusammenstellen oder Einfädeln der Wörter an der richtigen
Stelle geschieht unter Kontrolle des gedanklichen Plans durch
Benutzung einer Uhr. Die Uhr im Gehirn sorgt dafür, daß alle
Instanzen, alle Bereiche im Gehirn, die mit der Zusammenstel-
lung des Wortzuges befaßt sind, gleiche Uhrzeit haben, um so
im Hinblick auf den Gesamtplan die ihnen zukommenden Aufgaben rechtzeitig erledigen zu können. Ohne eine Uhr würde
dauernd etwas zur Unzeit auftauchen, und die serielle Ordnung
würde durcheinandergeraten. Damit könnte aber auch der Gedanke nicht mehr ausgedrückt werden. Eine Gehirnuhr, die in
oszillatorischen Prozessen von Nervenzellen repräsentiert zu
denken ist, ist vermutlich die Bedingung dafür, daß sich ein
Gedanke mit Hilfe von wohlgeordneten Worten ausdrücken
läßt. Ohne diese formale Bedingung der seriellen Ordnung
gäbe es für uns keine sprachliche Kommunikationsfähigkeit.

Was sich hier in der Ordnung von Wortfolgen abbildet, so
daß das Gemeinte zum Ausdruck gebracht werden kann, wird
von den Sprachforschern als »syntaktische Kompetenz« bezeichnet. Daß hiermit wahrscheinlich eine spezifisch menschliche Fähigkeit angesprochen wird – auch im Vergleich mit Menschenaffen –, hat der amerikanische Linguist Noam Chomsky
betont, der die moderne Sprachforschung entscheidend mitgeprägt hat. Seit Jahren wird versucht, Menschenaffen zu trainie-

ren, damit sie mit der menschlichen Sprache umzugehen lernen. Dabei sollen diese Tier nicht Sprachlaute nachahmen, sondern für einzelne Wörter Symbole lernen, die sie dann je nach Bedürfnis einsetzen können. Nach dem Wissen des Autors – auf diesem Forschungsgebiet voller hitziger Kontroversen muß man vorsichtig formulieren – ist bisher in keinem Fall nachgewiesen worden, daß die Tiere über syntaktische Kompetenz verfügen. Mit anderen Worten: Die genaue Abfolge, die serielle Ordnung von Symbolen bei ihren Äußerungen sind unwesentlich. Um einen Gedanken oder einen Wunsch auszudrücken, stellen diese Tiere die dazu notwendigen Symbole meist in beliebiger Reihenfolge zusammen.

Die Verfügbarkeit syntaktischer Kompetenz beim Menschen und das vermutliche Fehlen dieser Kompetenz beim Schimpansen erlauben, auf einen Gesichtspunkt hinzuweisen, den wir nicht aus dem Blick verlieren sollten. Natürlich müssen wir annehmen, daß auch Menschenaffen über Mechanismen in ihrem Gehirn verfügen, die ihnen die serielle Ordnung *ihres* Verhaltens ermöglichen, so wie wir über Mechanismen verfügen, die der zeitlichen Ordnung *unseres* Erlebens und Verhaltens zugrunde liegen. Und wahrscheinlich ist es sogar so, daß diese zeitlichen Mechanismen bei uns und bei Menschenaffen sehr ähnlich sind. Mit dem zeitlichen Mechanismus ist aber nur die *formale* Struktur des Erlebens und Verhaltens gekennzeichnet. Nur das Wie ist angesprochen. Es wird keine Aussage über das Was gemacht, über den gedanklichen Inhalt dessen, der diese formale zeitliche Struktur benutzt.

Im Gegensatz zu Menschenaffen verfügen wir natürlicherweise über Sprache. In Sprache versuchen wir Gedankliches auszudrücken, wobei wir die zeitliche Maschinerie des Gehirns verwenden. Diese Nutzung geschieht in der Sprache unter dauernder Kontrolle einer »Was«-Instanz. Damit das Was, das Gemeinte, gesagt werden kann, müssen die Wörter richtig aufgereiht werden, und dies geschieht unter inhaltlicher Aufsicht. Die Wörter reihen sich nicht von selbst zum sinnvollen Inhalt. Auch wenn uns nah verwandte Tierarten über die zeitliche Maschinerie verfügen, so besitzen sie offenbar nicht diese »Was«-Instanz, die dafür sorgt, in der Abfolge von Wörtern, also syntaktisch, einen Gedanken zum Ausdruck zu bringen.

Der gegenseitige Bezug von Form und Inhalt kann uns noch in anderer Weise deutlich werden. Wir hatten festgestellt, daß bei Fehlen der inhaltlichen Dimensionen die formale Struktur allein, eine Gehirnuhr also, von geringem Nutzen für bedeutungsvolles Verhalten ist. Die Form ist ja nur dazu da, dem Inhaltlichen einen Ausdrucksrahmen zu verschaffen. Was geschieht nun, wenn die formalen Randbedingungen gestört sind, wenn also beispielsweise nicht mehr gewährleistet ist, daß überall im Gehirn die gleiche Uhrzeit herrscht?

Um diese Frage zu beantworten, müssen wir uns zunächst mit einem neuen Sachverhalt vertraut machen. Es ist seit langem bekannt, daß Störungen im Gehirn, wenn beispielsweise Hirnsubstanz verlorengeht, mit einer Verlangsamung einhergehen. Wir hatten bereits bei der Erörterung der Ordnungsschwellen (in Kapitel 3) darauf hingewiesen, daß Patienten mit Verletzungen jener Areale, die für Sprachfunktionen zuständig sind, eine erhebliche Verlängerung der Ordnungsschwellen zeigen, mit anderen Worten eine Verlangsamung jener Vorgänge, die die Identifikation von Ereignissen ermöglichen. Diese Verlangsamung von Prozessen aufgrund von teilweisen Hirnschädigungen scheint ein Grundgesetz der Neurologie zu sein.

Es ist bemerkenswert, daß diese Verlangsamung nur jene Funktionen betrifft, die an dem Ort im Gehirn repräsentiert sind, der durch die Verletzung gelitten hat. Hierzu möchte ich ein Beispiel geben. Ich hatte Gelegenheit, über längere Zeit einen Patienten zu untersuchen, der eine Durchblutungsstörung in dem Teil des Gehirns erlitten hatte, in dem das Sehen vermittelt wird. Diese Durchblutungsstörung nach einem Schlaganfall führte zu einem erheblichen Verlust von funktionsfähigen Nervenzellen. Seine Sehfähigkeit war deshalb stark eingeschränkt, aber nicht vollständig verloren, so daß Restleistungen noch untersucht werden konnten. Von den vielen Befunden, die erhoben wurden, möchte ich hier nur die über die Reaktionszeit anführen, da wir mit diesem Maß schon vertraut sind und im Hinblick auf unsere Frage am meisten erfahren können. Die Überprüfung der einfachen akustischen Reaktionszeit ergab ei-

nen völlig normalen Wert, so als sei mit dem Patienten gar
nichts geschehen. Bei der Messung der optischen Reaktionszeit
zeigte sich dagegen eine bedeutsame Verlängerung. Und was
besonders auffallend war: Die im Histogramm benachbarten
Gipfel (vergleiche Abbildung 7) lagen nicht mehr 0,03 bis 0,04
Sekunden, sondern etwa 0,08 Sekunden auseinander. Aus dieser Beobachtung müssen wir ableiten, daß nur ein Sinnessystem, nämlich das visuelle, in seiner zeitlichen Kapazität beeinträchtigt wurde.

Was bedeutet diese Beeinträchtigung praktisch? Aus der Verlängerung des Abstandes der Reaktionsgipfel müssen wir
schließen, daß nun erheblich mehr Zeit benötigt wird, wenn
Entscheidungen auf der Grundlage von visuellen Informationen zu treffen sind. Damit sich das Gehirn über visuelle
Alternativen klar wird, benötigt es etwa doppelt soviel Zeit
wie im Normalzustand oder wie bei akustischen Alternativen.
Damit steht das Gehirn aber vor einem schwerwiegenden Zeit-
problem. In *einem* Gehirn laufen Entscheidungsprozesse über
ein Ereignis, das optisch und akustisch verarbeitet wird, in
zwei Zeiten ab. In einem solchen Fall wirkt sich nicht nur die
Ungleichzeitigkeit des Optischen und Akustischen aufgrund
der unterschiedlich lange dauernden Umwandlungsprozesse in
Gehirnsprache aus. Hinzu kommt, daß zusätzlich zur unterschiedlichen Ankunftszeit die Uhren in den Teilen des Gehirns,
in denen Gehörtes oder Gesehenes verarbeitet wird, verschieden schnell laufen. Dadurch wird das akustische Weltbild von
dem optischen abgekoppelt, da die zeitliche Abstimmung zwischen den beiden Weltbildern nicht mehr gelingt. Wir hatten
ja früher festgestellt, daß im Hinblick auf Entscheidungen ein
zeitlicher Gleichklang besteht zwischen der Repräsentation der
akustischen und der optischen Welt. Wenn eine dieser Reprä-
sentationen geschädigt ist, dann führt die Verlangsamung in
diesem System zu einem Verlust des zeitlichen Gleichklangs.

Dieser durch Störungen bedingte Zerfall in unabhängige
Zeiten beweist, daß unter normalen Bedingungen eben ein
Gleichklang besteht. Erst in der Störung wird uns diese Selbstverständlichkeit bewußt. Ein weiteres Beispiel hierzu wird
durch die Patienten geliefert, die an einer Alkoholpsychose

oder dem sogenannten Korsakow-Syndrom leiden. Bei diesen Patienten scheint für alle Erlebnisbereiche die Einhaltung der zeitlichen Ordnung von Ereignissen eingeschränkt zu sein. Solche Patienten haben ein nahezu unverändertes Gedächtnis für das, *was* sie erlebt haben. Sie können es nur nicht mehr zeitlich einordnen. Manche Psychiater vermuten, daß bei dieser Krankheit selektiv nur die »Zeitmarken« von Erlebnissen verlorengehen. Das heißt mit anderen Worten, daß die serielle Ordnung durch den Krankheitsprozeß in Unordnung geraten ist. Aufgrund dieses Verlustes, so kann vermutet werden, beginnen die Patienten zu »konfabulieren«, also Unzusammenhängendes zu äußern.

Es ist vorstellbar, daß die Konfabulationen dieser Patienten im Verlust einer erlebbaren Kausalität in der realen Welt begründet sind. Ein solcher Verlust muß sich einstellen, wenn die zeitliche Folge von Ereignissen im Gehirn nicht mehr richtig vermittelt wird. Wenn aber in unserem Gehirn aufgrund des Verlustes von Zeitmarken nicht mehr klar ist, was früher und was später ist, dann können Ursache-Wirkungs-Zusammenhänge nicht mehr klar erkannt werden.

Das sei an einem weiteren Beispiel erläutert. Das Wahrnehmen von Bewegung ist abhängig von der zeitlichen Analyse. Damit wir sagen können, ein Objekt habe sich bewegt, muß dieses Objekt zu *verschiedenen* Zeiten an jeweils anderen Orten gewesen sein. Nehmen wir nun an, im Gehirn seien die Mechanismen ausgefallen, die serielle Erfassung von Ereignissen ermöglichen. Dann ist das Erfassen von Bewegung nicht mehr möglich. Ist das tatsächlich der Fall, dann muß das Subjekt ein völlig verändertes Weltbild haben. Ohne die Fähigkeit, Bewegungen zu erkennen, kann sich für den Betrachter ein Objekt selbstverständlich nicht mehr von hier nach dort *bewegen*, sondern es ist *hier* und irgendwann *dort*, ohne daß eine Verbindung zwischen den beiden Situationen wahrgenommen wird. Das muß dazu führen, daß die *Identität* von Objekten fragwürdig wird; denn die Möglichkeit des Bewegungssehens bedingt, daß wahrgenommene Objekte über die Zeit hinweg mit sich selbst identisch bleiben. Fehlt diese Möglichkeit, dann ist Identitätsverlust die Folge, und die Welt erscheint uns ohne kausa-

len Zusammenhang. Unser Weltbild wird dann ein völlig anderes. So leuchtet vielleicht auch ein – um einen Blick in die
Philosophie zu tun –, daß Aristoteles die Bestimmung des We-
sens der Bewegung als Grundfrage der Philosophie bezeichnet.

Mit diesen Überlegungen wird deutlich, daß grundsätzliche
Fragen unserer Existenz, die auch philosophische Probleme an-
klingen lassen, abhängig sind von der Funktionsweise unseres
Gehirns. Nur wenn die zeitliche Ordnung der Welt mit der
zeitlichen Ordnung im Gehirn übereinstimmt, haben wir die
Möglichkeit, die Welt zu begreifen. Und der Mechanismus unseres Gehirns, der die serielle Ordnung ermöglicht, scheint oszillatorischer Natur zu sein, also eine Uhr.

7 Die zeitliche Begrenztheit des Bewußtseins – oder: Wie das »Jetzt« entsteht

Bei der Suche nach der Antwort auf unsere Frage: »Wie kommt der Mensch zur Zeit?«, die im zweiten Kapitel gestellt wurde, wollen wir einen Augenblick innehalten und uns fragen, wo wir inzwischen angelangt sind. Wir haben herausgefunden, daß unsere Sinne unterschiedlich empfänglich sind für zeitliche Abläufe. Beim Hören haben wir die kürzeste Schwelle für Ungleichzeitigkeit beobachtet, beim Sehen die längste. Uns wurde jedoch auch deutlich, daß die Wahrnehmung der Ungleichzeitigkeit von Sinnesreizen zwar notwendig, aber nicht hinreichend ist, um diese Reize zu identifizieren und sie damit zu selbständigen Ereignissen werden zu lassen. Dazu bedarf es offenbar eines weiteren Mechanismus, der mindestens 0,03 bis 0,04 Sekunden beansprucht, um etwas auszusondern, zeitlich herauszuheben und dem Bewußtsein als Ereignis bereitzustellen. Erst wenn dies geschehen ist, kann sich ein Ereignis in eine Folge von Ereignissen einreihen. Wir erfuhren dann, daß die Möglichkeit, sich zu entscheiden, ebenfalls eine zeitliche Grenze hat, wobei bemerkenswerterweise diese Zeit mit jener übereinstimmt, die zur Identifikation von Ereignissen benötigt wird. Eine Möglichkeit, über Entscheidungszeiten informiert zu werden, fanden wir in der Analyse von möglichst schnellen Reaktionen, wobei auffiel, daß Reaktionen auf Reize in verschiedenen Sinnesbereichen unterschiedlich ausfallen. Für den wohlgeordneten Ablauf der Identifikation von Ereignissen, deren Einreihung in abzählbare Folgen und die Ausführung von Entscheidungen zwischen zwei oder mehr Wahlmöglichkeiten sorgt vermutlich eine Gehirnuhr. Wir stellten fest, daß Störungen in diesem Ordnungsbereich erstaunliche subjektive Konsequenzen haben können, so daß uns der Begriff der Kausalität verlorengehen kann, wenn die Folge von Ereignissen in der objektiven Welt subjektiv nicht mehr verfügbar ist.

Mit diesen Überlegungen haben wir zwei elementare Zeiterlebnisse charakterisiert, nämlich das Erlebnis des »Zugleich-

seins« und das Erlebnis des »Aufeinanderfolgens«. Für viele
Denker sind die Zeiterlebnisse Ausgangspunkt des Nachden-
kens über »die Zeit des Menschen und die Zeit überhaupt«. In
einem der grundlegenden Werke der abendländischen Philosophie, in der »Kritik der reinen Vernunft«, bezieht sich Immanuel Kant genau auf diese beiden Zeiterlebnisse. Die berühmte
Stelle beginnt mit den Worten: »Die Zeit ist kein empirischer
Begriff, der irgend von einer Erfahrung abgezogen worden.
Denn das *Zugleichsein* oder *Aufeinanderfolgen* würde selbst
nicht in die Wahrnehmung kommen, wenn die Vorstellung der
Zeit nicht a priori zum Grunde läge. Nur unter deren Voraussetzung kann man sich *vorstellen*, daß einiges zu einer und
derselben Zeit (zugleich) oder in verschiedenen Zeiten (nacheinander) sei. Die Zeit ist eine notwendige Vorstellung, die allen Anschauungen zum Grunde liegt.« (Hervorhebungen durch
den Autor; siehe auch Abbildung 2).

Für uns ist interessant zu prüfen, *wie* der Philosoph argu-
mentiert, das heißt, welche Beobachtungen er nennt, die zu
erklären sind. Als zeitliche Phänomene nennt Kant das *Zugleichsein* und das *Aufeinanderfolgen*. Ist damit aber das menschliche
Zeiterleben *hinreichend*, das heißt *umfassend* beschrieben? Ist
die Vorstellung der Zeit, die a priori zugrunde liegen soll, nur
jene, die uns das Zugleichsein und das Aufeinanderfolgen von
Ereignissen ermöglicht?

Wenn die Beschreibung menschlichen Zeiterlebens auf das
Zugleichsein und Aufeinanderfolgen beschränkt wird, dann
mag das Nachdenken über die Zeit in eine ganz bestimmte
Richtung gehen. Diese Richtung muß nicht dieselbe sein wie
jene, die wir einschlagen würden, wenn wir menschliches Zeiterleben umfassender beschreiben wollten. Müssen wir aber in
der Tat das menschliche Zeiterleben umfassender beschreiben?
Wenn das so ist, dann können wir allgemein feststellen, daß
die Denkweise von Kant über die Zeit möglicherweise nicht
den gesamten Erfahrungsschatz menschlichen Zeiterlebens philosophisch begründet. Bestimmte Dimensionen bleiben ausge-
schlossen. Das heißt nicht, daß die Kantsche Aussage falsch
wäre, sondern nur, daß sie auf einen Ausschnitt menschlichen
Erlebens begrenzt bliebe.

Welche Zeiterlebnisse kommen außer dem Erleben des Zu-
gleichseins und des Aufeinanderfolgens hinzu? Wenn wir ein
Bild betrachten, einen Satz oder nur ein Wort hören, oder wenn
wir einen Gegenstand betasten, dann ist diese Tätigkeit stets
begleitet von einem *Jetztgefühl*. Wenn wir also über Zeit nachdenken, dann müssen wir auch dieses Jetztgefühl erklären.
Nehmen wir ein einfaches Beispiel: Wenn wir jetzt das Wort
»jetzt« lesen oder hören, dann lesen oder hören wir das ganze
Wort »jetzt« jetzt. Wir lesen oder hören nicht die Aufeinanderfolge von fünf verschiedenen Buchstaben oder Sprachlauten
j - e - t - z - t . Ganz offensichtlich wird die Folge von Buchstaben in unserem Erleben zu einer Wahrnehmungseinheit zusammengefaßt. Wir nehmen deshalb an, daß es einen *Integrations-
Mechanismus* gibt, der dafür sorgt, daß aufeinanderfolgende
Ereignisse zu einer Gestalt zusammengefaßt werden.

Bevor wir unsere Untersuchung fortsetzen, ist es freilich notwendig, darüber Klarheit zu schaffen, was eigentlich gemeint
ist, wenn wir von Jetzt oder Gegenwart sprechen. Ich glaube
nämlich, daß auch hier unterschiedliche Bedeutungen der Begriffe zu vielen überflüssigen Kontroversen geführt haben. Wenn
wir über Zeit *nachdenken*, wobei wir als Grundlage für dieses
Nachdenken von der Auffassung Newtons ausgehen mögen,
daß Zeit gleichförmig fließt, dann können wir sagen, daß Gegenwart die Grenze zwischen Vergangenheit und Zukunft ist.
Denn wenn Zeit gleichförmig fließt, dann muß es immer einen
Zeitpunkt geben, der genau diese Grenze ist: das Jetzt. Dieses
so *gedachte* Jetzt ist eine *ausdehnungslose* Grenze, die sich in
die Zukunft hineinbewegt – oder durch die die Zukunft in die
Vergangenheit hineinläuft. Auf der Grundlage der klassischen
Physik ist dies eine berechtigte Interpretation von Gegenwart
oder Jetzt.

Es ist bemerkenswert, daß ein Philosoph unseres Jahrhun-
derts, nämlich Martin Heidegger, die gleiche Auffassung von
der Gegenwart als zeitlicher Dimension vertreten hat, obwohl
Heidegger alles andere als ein Physiker war. In seinem bekannten Werk »Sein und Zeit« schreibt Heidegger nämlich: »Jedes
Jetzt ist auch schon ein Soeben bzw. Sofort«. Das ist noch relativ einfach gesagt. Aber Heidegger drückt diesen Gedanken

noch einmal aus und zwar in der ihm eigenen Sprache. Ich möchte dem Leser diese Definition aus »Sein und Zeit« nicht vorenthalten: »Jedes letzte Jetzt ist als *Jetzt* je immer *schon* ein Sofort-nicht-mehr, als Zeit im Sinne des Nicht-mehr-jetzt, der Vergangenheit; jedes erste Jetzt ist je ein Soeben-noch-nicht, mithin Zeit im Sinne des Noch-nicht-jetzt, der Zukunft.« Wenn wir diesen Gedanken in die Alltagssprache umsetzen, dann können wir sagen, daß es das *Jetzt* offenbar gar nicht gibt; denn eine Grenze hat ja selber keine Ausdehnung, sondern trennt nur. In diesem Denken gibt es deshalb genaugenommen nur Vergangenheit und Zukunft. Daß die Vorstellung von Gegenwart als Grenze existentiell bedrohlich werden kann, ist verständlich. Denn wenn wir diesen *Gedanken* gleichsetzen mit der Realität des *Erlebens*, dann können wir eigentlich gar nicht richtig leben, denn wir sind zerrissen in Vergangenes und Zukünftiges, das Gegenwärtige fehlt. Wenn wir den Gedanken also mit dem Erleben gleichsetzen, muß Zeit uns notwendigerweise zur Bedrohung werden. Dann denken wir lieber gar nicht an Zeit, weil wir gleichsam in einer aussichtslosen Lage wären.

Wir *wären* es, doch wir sind es nicht. Das Gegenwärtige nur als eine Grenze zwischen Vergangenheit und Zukunft zu sehen ist eine Theorie, die nicht unserem Erleben entspricht. Ein an der Praxis orientierter Mensch käme nie auf den Gedanken, der Gegenwart selbst ihre Realität abzusprechen. Unsere Erlebnisse sind *jetzt*, sie sind nicht ein theoretisches Gemisch aus Vergangenem und Zukünftigem.

Dabei wird uns wieder ein sprachliches Problem deutlich. Wir verwenden denselben Begriff *jetzt*, wenn wir unser Erleben kennzeichnen wollen und wenn wir eine abstrakte Beschreibung der Zeit versuchen. In beiden Fällen meinen wir aber jeweils etwas anderes. Im Grunde wäre es deshalb sinnvoll, verschiedene Begriffe zu verwenden. Aber so, wie sich die Sprache entwickelt hat, ist die Verwendung des einen Wortes für beides nicht vermeidbar. Probleme entstehen aber, wenn wir uns nicht bewußt machen, daß wir auf zwei Ebenen argumentieren. Bei Vermischung dieser »kategorialen« Ebenen entstehen leicht Scheinprobleme.

Wie sieht es nun mit dem *Erleben* von Gegenwart, dem Jetzt,
aus? Um die Grenzen des Jetzt, die Dauer der Gegenwart –
und damit die zeitlichen Grenzen des jeweiligen Zustandes
»bewußt« –, zu prüfen, orientieren wir uns vor allem an der
modernen Forschung, aber auch an Augustinus, der ein großes
Gespür hatte für die Realität des menschlichen Seelenlebens.
Er hebt im 11. Buch seiner »Bekenntnisse« die Bedeutung der
Gegenwart hervor, und diese Auffassung von Augustinus
möchte sich der Autor im Hinblick auf menschliches Zeiterleben zu eigen machen: »Soviel aber ist nun klar und deutlich:
Weder die Zukunft noch die Vergangenheit ist, und nicht eigentlich läßt sich sagen: Zeiten sind drei: Vergangenheit, Gegenwart und Zukunft; vielmehr sollte man, genaugenommen,
etwa sagen: Zeiten sind drei: eine Gegenwart von Vergangenem, eine Gegenwart von Gegenwärtigem, eine Gegenwart von
Künftigem. Denn es sind diese Zeiten als eine Art Dreiheit in
der Seele, und anderswo sehe ich sie nicht; und zwar ist da
Gegenwart von Vergangenem, nämlich Erinnerung; Gegenwart
von Gegenwärtigem, nämlich Augenschein; Gegenwart von
Künftigem, nämlich Erwartung.«

Wenn wir Gegenwart als eine Realität des Erlebens anerken-
nen, dann müssen wir uns fragen, welche *Dauer* diese *Gegenwart* hat. Um der Frage nachzugehen, möchte ich auf einige
Beobachtungen eingehen, die zeigen sollen, daß unsere Gegenwart eine Dauer von wenigen Sekunden hat. Des weiteren soll
gezeigt werden, daß das Jetzt auf einem Integrations-Mechanismus beruht, der aufeinanderfolgende Ereignisse zu Wahrnehmungsgestalten zusammenfaßt.

Die erste Beobachtung, die ich diskutieren möchte, können
wir mit Hilfe eines Metronoms machen, und jeder, der ein Metronom besitzt, kann diese Beobachtung nachvollziehen. Wenn
wir das Metronom auf die Zahl 120 einstellen, dann hören
wir in gleichen zeitlichen Abständen von einer halben Sekunde
genau gleich laute Schläge. Wir versuchen nun, in die gleichför-
mige Ereigniskette, wobei jeder der Metronomschläge eindeutig identifiziert werden kann, einen Takt hineinzuhören, indem
wir jedem zweiten Metronomschlag ein stärkeres subjektives
Gewicht geben. So können wir der gleichförmigen Folge der

Schläge durch subjektive Akzentuierung eine Gestalt geben. Wir können bei diesem Tempo auch jedem dritten, jedem vierten oder gar jedem fünften Schlag einen subjektiven Akzent geben und damit einen Rhythmus in die Schläge hineinhören, der objektiv nicht vorhanden ist. Von einer bestimmten Grenze ab wird es uns dann aber nicht mehr möglich sein, durch subjektive Akzentsetzung *eine* zeitliche Gestalt zu hören. Das zeitliche Gefüge zerbricht.

Noch deutlicher als durch den Versuch, möglichst viele Schläge durch Setzung eines Akzents zu einer Gestalt zusammenzufassen, können wir uns die Gestaltgrenze erlebbar machen, indem wir stets nur zwei aufeinanderfolgende Schläge zu einer Gruppe zusammenfassen, dann aber den zeitlichen Abstand zwischen einzelnen Schlägen länger werden lassen. Wir haben bei der Gruppenbildung noch keine Schwierigkeiten, wenn die Schläge etwa eine Sekunde auseinander liegen. Wenn wir das Metronom auf 40 stellen, so daß der zeitliche Abstand zwischen den Schlägen 1,5 Sekunden beträgt, wird die Gruppenbildung schon schwieriger, für manchen sogar unmöglich. Leider können wir mit dem gekauften Metronom das Tempo nicht noch weiter verringern. Aber wenn wir diesen Versuch im Labor mit einem geeigneten Gerät fortsetzen, beobachten wir, daß die Grenze der subjektiven Gruppenbildung für die meisten Menschen etwa bei 2 bis 3 Sekunden liegt. Diese Grenze wurde übrigens schon vom Begründer der experimentellen Psychologie, Wilhelm Wundt, entdeckt. Mit diesem Befund ist vielleicht auch die Frage beantwortet, warum ein gekauftes Metronom nur bis 40 reicht; langsamere Tempi entziehen sich zunehmend einer subjektiven Gruppenbildung und werden daher für das musikalische Erleben uninteressant.

Was liegt hier vor? Ich möchte diese Beobachtungen so interpretieren, daß es im Gehirn eine zeitliche Grenze der Integrationsfähigkeit von zeitlich aufeinanderfolgenden Ereignissen gibt. Die Fähigkeit, subjektiv Akzente zu setzen, heißt doch, zwei (oder mehr) aufeinanderfolgende Schläge des Metronoms zu einer *Einheit* zusammenzufassen. Der subjektiv lautere wird auf den subjektiv leiseren Schlag bezogen. Beide zusammen machen erst die subjektive Wahrnehmungsgestalt aus. Diese

Integration zu einer Einheit bricht dann zusammen, wenn der zeitliche Abstand (in objektiver Zeit) eine bestimmte Grenze überschreitet, nämlich wenige Sekunden. Etwas als Einheit zusammengefaßt zu haben heißt aber, es gegenwärtig zu haben, es als jetzt erlebnismäßig verfügbar zu haben. Ich nehme deshalb an, daß ein zeitlich begrenzter Integrations-Mechanismus Grundlage der subjektiven Gegenwart, des Jetztgefühls, ist.

Wenn dies allgemein gelten soll – das Erleben von Jetzt ist ja nicht nur an Gehörtes gebunden –, so muß es auch in anderen Bereichen nachweisbar sein. Das nächste Beispiel stammt deshalb aus dem Bereich des Sehens. In Abbildung 8 ist ein Würfel abgebildet, der die Eigenschaft hat, daß er in zwei verschiedenen Perspektiven gesehen werden kann.

Nach dem Entdecker dieser Doppelperspektive spricht man auch vom Neckerschen Würfel. Nicht jedem, der den Würfel vor Augen hat, mag diese zweifache Sichtweise sofort auffallen. Man sollte dann die Augen zwischen zwei Punkten innerhalb des gezeichneten Würfels hin- und herbewegen. Man kann sich auch klarzumachen versuchen, daß jedes der beiden Quadrate sowohl die Vorder- als auch die Rückseite des Würfels sein kann. Dies sind ein paar Hinweise für jene, die Schwierigkeiten haben, den Neckerschen Würfel anschaulich zwischen zwei Perspektiven umkippen zu sehen. Damit der Autor seine weiteren Überlegungen auch anschaulich machen kann, wäre es günstig, wenn beide Würfelperspektiven gesehen würden. Entweder sieht man das Quadrat, das mehr rechts unten liegt

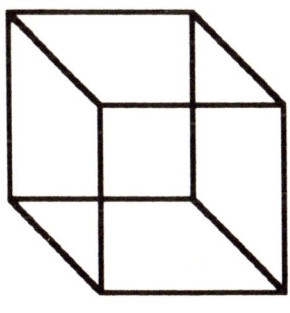

Abbildung 8

als vorn, dann ist das Quadrat, das links oben liegt, die Rückseite des Würfels, oder es ist gerade umgekehrt, wobei dann das Quadrat links oben vorne wäre.

Der erste experimentelle Schritt mit dem Würfel ist nun, daß wir willkürlich den Würfel hin- und herkippen lassen. Wir werden dabei erkennen, daß wir dem Würfel gleichsam sagen können, von welcher Seite wir ihn sehen. Dieses Umkippen auf Befehl unter Kontrolle unseres Willens versuchen wir dann zu beschleunigen. Das mag dem einen sehr gut, dem anderen am Anfang vielleicht nicht so gut gelingen. Die meisten werden aber früher oder später in der Lage sein, den Würfel mit jedem Willensimpuls in eine andere Perspektive kippen zu lassen. Dieses sehr einfache Experiment demonstriert uns nebenbei, daß wir mit unserer Wahrnehmung offenbar gar nicht hundertprozentig einer Reizsituation ausgeliefert sind. An den Linien auf dem Papier ändert sich nichts, nur in unserem Bewußtsein ereignet sich etwas, und diese »inneren« Ereignisse bewirken eine Änderung des Wahrgenommenen. Die Willensbefehle zwingen dem einfachen Reiz die Weise auf, wie er mir zu erscheinen hat.

Wenn wir uns mit diesem Phänomen – dem anschaulichen Kippen des Würfels – vertraut gemacht haben, wollen wir zum zweiten Versuch übergehen, der uns die zeitliche Reichweite unserer Willenskraft verdeutlicht. Bei dem Versuch, den Würfel möglichst schnell kippen zu lassen, haben wir sicher schon gemerkt, daß eine gewisse Kippgeschwindigkeit nicht überschritten werden kann, wobei wir nach neuesten Untersuchungen vermuten, daß die zeitliche Obergrenze bei etwa einer halben Sekunde liegt, daß wir also höchstens zwei verschiedene Perspektiven in einer Sekunde uns bewußt machen können. Jetzt soll geprüft werden, ob es auch eine zeitliche Grenze in der anderen Richtung gibt. Das machen wir, indem wir noch einmal auf den Würfel schauen, diesmal aber in der Absicht, ihn *nicht* kippen zu lassen. Wenn der Leser das tatsächlich erreicht hat, wird er festgestellt haben, daß nach wenigen Sekunden der Würfel automatisch in seine andere Perspektive umspringt, ohne daß wir uns dagegen zu wehren vermögen. Es gibt nun einen Trick, dieses spontane Kippen zu unterbinden, indem man nämlich einen beliebigen Punkt auf dem Würfel anschaut, ihn starr fixiert und versucht, dabei an etwas anderes zu denken. Wenn also der Würfel gleichsam mit leerem Blick aus dem Bewußtsein verbannt wird, dann bleibt er stabil – aber dann ist er auch nicht mehr im Zentrum unserer Aufmerksamkeit.

Bevor wir uns mit der Deutung dieses Phänomens befassen wollen, möchte ich noch zwei weitere Beispiele geben, an denen der Leser sich Wahrnehmungsschwankungen verdeutlichen kann. In Abbildung 9 ist einem Neckerschen Würfel ein zweiter hinzugefügt worden. Wenn es gelungen ist, den einen Würfel kippen zu lassen, dann sind wir für ein mentales Training gut vorbereitet. Der Doppelwürfel gibt uns theoretisch die Möglichkeit, ihn in *fünf* Weisen zu sehen, wobei jede dieser Sichtweisen von unserem Willen abhängig gemacht werden kann. Es gibt vier räumliche Interpretationsmöglichkeiten, und es kommt eine unräumliche hinzu; denn wir können mit einiger Willensanstrengung die zwei Würfel auch als flaches Linienmuster, etwa als ein Tapetenmuster, deuten. Die vier räumlichen Sichtweisen sind die folgenden: Entweder sind beide angrenzenden Quadrate von den zwei Würfeln die Vorderseiten, oder sie sind deren Hinterseiten. Aber es gibt auch die Möglichkeit, diese angrenzenden Quadrate räumlich zu trennen, indem das eine Quadrat Vorderseite des einen Würfels, das danebenliegende Quadrat Hinterseite des anderen Würfels ist. Auch diese Möglichkeiten des Sehens springen manchmal spontan hervor. Aber man kann sie auch unter willentliche Kontrolle bringen.

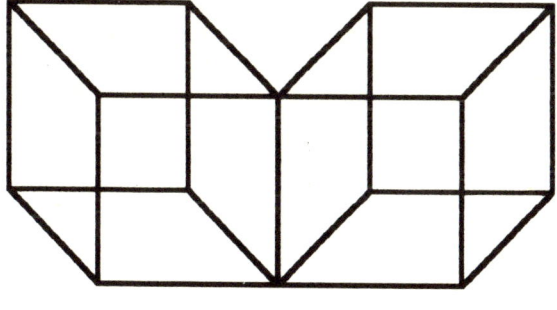

Abbildung 9

Man kann sich eine Folge der fünf Sichtweisen vorlegen und dann auf Befehl jede einzeln erscheinen lassen. Vermutlich wird man merken, daß das am Anfang nicht ganz einfach ist, daß es aber auf der Basis des *mentalen* Trainings immer besser werden kann. Was wir hier trainieren, ist unser räumliches Vorstellungsvermögen. Haben wir uns mit diesem Doppelwürfel vertraut gemacht und wiederholen nun den Versuch, daß sich der Würfel in seiner gegebenen Erscheinungsweise *nicht* verändern möge, dann werden wir wiederum beobachten, daß diese Perspektive eine obere zeitliche Grenze hat. Nach wenigen Augenblicken kippt das Gebilde in eine andere Konfiguration.

Die ungewöhnlichen visuellen Effekte, die sich durch besondere Reizkonfigurationen wie diese Würfel hervorrufen lassen, haben nicht nur Wahrnehmungsforscher, sondern auch Künstler in ihren Bann gezogen. Es ist von Kunsthistorikern, vor allem von Marianne Teuber aus den USA, gezeigt worden, daß Paul Klee sich intensiv mit Fragen der Wahrnehmungspsychologie befaßt hat. Besonders der Neckersche Würfel hatte es ihm angetan. In vielen Werken von Klee kann man sehen, wie er zeichnerisch mit dem Würfel gespielt und seine Doppelperspektive gestalterisch ausgenutzt hat. Beim Betrachten von Klees Kunst hat die Verwendung von zweideutigen geometrischen Figuren eine interessante Konsequenz. Nach dem, was wir gerade erfahren haben, kann ein solches Bild von Klee anschaulich gar nicht stabil sein, sondern löst aufgrund unserer Sehweise immer neue Sichtweisen aus. Der Künstler nutzt also die Reaktivität des menschlichen Gehirns, nicht nur seines eigenen, sondern auch das des Betrachters. Neuerdings gibt es Hinweise, daß sich auch Picasso mit Fragen der visuellen Wahrnehmung auseinandergesetzt hat und daß beispielsweise die Entwicklung des Kubismus ohne diesen Blick über die Grenzen der künstlerischen Welt hinaus kaum möglich gewesen sein dürfte.

Der zeitliche Ablauf von Sichtweisen soll noch an einem weiteren Beispiel erläutert werden, da dabei noch eine neue Dimension ins Spiel kommt. Die Figur in Abbildung 10 kann sowohl als Maus als auch als Mann gesehen werden. Auch hier bedarf es vielleicht wieder einiger Zeit, bevor beide Möglich-

Abbildung 10

keiten erkannt sind. Der Unterschied zu dem Neckerschen Würfel liegt darin, daß hier mit dem Umspringen jeweils eine neue *Bedeutung* des Gesehenen verbunden ist. Der Würfel bleibt ein Würfel. Hier ist es entweder ein Nagetier oder ein Mann mit Glatze. Wenn wir unsere Übungen von vorhin wiederholen, dann wird sich zeigen, daß auch jetzt ein willentliches Kippen in die jeweils neue semantische Dimension möglich ist. Und es zeigt sich auch, daß dann, wenn der Betrachter beide Interpretationen sehen *kann*, er beide sehen *muß*, das heißt: Der selbst auferlegte Zwang, beispielsweise nur die Maus sehen zu wollen, kann nicht aufrechterhalten werden. Automatisch springt nach wenigen Sekunden der Mann ins Bewußtsein.

An diesen doppeldeutigen Figuren möchte ich einen weiteren Sachverhalt erörtern, der mir für das Verständnis von Bewußtseinsvorgängen wichtig zu sein scheint. Auch wenn mehrere Sichtweisen möglich sind, wird in jedem gegebenen Augenblick immer nur *eine* realisiert. Wir sehen den Würfel *so* oder *so*, wir sehen den Mann *oder* die Maus. Wir sehen nie gleichzeitig beide Würfelperspektiven oder ein Mann-Maus-Gemisch, eine »kognitive Chimäre«. Das weist darauf hin, daß

es stets nur *einen* Inhalt des Bewußtseins gibt. Wenn dieses
Eine im Zentrum der Aufmerksamkeit steht, rückt alles andere,
auch die andere Sichtweise, in den Hintergrund. Und damit ist
auch schon gesagt, daß der *eine* Bewußtseinsinhalt immer nur
für wenige Sekunden bestehen kann, um dann wieder zu versinken und von einem anderen abgelöst zu werden.

Diese doppeldeutigen Figuren erlauben uns somit einen
wichtigen Blick in die Dynamik von Bewußtseinsvorgängen.
Ein Bewußtseinsinhalt kann offenbar bis zu etwa drei Sekunden überleben. Wenn nichts Neues geboten wird, so daß andere Ereignisse der Umwelt zur Kenntnis genommen werden
müssen, schiebt sich automatisch die alternative Sichtweise in
den Vordergrund des Bewußtseins. Geschieht dann wiederum
nichts Neues, werden wir also wieder nicht »abgelenkt«, dann
kehrt nach wenigen Sekunden die erste Sichtweise ins Bewußtsein zurück und so fort. Nach wenigen Sekunden erschöpft
sich somit die Integrationsfähigkeit. Der zeitliche Rahmen für
das Gegebene reicht nicht mehr aus, und etwas Neues muß den
Platz im Bewußtsein einnehmen.

Die Fähigkeit zur Integration aufeinanderfolgender Ereignisse in geschlossene Wahrnehmungseinheiten, die dann subjektiv als gegenwärtig erscheinen, kann noch mit einem anderen
Versuch überprüft werden, der schon 1868 von Karl Vierordt
in seiner Dissertation beschrieben worden ist. Der Versuch besteht darin, Zeitintervalle unterschiedlicher Dauer reproduzie-
ren zu lassen. Man gibt einen angenehmen Ton vor, oder man
zeigt einen Lichtreiz, und die Versuchsperson erhält den Auftrag, möglichst exakt die Dauer der ersten Darbietung zu wiederholen. Das Ergebnis eines solchen Versuchs ist in Abbildung
11 gezeigt.

Auf der Abszisse sind die Zeiten für die Reize gezeigt, auf
der Ordinate die Zeiten der Reproduktion. Wenn die Dauer
der Wiederholung genau der Reizzeit entspräche, müßten die
Punkte auf der S=R-Linie liegen (Stimulus gleich Reaktion).
Wir sehen aber, daß bis zu einer Grenze bei ungefähr drei Sekunden die Reproduktion etwas länger ist und daß sie jenseits
dieser Grenze deutlich kürzer wird. Die Grenze bezeichnet man
auch als »Indifferenzpunkt«, denn an dieser Stelle sind Reiz-

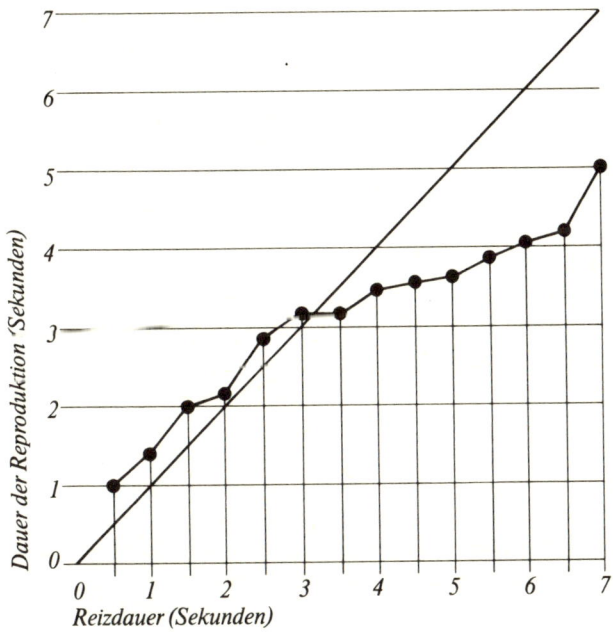

Abbildung 11

dauer und Reproduktionsdauer genau gleich. Das Überschätzen im Bereich bis zum Indifferenzpunkt und das Unterschätzen jenseits dieses Punktes wird als positiver und negativer Zeitfehler bezeichnet.

Wie läßt sich das Phänomen erläutern? Man kann vermuten, daß bis zu einer zeitlichen Grenze Information als Einheit überblickt und damit im Bewußtsein festgehalten werden kann. Wenn diese zeitliche Grenze überschritten wird, dann fällt die zu verarbeitende Information aus dem bereitstehenden Zeitrahmen heraus. Das Überschreiten des zeitlichen Rahmens bewirkt dann eine objektive Fehlbeurteilung. Indem die Dauern kürzer reproduziert werden, wird noch der Versuch unternommen, sie in den zeitlichen Rahmen hineinzupressen. Aber irgendwann ist das nicht mehr möglich. Der französische Psychologe Paul Fraisse hat auf der Grundlage dieser Beobachtungen vorgeschlagen, daß man von Zeitwahrnehmung nur bis zu Zeitstrecken von etwa drei Sekunden sprechen sollte, also bis zu solchen Dauern, die bis zum Indifferenzintervall reichen. Wenn längere Zeitstrecken zu beurteilen sind, sollte man besser von »Zeitschätzung« sprechen.

Wie können wir diese Beobachtungen nutzbar machen für unser Verständnis vom Jetzt? Fassen wir noch einmal kurz zusammen: Wir gehen davon aus, daß das Jetzt-Gefühl eine subjektive Realität ist. Die Auffassung eines Jetzt als einer ausdehnungslosen Grenze zwischen Vergangenheit und Zukunft scheint uns bei der Beschreibung menschlichen Zeiterlebens nicht angemessen. Wir haben gesehen, daß Mechanismen in unserem Gehirn dafür zu sorgen scheinen, daß aufeinanderfolgende Ereignisse bis zu einer Grenze von etwa drei Sekunden zu Einheiten zusammengeschweißt werden (Metronomversuch). Dann hatten wir gesehen, daß ein Bewußtseinsinhalt nur eine Überlebenschance von drei Sekunden hat (Neckerscher Würfel) und daß es innerhalb dieser Dauer immer nur *einen* Bewußtseinsinhalt gibt. Und schließlich hatten wir gesehen, daß Informationen nur bis etwa drei Sekunden als Ganzes erfaßt werden können. Wir nehmen deshalb an, daß unser Gehirn einen Integrations-Mechanismus bereitstellt, der das, was aufeinanderfolgt, zu einer geschlossenen Gestalt formt, wobei wir als obere zeitliche Grenze dieser Integration etwa drei Sekunden annehmen. Das, was zusammengefaßt wird, ist der einmalige Bewußtseinsinhalt, der uns als *gegenwärtig* erscheint. Die sich über objektive Zeit erstreckende Integration ist also die Grundlage dafür, daß wir etwas als gegenwärtig erleben. Das Jetzt hat eine zeitliche Ausdehnung von maximal drei Sekunden.

Mit den drei Sekunden ist die obere zeitliche Grenze bezeichnet. Natürlich können Bewußtseinsinhalte auch eine kürzere Zeit einnehmen. Damit ist nur gesagt, daß wir eine obere zeitliche Grenze der subjektiven Gegenwart nicht überschreiten können. Dabei dürfte selbstverständlich sein, daß es für diese Grenze individuelle Unterschiede gibt. Beim einen mögen zwei Sekunden, beim anderen vier Sekunden die Spannweite sein, innerhalb deren Erlebtes als gegenwärtig erscheint. Im groben

Durchschnitt kann aber angenommen werden, daß etwa drei Sekunden die Grenze sind.

Mit der Möglichkeit der Integration zeitlich aufeinanderfolgender Ereignisse zu einer gegenwärtigen Gestalt haben wir einen der wesentlichen Mechanismen angesprochen, der für unser Bewußtsein vorgegeben ist. Denn hiermit wird der zeitliche Rahmen definiert, in dem sich Bewußtsein manifestieren kann. Dieser zeitliche Rahmen kann nicht beliebig erweitert werden. Er ist nach oben hin begrenzt, weil die Kapazität der Integration nicht beliebig erhöht werden kann.

Mit dieser Auffassung geben wir nun aber dem erlebten Jetzt eine neue Bedeutung. Das Jetzt, die subjektive Gegenwart, ist gar nichts Eigenständiges, sondern ist ein Attribut des Bewußtseinsinhalts. Jeder Bewußtseinsinhalt ist notwendigerweise immer jetzt, daher das Jetztgefühl. Aber *jetzt* ist nicht der Inhalt des Bewußtseins – es sei denn, wir machen im Nachdenken das Jetzt zu diesem Inhalt. Aber dann ist das Nachdenken über das Jetzt der Bewußtseinsinhalt, und dieser Inhalt ist wiederum *jetzt*. Wir hätten es dann mit zwei »Jetzten« zu tun, die jeweils etwas anderes bedeuten.

Die zeitliche Maschinerie unseres Gehirns ist primär nicht dazu da, uns Zeit verfügbar zu machen, sondern zu ermöglichen, daß unser Erleben und Verhalten wohlgeordnet abläuft. Die zeitliche Maschinerie stellt den formalen Rahmen, das *Wie*, bereit, damit das *Was*, das Gesehene, Gehörte und Ertastete, eine Möglichkeit hat, sich darzustellen. Wenn wir nun noch einmal an unsere Frage »Wie kommt der Mensch zur Zeit?« zurückdenken, so können wir feststellen, daß der Zugang zu einer Antwort eröffnet wird über die Analyse der *formalen* Struktur unseres Erlebens. Ihre Untersuchung hat ergeben, daß Gegenwart wie ein Sattel in der Zeit liegt, auf dem wir sitzen und von dem aus wir in zwei Richtungen der Zeit schauen, in die Vergangenheit und in die Zukunft.

8 Das »Jetzt« –
eine zeitliche Insel für geistige Gestaltung und persönliche Autonomie

Wir sind über die Erörterung von Ungleichzeitigkeit, Identifikation und Aufeinanderfolge zur Beschreibung der subjektiven Gegenwart, zum Jetzt, gelangt. Auf dieser Stufe unseres Erlebens wird etwas wirksam, das uns bisher verborgen geblieben sein mag. Das Neue ist der Übergang vom Passiven zum Aktiven, das heißt vom passiven Ausgeliefertsein an die Zeit zum aktiven Gestalten in der Zeit.

Wenn wir mit Sinnesreizen konfrontiert sind, deren Gleichzeitigkeit oder Ungleichzeitigkeit wir festzustellen beabsichtigen, dann sind wir als Hörende von den Mechanismen unserer Sinnesorgane und unseres Gehirns abhängig. Die Möglichkeit, etwas als ungleichzeitig zu registrieren, ist bedingt durch die Funktionsweise der Sinnesorgane und entzieht sich einer willentlichen Kontrolle oder einer aktiven Mitsprache. Desgleichen haben wir kein Mitspracherecht, keine Möglichkeit eines aktiven Eingriffs, wenn Ereignisse zu identifizieren sind. Der dafür entwickelte Mechanismus kann nicht willentlich verändert werden. Auch das Erfassen von Ereignisfolgen bleibt ein passives Registrieren der gegebenen Aufeinanderfolge dieser Ereignisse. Entsprechend funktioniert auch die Produktion von Verhaltensketten automatisch. Wenn wir auf Reize reagieren, dann ist dies ebenso ein passives Registrieren; denn Reaktionen sind abhängig von Mechanismen, die uns keinen Spielraum lassen. Bestimmte Mindestzeiten beim Reagieren, beim Erkennen von Ereignissen oder beim Auflösen ungleichzeitiger Reize können nicht unterschritten oder willentlich beeinflußt werden. Automatische Prozesse in den Sinnesorganen und im Gehirn sorgen dafür, daß wir wie passive Empfänger – wie ein Radio- oder Fernsehapparat – ohne Möglichkeit eines aktiven Eingriffs oder einer Kontrolle Phänomene der Außenwelt registrieren.

Ein solches Ausgeliefertsein an unsere Bauweise ändert sich, wenn wir zum Jetzt kommen. Auf der Ebene der subjektiven Gegenwart sind wir der Umwelt nämlich nicht mehr passiv ausgeliefert. Wie können wir uns dies verdeutlichen? Denken wir beispielsweise an die Kippfiguren. Wir haben gesehen, daß wir den Neckerschen Würfel *willentlich* schneller kippen lassen können. Beim Metronom können wir drei statt zwei Schläge zu einer Einheit zusammenfassen (sofern der zeitliche Abstand nicht zu weit ist). Diese Auswahlmöglichkeiten beweisen, daß das, was in unser Bewußtsein kommt, offenbar nicht allein von der Reizsituation abhängt. Mit der Möglichkeit, Aufeinander-folgendes zu Zusammengehörendem zu integrieren, ist auch die Möglichkeit eines aktiven Eingriffs, einer Gestaltung, geschaffen. *Was* zu einer Einheit integriert wird, ist nicht mehr nur bestimmt von den Reizen der Umwelt und deren Vor-Verarbeitung bis hin zur Ebene der Identifikation, sondern das *Was* wird ganz wesentlich von demjenigen bestimmt, der mit der Reizwelt konfrontiert ist. Was wir sehen oder hören, was wir be-greifen, ist Ergebnis eines *aktiven* Erkennens und nicht eines *passiven* Registrierens.

Diese Freiheit bei der Einheitsbildung hat allerdings eine obere zeitliche Grenze bei etwa drei Sekunden, wie uns durch die verschiedenen Beobachtungen deutlich geworden ist. Die für die Integration notwendigen Mechanismen können nicht beliebig viel zur Einheit zusammenfassen, die uns dann als gegenwärtig erscheint. Aber innerhalb eines zeitlichen Rahmens besteht doch Freiheit – eine *gewisse* Freiheit, weil wir uns normalerweise natürlich nicht völlig von der Umwelt lösen. Versuchen wir das dennoch, dann verlieren wir die Wirklichkeit wie beispielsweise in der Halluzination.

Mit der Möglichkeit der aktiven Kontrolle bei der zeitlichen Integration erschließt sich uns ein besseres Verständnis dafür, wie wir die Welt erfassen. Gesehenes, Gehörtes oder Gefühltes wird nicht jeweils in gleichbleibende Drei-Sekunden-Pakete abgepackt und dem Bewußtsein bereitgestellt. Solche Drei-Sekunden-Pakete sind nur die größten Gestalteinheiten, die möglich sind – und vielleicht auch die angenehmsten, wie wir im folgenden Kapitel bei der Erörterung ästhetischer Phänomene sehen werden. Aber je nach Situation kann es auch kürzere

Integrationszeiten geben. Wenn es die besondere Situation erfordert oder wenn es das Interesse nahelegt, kann das Jetzt
kürzer sein. Diese Variationsmöglichkeit im Formalen macht
es dem Wahrnehmenden möglich, sein Wahrnehmen und Erkennen *aktiv* einzusetzen. Durch die teilweise Befreiung vom
Wie, also von der eindeutig festgelegten Dauer der Integration
aufeinanderfolgender Ereignisse zu Einheiten, kann das Erkennen der Welt *was*-orientiert werden. Mit der Möglichkeit der
zeitlichen Variation hat sich die Möglichkeit zum Auswählen
und Erkennen nach inhaltlichen Gesichtspunkten eröffnet.
Durch variable Integration wird auf das *Subjekt* bezogenes
Wahrnehmen und Erkennen überhaupt erst möglich.

Daß die Welterfahrung durch unsere Sinne in der Tat aktiv
und nicht nur passives Registrieren ist, möchte ich durch ein
weiteres, sehr einfaches Beispiel erhärten. Der Anschaulichkeit
halber sei wieder ein visuelles Beispiel gewählt, doch gilt das
hiermit zum Ausdruck gebrachte Wahrnehmungsprinzip allgemein. Das Prinzip, das es zu demonstrieren gilt, lautet: Jeder
Akt des Erkennens, jedes Wahrnehmen ist die Bestätigung oder
die Zurückweisung einer Hypothese, die jemand über die Welt,
über die Erscheinungsweise oder das Verhalten anderer – oder
über sich selbst – hat. Die Hypothese ist eine aktive Leistung
des Erkennenden, auch wenn ihm dies, zumal im Augenblick
des Erkennens, selbst nicht bewußt ist. Das sehr einfache Beispiel, das ich heranziehen möchte, ist das der »virtuellen Konturen«.

In Abbildung 12 ist durch die besondere Anordnung der
Linien eine Situation geschaffen, die dem Betrachter die Vermutung nahelegt, daß hier eigentlich ein Viereck sein müßte.
Die Hypothese über das eigentlich vorhandene Viereck bedingt, daß es tatsächlich gesehen wird. Damit es bemerkt werden kann, werden vom Gehirn Konturen erfunden (deshalb
virtuelle Konturen), die physikalisch nicht vorhanden sind. Besonders bemerkenswert ist, daß sich das nicht-vorhandene
Viereck auch durch eine größere Helligkeit auszeichnet.

In der modernen Wahrnehmungsforschung hat dieser Mechanismus der Interpretation von Reizgegebenheiten den Namen »Top-down« erhalten – im Gegensatz zu »Bottom-up«.

Top-down heißt, daß von unserem Kopf oder besser vom Gehirn nach unten, also zu den Sinnesorganen hin, bestimmt
wird, was wahrgenommen werden soll.

Abbildung 12

Wenn wir an das Zeiterleben denken, dann bedeutet dies,
daß mit der Möglichkeit einer Integration von Ereignissen zu
Einheiten und der relativ freien Entscheidung über das, was zu
solchen Einheiten oder Wahrnehmungsgestalten zusammengefaßt wird, das Top-down verwirklicht ist, daß aber bis zu dieser
Stufe des Zeiterlebens Bottom-up die Regel ist. Damit ist der
Informationsfluß von den Sinnesorganen in das Gehirn gemeint, der sich einer Interpretation auf der Grundlage von Hypothesen entzieht. Mit dem Bottom-up ist also das passive Registrieren angesprochen.

Die Bedeutung der aktiven Gestaltung gilt nicht nur für das
Wahrnehmen, sondern in besonderer Weise für das Nachdenken und Problemlösen. Ich möchte an einem anderen Beispiel
die Bedeutung einer Hypothese (oder – wie sich hier auch sagen ließe – eines *Vor*-Urteils) über einen Sachverhalt vor Augen
führen. Wenn ich dem Leser die Aufgabe stelle, mit einer gera-
den Linie ein Viereck in *drei* Dreiecke zu teilen, wird mancher

zunächst meinen, daß dies nicht möglich sei. Denn wenn man sich ein Viereck aufzeichnet und dann Dreiecke erhalten will, indem man gegenüberliegende Eckpunkte des Vierecks miteinander verbindet, dann erhält man immer nur *zwei* Dreiecke, ganz gleich ob das Viereck ein Quadrat, ein Rechteck, ein Trapez oder ein Parallelogramm ist.

Es scheint zunächst also nicht möglich zu sein, die Aufgabe zu lösen. Diese Unmöglichkeit hängt aber nur an der Hypothese oder an dem Vorurteil, wie ein Viereck nach landläufiger Weise auszusehen hat. Wenn wir die Aufgabenstellung umstrukturieren, indem wir aktiv und kreativ nachdenken, wenn wir einen gedanklichen Seitenweg einschlagen, dann wird die Aufgabe plötzlich lösbar. In Abbildung 13 sieht der Leser ein Viereck, in das eine gerade Linie eingezeichnet ist, die das Viereck tatsächlich in *drei* Dreiecke teilt.

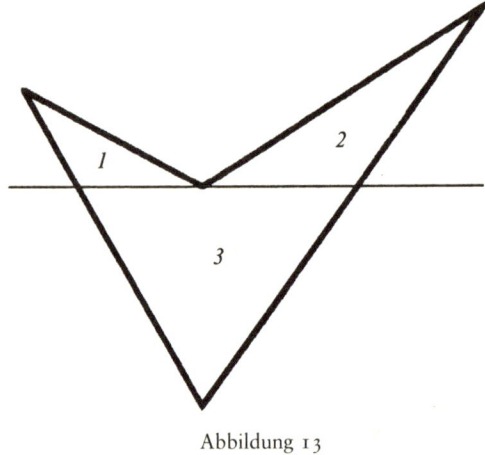

Abbildung 13

Ein weiteres Beispiel sei aus der Schriftsprache gegeben. Es eignet sich ebenfalls recht gut zur Aufmunterung, sollte einmal in einer Gesellschaft das Gespräch einschlafen. Kann der Leser den folgenden lateinischen Satz verstehen: *Si taus vilat einisses abanaet?* Nun, das ist natürlich gar kein Latein. Hat man den richtigen Schlüssel, dann liest sich der Satz folgendermaßen: »Sieht aus wie Latein, ist es aber net.« Und wie würden Leser, die etwas Bayerisch verstehen, folgenden »französischen« Satz lesen: *Dans y refus d'avec si laquelle si d'amichere?*

Die hier erörterten Phänomene beim Wahrnehmen und Erkennen sind vor mehr als einem halben Jahrhundert besonders intensiv von den »Gestaltpsychologen« untersucht worden. Die zahlreichen Gesetze über Wahrnehmung, die von den Gestaltpsychologen formuliert werden, lassen sich zu *einem* Gesetz zusammenfassen, nämlich dem *Prägnanzgesetz*. Das soll besagen: Was immer in unser wahrnehmendes Bewußtsein gelangt, erscheint in einer »prägnanten« Gestalt. Wenn eine Reizsituation nicht eindeutig ist, dann wird sie auf der Grundlage unserer Hypothesen so gestaltet oder umgestaltet, daß der ins Bewußtsein gelangende Inhalt klar und deutlich ist. Mit anderen Worten heißt das, daß es für den Erkennenden nie ein Chaos gibt, daß immer *Etwas* gegeben ist, denn das Bedürfnis nach Prägnanz ordnet das möglicherweise vorhandene Chaos im Sinne einer subjektiven Ordnung. Im Hinblick auf das Jetzt bedeutet das: Was immer gegenwärtig ist, wird es dies zwar nur für eine kurze Dauer sein, dafür aber in prägnanter, klarer und deutlicher Form.

In seiner berühmten Schrift »Von der Methode des richtigen Vernunftgebrauchs und der wissenschaftlichen Forschung« hat René Descartes vier Regeln des Denkens formuliert, an die man sich bei der Analyse eines Problems halten soll. Die erste Regel besagt, »niemals eine Sache als wahr anzuerkennen, von der ich nicht evidentermaßen erkenne, daß sie wahr ist: das heißt Übereilung und Vorurteile sorgfältig zu vermeiden und über nichts zu urteilen, was sich meinem Denken nicht so *klar* und *deutlich* darstellte, daß ich keinen Anlaß habe, daran zu zweifeln«. Diese Forderung nach Klarheit und Deutlichkeit ist für das wahrnehmende Bewußtsein also eigentlich überflüssig, da Klarheit und Deutlichkeit sich automatisch von selber einstellen.

Der Vollständigkeit halber seien auch die anderen Regeln genannt; Descartes empfiehlt, »jedes Problem, das ich untersuchen würde, in so viele Teile zu teilen, wie es angeht und wie es nötig ist, um es leichter zu lösen«. In dieser Regel ist das reduktionistische Vorgehen angesprochen, das in den Wissen-

schaften üblich geworden ist. Die dritte Regel besagt, »in der
gehörigen Ordnung zu denken, das heißt, mit den einfachsten
und am leichtesten zu durchschauenden Dingen zu beginnen,
um so nach und nach, gleichsam über Stufen, bis zur Erkenntnis der zusammengesetzten aufzusteigen, ja selbst in Dinge
Ordnung zu bringen, die natürlicherweise nicht aufeinanderfolgen«. Sich an diese Regel haltend, versucht der Autor, die
Hierarchie menschlicher Zeiterfahrung vom Einfachen zum
Komplexeren fortschreitend zu erörtern. Die vierte Regel besagt, »überall so vollständige Aufzählungen und so allgemeine
Übersichten aufzustellen, daß ich versichert wäre, nichts zu
vergessen«. Diese Forderung ist natürlich unmöglich einzuhal-
ten; zwar sollte man dies versuchen, ob man dabei aber erfolgreich ist, kann man prinzipiell nicht sagen.

9 Die zeitliche Struktur von Gedichten – oder: Wie sich das »Jetzt« in der Kunst bemerkbar macht

Die Gruppierung von Wahrnehmungs- und Gestaltungs-Einheiten zu etwa drei Sekunden dauernden Intervallen können wir auch beim Sprechen beobachten. Wenn jemand redet, dauern die einzelnen aufeinanderfolgenden Äußerungseinheiten im Durchschnitt etwa drei Sekunden. Jede Äußerungseinheit wird durch eine kurze Pause beendet, der dann die nächste Einheit folgt. Diese zeitliche Einteilung beim Sprechen ist übrigens nicht dadurch vorgegeben, daß wir atmen müssen. Deshalb bezeichnet man die in regelmäßigen Abständen auftretenden Pausen nicht als Atempausen, sondern besser als Planungspausen, denn in diesen Pausen wird jeweils die nächste Äußerungseinheit vorbereitet. Die Pausen gehören also eigentlich zur jeweils nächsten Äußerungseinheit, nicht zur vorhergehenden. Diese zeitliche Struktur beobachtet man allerdings nur beim spontanen Sprechen. Wenn jemand laut liest, dann ist das rhythmische Muster häufig nicht erkennbar. Das liegt daran, daß der Sprechende beim Vorlesen die nächsten Äußerungseinheiten gedanklich nicht vorbereiten muß, da er nur wiedergibt, was schon aufgeschrieben ist. Dabei kann sich kein normaler Sprechrhythmus entwickeln, es sei denn, der Lesende versucht, gedanklich mitzuvollziehen, was geschrieben wurde.

Daß Planungspausen sinnvoll sind, ergibt sich aus der Notwendigkeit, einigermaßen korrekt zu sprechen. Denn damit überhaupt kommuniziert werden kann, muß das, was sprachlich ausgedrückt werden soll, in einem Satzbau wiedergegeben werden, der bei dem, der zuhört, Verstehen ermöglicht. Ich hatte schon bei der Erörterung der Abfolge von Ereignissen am Beispiel der Aussage »Was ist Zeit« auf dieses Problem (Kapitel 6) hingewiesen. Es ist leicht vorstellbar, daß das Vorausplanen der richtigen Abfolge der Wörter in einem Satz nach den Regeln der Syntax sich nicht beliebig weit in die Zukunft hinein erstrecken kann. Die natürliche Grenze der Vorausplanung beim spontanen Sprechen scheint offenbar auch bei etwa drei Sekunden zu liegen.

Ist der zeitliche Grundrhythmus bedingt durch die besondere Sprache, die wir sprechen, also etwa Deutsch, oder gilt dieser Rhythmus allgemein? Könnte es sein, daß die besonderen Satzbauregeln, die Syntax unserer Sprache, die zeitliche Strukturierung in Drei-Sekunden-Einheiten bedingen? Um dieser Frage nachzugehen, hat der Autor einige andere Sprachen untersucht, deren Syntax kaum Ähnlichkeiten mit dem Deutschen aufweist, zum Beispiel das Chinesische und das Japanische. Nun muß der Autor zwar eingestehen, daß er Chinesisch oder Japanisch weder spricht noch versteht, dennoch aber Untersuchungen an diesen Sprachen durchgeführt hat. Das war leichter möglich, als man zunächst vermuten möchte. Bei Besuchen in China und in Japan ergaben sich häufig Gelegenheiten, Gespräche in den fremden Sprachen mitzuhören. Obwohl der Autor kein Wort verstand, konnte er mit Hilfe einer Stoppuhr die Pausenverteilung beim Reden verschiedener Sprecher ziemlich genau festhalten. Dabei ergab sich, daß derselbe zeitliche Grundrhythmus beim Sprechen wie bei den westlichen Sprachen eingehalten wurde. Jeweils etwa drei Sekunden dauerndes Sprechen wurde von einer kurzen Pause unterbrochen, gefolgt von der nächsten Äußerungseinheit. Vielleicht war es sogar günstig für diese Beobachtungen, daß der Autor kein Chinesisch oder Japanisch verstand, da er sich dadurch ganz auf den zeitlichen Ablauf des Sprechens konzentrieren konnte, ohne durch den Inhalt abgelenkt zu werden. Wenn im Chinesischen oder Japanischen dieselbe zeitliche Struktur des spontanen Sprechens wie im Deutschen festzustellen ist, wird diese Struktur wohl kaum von den Regeln der Syntax bestimmt, sondern vermutlich in zeitlichen Organisationsprinzipien des menschlichen Gehirns begründet sein, die allgemein Gültigkeit haben.

Diese Feststellung wird durch Untersuchungen über die Zeitstruktur des Sprechens bei Kindern unterstützt. Bei Englisch sprechenden Kindern verschiedener Altersgruppen wurde festgestellt, daß die Kinder, unabhängig vom Alter, dieselbe zeitliche Strukturierung erkennen lassen, das heißt, jeweils in zeitlichen Einheiten von etwa drei Sekunden sprechen. Diese

Beobachtung ist auch insofern wichtig, als Kinder sehr viel langsamer als Erwachsene sprechen, insbesondere Kinder unter zehn Jahren. Trotzdem halten sie sich an die zeitliche Grundstruktur, den Drei-Sekunden-Rhythmus. Unabhängig von der Kultur und unabhängig vom Lebensalter der Sprechenden beobachten wir also beim Sprechen eine zeitliche Orientierung an einem bestimmten Rhythmus. Wir vermuten deshalb, daß es sich hier um ein universelles Phänomen handelt, das für alle Menschen gilt. Wahrscheinlich liegt ein ererbtes Zeitprogramm vor, das dem Sprechen in allen Sprachen zugrunde liegt.

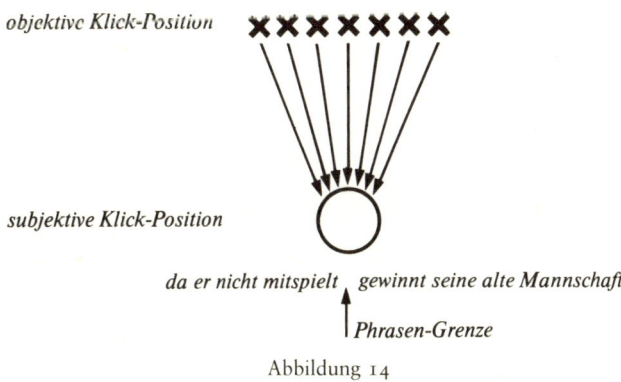

Abbildung 14

Die Wirksamkeit der zeitlichen Strukturierung wird auch durch Versuche belegt, in denen die zeitliche Position von Geräuschen auf den Inhalt eines gehörten Satzes bezogen werden muß. Man spielt einer Versuchsperson über Kopfhörer einen bestimmten Satz in ein Ohr, beispielsweise »Da er nicht mitspielt, gewinnt seine alte Mannschaft«. In das andere Ohr wird über Kopfhörer ein kurzer Ton, ein Klick, gegeben. Die Aufgabe der Versuchsperson ist zu sagen, wann der Klick zu hören war. Die objektive Klick-Position (Abbildung 14) wird dabei zufällig variiert. Manchmal ertönt der Klick während des Wortes »mitspielt« oder noch früher, manchmal während des Wortes »gewinnt« oder »seine« und manchmal auch genau an der Phrasen-Grenze, also an jener Stelle, die die syntaktische Grenze markiert. Die Sprachforscher bezeichnen solche syntaktischen Einheiten wie »Da er nicht mehr mitspielt« als Phrasen. Die verschiedenen Kreuze in Abbildung 14 geben mögliche Zeitpunkt an, bei denen der Klick objektiv gegeben wurde. Wenn man nun die Versuchsperson befragt, wann die Klicks zu hören waren, dann werden sie auffallenderweise an die Phrasen-Grenze projiziert. Es ist nicht möglich, die objektive Position anzugeben.

Die Verlagerung der subjektiven Klick-Position an solche Grenzen ist ein weiterer Hinweis auf die zeitliche Strukturierung der Sprache, in diesem Fall auf der Seite des Hörers. Sprache wird zeitlich gegliedert, und was objektiv nicht in den zeitlichen Rahmen paßt, wird an die zeitliche Grundstruktur angepaßt. *Innerhalb* einer Äußerungseinheit, einer Phrase, ist ein Klick ein sinnloses Ereignis. An der Grenze kann er eingegliedert werden, indem er beispielsweise diese Grenze hervorhebt.

Der amerikanische Sprachforscher J. G. Martin hat dargelegt, was wohl der Vorteil einer rhythmischen Organisation in der Sprache sein könnte. Er betont, daß das Sprechen *und* das Hören der Sprache, zum Beispiel in einem Dialog, dynamisch gekoppelte Aktivitäten sind. Wenn jemand in der beschriebenen Weise spricht, dann paßt sich der Hörer an den Sprechrhythmus des Dialogpartners an. Das Hören wird mit dem Sprechen synchronisiert. Der Drei-Sekunden-Rhythmus des Sprechens bedingt die zeitliche Anpassung eines Hörrhythmus von gleicher Dauer. Aufgrund dieses Mechanismus ergibt sich für den Hörer ein großer Vorteil; denn nun kann er sehr früh in einer Äußerungseinheit *voraussagen*, wie der Satz weitergehen wird. Das bedeutet, daß Sprechrhythmus und Synchronisation der Rhythmen zwischen Hörer und Sprecher außerordentlich ökonomisch sind. Wir können deshalb annehmen, daß dadurch das Verstehen von Sprache wesentlich erleichtert wird.

Wenn vom Autor immer wieder die Grenzen unserer Erfahrung betont werden, so deutet dies einen Sachverhalt an, der noch bedeutsamer werden wird: Möglicherweise haben diese Grenzen auch einen Sinn, etwa einen ökonomischen. Wenn Sprecher Äußerungseinheiten von jeweils beliebiger Dauer produzieren würden und wenn Hörer sich nicht anpassen könnten, um den zu erwartenden Ablauf des Gesagten voraussagen zu können, dann würde die Möglichkeit der Kommunikation entscheidend eingeschränkt werden. Eine Vorstellung von einer solchen Einschränkung erhalten wir, wenn wir jemandem zuhören, der einen Text viel zu schnell abliest. Dann kann der Hörer sich mit der ihm verfügbaren Zeitstruktur nicht richtig anpassen. In aller Regel nimmt das Verständnis des Gehörten ab. Die Schwierigkeit, einem stotternden Menschen zuzuhören, liegt vermutlich darin, daß sich der Hörrhythmus nicht an den zerstückelten Sprechrhythmus anpassen kann. Zu einer sinnvollen Ausbildung in Rhetorik gehört auch, die rhythmische Struktur des Sprechens auszubilden beziehungsweise zunächst überhaupt erst bewußt zu machen.

Nun gibt es einen Bereich, der nach Auffassung des Autors in wohl überzeugendster Weise demonstriert, daß unsere Sprache eingebettet ist in ein zeitliches Grundmuster von etwa drei Sekunden, da sie seiner Dauer der subjektiven Gegenwart, dem Jetzt, entspricht – und das ist die Dichtkunst. Ermutigt, Beobachtungen aus der Dichtkunst für seine Argumente heranzuziehen, fühlt sich der Autor durch die Bemerkung Ernst Jüngers: »Das Gedicht gehört zum Wesen des Menschen, nicht zum Gepäck«.

Damit der Autor sein Argument besser begründen kann, bittet er den Leser, einmal die »Sommermädchenküssetauschelächelbeichte« auf Seite 51 sich selber oder anderen *laut* vorzulesen. Oder er nehme ein anderes Gedicht, wenn ihm jenes zu wenig »dichterisch« erscheint, etwa die Verse aus dem Mittelalter nach Gottfried von Straßburg:

> Wem nie durch Liebe Leid geschah,
> dem ward auch Lieb' durch Lieb' nie nah;
> Leid kommt wohl ohne Lieb' allein,
> Lieb' kann nicht ohne Leiden sein.

Dem Leser wird auffallen, daß keine Verszeile, wenn sie gesprochen wird, die Dauer von etwa drei Sekunden überschreitet. Dies könnte zunächst ein Zufall sein, bedingt durch die List des Autors, genau solche Gedichte auszusuchen, die nur aus solchen Versen bestehen. Wenn man aber dieser Frage et-

was genauer nachgeht, da man sich durch die merkwürdige
Beziehung beunruhigt fühlt, die sich hier offenbar zwischen
Versdauer, Äußerungszeiten in der Sprache und dem subjektiven Gegenwartserleben anbahnt, dann erhält man folgendes
Ergebnis: Bei 200 vom Autor untersuchten Gedichten hatten
die meisten, nämlich etwa drei Viertel, eine Versdauer zwischen
zwei und drei Sekunden. Der Durchschnitt der Versdauer aller
untersuchten Gedichte betrug 3,1 Sekunden. Das bedeutet, daß
sich offenbar Gedichte in deutscher Sprache hinsichtlich ihrer
Versdauer an einem einheitlichen zeitlichen Grundmuster orientieren.

Was könnte der Grund für diese Tatsache sein? Die Satzbauregeln der Sprache sind es wohl nicht, da diese beliebig längere
Verse ermöglichen würden. Ist etwa auch die Versdauer – wie
die Dauer von Äußerungseinheiten – ein universelles Phänomen, das für alle Sprachen gilt? Ein glücklicher Zufall wollte
es, daß der Autor mit dem amerikanischen Dichter Frederick
Turner in Kontakt kam, der sich besonders für das Problem
der Zeit in der Lyrik interessiert. Turner hat, angeregt durch
die Beobachtungen des Autors über Versdauer im Deutschen,
zahlreiche Gedichte in den verschiedenen Sprachen untersucht.
Systematische Beobachtungen liegen vor für Englisch, Franzö-
sisch, Chinesisch, Japanisch, Latein und Altgriechisch.

Weniger systematische Untersuchungen, die auf Silbenzäh-
lungen beruhen, liegen vor für Spanisch, Italienisch, Ungarisch,
Keltisch, Russisch, Eipo (Neu-Guinea) und Ndembu (Zambia).
Für die Aufzeichnung von Eipo- und Ndembu-Gedichten waren W. Schiefenhövel und I. Eibl-Eibesfeldt im Max-Planck-Institut für Verhaltensphysiologie verantwortlich.

Das erstaunliche Ergebnis all dieser Beobachtungen ist, daß
in allen Sprachen eine bemerkenswerte Bevorzugung des Drei-
Sekunden-Verses zu beobachten ist. Dies gilt für die heute gesprochenen Sprachen, und es gilt ebenfalls für Latein und Altgriechisch, wenn wir unterstellen, daß damals mit etwa demselben Tempo wie heute gesprochen wurde, was man wohl
annehmen kann. Die Drei-Sekunden-Einheit im Vers ist also
offenbar ein *universelles* Phänomen, das für alle Sprachen gilt.

Hier wird sich beim Kenner vermutlich Kritik regen, und er

wird feststellen, daß diese Aussage etwa für den Hexameter, Pentameter oder Alexandriner sicher nicht gelte. Die Dauer eines solchen gesprochenen Verses überschreite doch im allgemeinen die Drei-Sekunden-Grenze. Das ist richtig, aber der Autor möchte den Leser bitten, ein solches Gedicht zur Hand zu nehmen und laut zu lesen oder, wenn er es auswendig kennt, laut aufzusagen. Falls gerade kein Gedichtband greifbar ist, sei hier ein kurzes Gedicht von Andreas Gryphius als Beispiel gegeben:

Betrachtung der Zeit

Mein sind die Jahre nicht, die mir die Zeit genommen;
Mein sind die Jahre nicht, die etwa möchten kommen;
Der Augenblick ist mein, und nehm ich den in acht,
So ist der mein, der Jahr und Ewigkeit gemacht.

Oder zwei Verse aus Goethes »Römischen Elegien«:

Laß dich, Geliebte, nicht reun, daß du mir so schnell
                                    dich ergeben!
Glaub es, ich denke nicht frech, denke nicht niedrig
                                    von dir.

Oder das nach Meinung des Autors schönste Gedicht von Friedrich Schiller, »Nänie«, das mit den Versen schließt:

Siehe! Da weinen die Götter, es weinen die Göttinnen alle,
Daß das Schöne vergeht, daß das Vollkommene stirbt.
Auch ein Klaglied zu sein im Mund der Geliebten,
                                    ist herrlich,
Denn das Gemeine geht klanglos zum Orkus hinab.

Es wird auffallen, daß beim Sprechen jeder dieser Verse zeitlich unterteilt wird, daß also *innerhalb* eines Verses eine Pause gemacht wird. Vom Sprechrhythmus her sind solche längeren Verse also Doppelverse, und die Zeit, die über die drei Sekunden hinaus für das Rezitieren solcher Verse benötigt wird, ist kein Beweis gegen die Regel, daß Verse in den natürlichen

Sprechrhythmus von etwa drei Sekunden zeitlich eingebettet sind. Die *geschriebene* Verslänge stimmt also nicht überein mit der *gesprochenen* Verseinheit.

Diese Beobachtungen legen die Hypothese nahe, daß bestimmte Gesetzmäßigkeiten der menschlichen Zeitwahrnehmung sich auch auf den dichterischen Schöpfungsakt auswirken. Es gibt keinen kulturgeschichtlichen Grund, und es gibt keinen syntaktischen Grund, der dafür verantwortlich gemacht werden könnte, daß sich Dichter in der weitaus überwiegenden Zahl ihrer Gedichte an diese zeitliche Grenze halten. Der Grund scheint vielmehr der zu sein, daß unser Zeiterleben von vornherein einen zeitlichen Rahmen definiert, innerhalb dessen das dichterische Werk sich manifestieren kann.

Vielleicht bedeutet dies auch, daß der Vers unser Jetzt in der jeweils passendsten und angenehmsten Weise ausfüllt. Mit dem dichterischen Vers haben die Dichter eine Gestalt erfunden, die der formalen Struktur unseres Zeiterlebens am besten entspricht. Man darf hinzufügen, daß dies jeder Dichter von neuem entdeckt; denn ihm sind die Untersuchungen aus der Forschung ja nicht bekannt. Das jeweils unabhängige Entdecken eines gleichbleibenden Prinzips ist wesentliche Stütze für das Argument, daß unser Zeiterleben in universeller Weise den zeitlichen Rahmen des sprachkünstlerischen Werkes definiert.

Dieser universelle Drei-Sekunden-Vers in der Lyrik führt zu einer weiteren Frage: Wird damit der Kreativität des Künstlers nicht eine natürliche Grenze gesetzt? Denn hier wird eine Grenze für das Kreative sichtbar, die sich aus der Struktur unserer zeitlichen Erfahrung ergibt. Nur sollte man diese Grenze nicht in negativem Sinne interpretieren. Zum Kunstwerk gehört die Form. Ohne Form ist Inhaltliches nicht vermittelbar.

Der Autor möchte mit diesen Beobachtungen nahelegen, daß für ein Kunstwerk benötigte Formen auch durch unsere biologische Ausstattung vorgegeben sein können. Die formale Struktur eines Gedichts ist nicht nur kulturgeschichtlich begründet, sie liegt – so müssen wir aufgrund der Beobachtungen annehmen – wesentlich tiefer, ohne daß dies uns zunächst bewußt ist und ohne daß dies wertend gemeint ist. Offenbar gibt es auch eine *natürliche* Begründung. Hierauf hat vielleicht

Goethe in seinem Gedicht »Dauer im Wechsel« hingewiesen,
das mit den Versen schließt:

> Danke, daß die Gunst der Musen
> Unvergängliches verheißt,
> Den Gehalt in deinem Busen
> Und die Form in deinem Geist.

Nun gab es und gibt es Gedichte, die nicht durch solche Verse
gekennzeichnet sind, wie wir sie in unseren Beispielen kennen-
gelernt haben. Man denke an die Gedichte des jungen Goethe
oder an die *freien Rhythmen* Hölderlins. Zur »Veranhör-
lichung« lese man – wiederum laut – Goethes »Prometheus«:

> Bedecke deinen Himmel, Zeus,
> Mit Wolkendunst
> Und übe, dem Knaben gleich,
> Der Disteln köpft,
> An Eichen dich und Bergeshöhn;
> Mußt mir meine Erde
> Doch lassen stehn
> Und meine Hütte, die du nicht gebaut,
> Und meinen Herd,
> Um dessen Glut
> Du mich beneidest.

Als Beispiel von Hölderlin sei die Schlußstrophe aus »Hype-
rions Schicksalslied« wiedergegeben:

> Doch uns ist gegeben,
>   Auf keiner Stätte zu ruhn,
>   Es schwinden, es fallen
>   Die leidenden Menschen
>   Blindlings von einer
>   Stunde zur andern,
>   Wie Wasser von Klippe
>   Zu Klippe geworfen,
>   Jahrlang ins Ungewisse hinab.

Der Leser wird feststellen, daß auch hier eine rhythmische Gliederung erkennbar ist, die sich aber von einem *genauen* zeitlichen Grundmuster gelöst hat. Das macht gerade den Reiz mancher Gedichte aus, daß ein gleichbleibendes zeitliches Muster durchbrochen wird. Es ist jedoch auffallend, und dies gilt nicht nur für die zitierten Gedichte, daß das Durchbrechen des zeitlichen Grundmusters »nach unten« geschieht, das heißt, daß die Drei-Sekunden-Einheiten im Sprechen nicht überschritten werden, sondern daß die zeitlichen Variationen des Rhythmus innerhalb von Drei-Sekunden-Einheiten stattfinden. Dabei kann sich die gesprochene Einheit von der geschriebenen Verszeile lösen.

Anders verhält es sich dagegen mit manchen Gedichten, in denen der Dichter sich von der zeitlichen Grundstruktur einer Drei-Sekunden-Einheit offenbar ganz lösen möchte.

Als Beispiel seien die Schlußzeilen aus dem Gedicht »Was uns fehlt« von Günter Grass zitiert:

> Ein Amateur, der wie ich aus der Gegenwart kommt
> und seine Weitwinkelkamera mitgenommen hat,
> will uns, weil die Geschichte knallhart begonnen hat,
> der kommenden Zeit überliefern:
> in Farbe oder schwarzweiß.

In diesem Gedicht scheint der Dichter – dies ist zumindest der Eindruck des Autors – darauf verzichtet zu haben, durch die sprachliche Gestaltung unserem rhythmischen Empfinden entgegenzukommen.

Die Bedeutung einer bis zu etwa drei Sekunden reichenden Integrationszeit zeigt sich auch dann, wenn man sich den sprachkünstlerischen Vortrag von Gedichten anhört. Eine Untersuchung von rezitierten Goethe-Gedichten zeigte, daß der Sprecher dann, wenn in einem Vers weniger Silben vorkommen, geringfügig langsamer spricht als in Versen mit mehr Silben, oder daß die Pausen zwischen den Versen verlängert werden. Es scheint also eine natürliche Tendenz zu bestehen, die Dauer des Gegenwart-Fensters von etwa drei Sekunden optimal auszunutzen, wobei diese natürliche Tendenz außerhalb einer bewußten Kontrolle liegt oder liegen kann.

Wie verhält es sich nun im Hinblick auf die Drei-Sekunden-Einheit mit der anderen Kunst in der Zeit, nämlich der Musik? Lassen sich auch hier zeitliche Organisationsprinzipien aufdecken, die möglicherweise mit dem Jetzt des Menschen zusammenhängen?

Als ich dem japanischen Germanisten der Universität Tokio, Professor Tsuji, von den Beobachtungen des Drei-Sekunden-Rhythmus beim Sprechen und in Gedichten berichtete, lud er mich zu einem Nô-Spiel ein, ohne mir zunächst zu verraten, warum. Ich besuchte in Tokio das Stück »Eguchi«, und da ich mich nicht ausreichend vorbereitet hatte, blieb mir die Handlung vollkommen fremd. Doch nach gar nicht langer Zeit wurde mir klar, warum mich Herr Tsuji mit einem Schmunzeln eingeladen hatte. Die Handlung des Stückes wurde von zwei Trommlern begleitet, die dem Stück eine sehr präzise zeitliche Gliederung gaben, indem etwa alle drei Sekunden ein Trommelschlag ertönte. So saß der westliche Besucher in einem traditionellen japanischen Theater mit seiner Uhr in der Hand, um den zeitlichen Ablauf zu verfolgen, ohne dem inhaltlichen Verlauf folgen zu können, fasziniert von der Tatsache, daß in einem ganz anderen Kulturkreis, der sich durch seine ungebrochene Tradition auszeichnet, wiederum dieselbe zeitliche Struktur festzustellen war.

Können wir die gleiche zeitliche Grundstruktur auch in unserer Musik beobachten? Die Dauer einzelner musikalischer Motive scheint sich tatsächlich ebenfalls an diesen zeitlichen Rahmen zu halten. Man denke etwa an das Holländer-Motiv von Richard Wagner oder das bekannte Motiv im ersten Satz in der 5. Symphonie von Beethoven (g, g, g, es). Bekanntlich hat im Beethoven-Motiv das »es« eine Fermate. Obwohl das Motiv also zunächst außerordentlich kurz erscheinen mag, wird es durch die Fermate so verlängert, daß es unsere Gegenwartszeit auszufüllen vermag.

Hier läßt sich eine Spekulation anknüpfen: Könnte der Streit darüber, wie lang eine Fermate auszuhalten ist, dadurch gelöst werden, daß das Problem auf unser Jetztgefühl bezogen wird? Dies würde heißen, daß das Motiv samt Pause dann beendet werden muß, wenn es unsere Drei-Sekunden-Gegenwart zu überschreiten droht. Nur wenn der Ton noch zum Jetzt gehört, ist er Element der sich mit ihm abschließenden musikalischen Gestalt.

Unser Zeiterleben scheint also vielleicht auch für das Musikerleben als formales Grundgerüst genutzt zu werden. Das zeitliche Grundgerüst wird vom Komponisten vermutlich intuitiv mitberücksichtigt. Wenn gespielte Musik aus diesem zeitlichen Rahmen herausfällt, dann ist auch die Wirkung auf den Zuhörer verändert. Wenn die Strukturen der Kompositionen von uns nicht zu Einheiten integriert werden können, dann hat auch die Musik einen anderen Charakter. Da der Autor selber Laie auf dem Gebiet der Musik ist, war es ihm wichtig zu prüfen, ob diese Beobachtungen über die Zeitstruktur in der Musik nicht an der musikalischen Realität vorbeigehen. Die Gültigkeit und Bedeutsamkeit derartiger zeitlicher Grundstrukturen wurden von David Epstein, einem amerikanischen Musikologen, Dirigenten und Komponisten, in einer umfassenden Untersuchung und im Gespräch von Herbert von Karajan bestätigt. Andere hingegen lehnen diese Ideen vehement ab.

10   Die Dauer und das Zeitparadox –
oder: Wie kommt es zu Langeweile und Kurzweil?

Wie wir das Vergehen der Zeit erleben, hängt entscheidend davon ab, was wir tun. Wenn jemand einen Vortrag hält, mag er der Auffassung sein, er habe nur kurz gesprochen, während die Zuhörer verstohlen auf die Uhr schauen. Besonders gefürchtet sind die Diskussionsredner, die nicht aufhören, indem sie ihre Argumente mit kaum veränderten Formulierungen mehrmals wiederholen und sich nicht von ihren Worten trennen können. Der unterschiedliche subjektive Eindruck der Dauer beim Reden und beim Zuhören wurde in einem Versuch mit Studenten genauer überprüft. Die Studenten mußten entweder eine Geschichte vorlesen oder sich vorgelesene Geschichten anhören. Es zeigte sich, daß für jene, die gelesen hatten, sehr viel weniger Zeit vergangen zu sein schien als für die Zuhörer. Wenn man etwas *aktiv* macht, dann scheint die Zeit schneller zu vergehen, als wenn man passiv einer Situation ausgeliefert ist.

Einen anschaulichen Eindruck davon, wie wir Dauer erleben, erhalten wir dann, wenn wir uns langweilen. Wie entsteht Langeweile? Die Ursache scheint zu sein, daß uns interessierende Information fehlt. Verglichen mit dem, was wir erwarten, wird in der langweiligen Situation zu wenig geboten. Langeweile ist deshalb immer nur auf den einzelnen bezogen: Jemand mag sich in einem Vortrag zum Thema »Was ist Langeweile?« langweilen, während das gleiche Thema einen anderen fasziniert. Das Fehlen interessierender Information ist aber nur *ein* Aspekt, der uns etwas als langweilig erscheinen läßt. Zusätzlich muß uns die Möglichkeit verbaut sein, die Situation zu beseitigen, die wir als langweilig erleben. Der Leser stelle sich vor, er sitze in einem Vortrag in der ersten Reihe und verstehe von dem Vortrag kein Wort. Hinzu kommen mag, daß der Redner seinen Vortrag abliest, daher viel zu schnell spricht und den natürlichen Rhythmus der Sprache nicht einhält. Der Zuhörer kann nicht einfach aufstehen und weggehen, das verbietet die

Höflichkeit. Langeweile stellt sich also ein, wenn zu wenig Information vorhanden ist und diese Situation nicht beseitigt
werden kann. Dann richtet sich die Aufmerksamkeit auf den
Ablauf der Zeit *selbst*. Das Fehlen bedeutsamer Ereignisse läßt
die Zeit ins Bewußtsein treten, während wir, wenn etwas interessant ist, nicht an die Zeit denken. In einem Gedicht von Christian Morgenstern ist das sehr deutlich erfaßt:

Die Zeit

> Es gibt ein sehr probates Mittel,
> die Zeit zu halten am Schlawittel:
> Man nimmt die Taschenuhr zur Hand
> und folgt dem Zeiger unverwandt.
>
> Sie geht so langsam dann, so brav
> als wie ein wohlgezogen Schaf,
> setzt Fuß vor Fuß so voll Manier
> als wie ein Fräulein von Saint-Cyr.
>
> Jedoch verträumst du dich ein Weilchen,
> so rückt das züchtigliche Veilchen
> mit Beinen wie der Vogel Strauß
> und heimlich wie ein Puma aus.
>
> Und wieder siehst du auf sie nieder;
> ha, Elende! – Doch was ist das?
> Unschuldig lächelnd macht sie wieder
> die zierlichsten Sekunden-Pas.

Der unterschiedliche Fluß der Zeit wird danach erlebt, ob die
Zeit selbst ins Bewußtsein kommt oder nicht. Langeweile, so
können wir auch sagen, stellt sich ein bei fehlender Übereinstimmung zwischen zeitlicher Erwartung und zeitlicher Erfül-
lung, was dazu führt, daß wir an die Zeit selbst denken. Damit
wir ein Gefühl der Langeweile haben können, muß allerdings
erst einige Zeit vergehen. Die fehlende Übereinstimmung ist
nicht sofort erkennbar, sondern es dauert mindestens einige

Minuten, bis wir merken, daß es langweilig wird. Langeweile
muß sich entwickeln.

So unerfreulich Langeweile auch manchmal sein mag, so
sollten wir uns doch darüber klar sein, daß die Möglichkeit,
Langeweile erleben zu können, ein Beweis für geistige Gesundheit ist. Wie ist dies zu verstehen? Mit dem Erlebnis der Langeweile beweisen wir uns selbst, daß wir es gern nicht so hätten,
daß wir also lieber Neuigkeiten erführen. Mit der Langeweile
zeigt sich die Fähigkeit, Situationen nach ihrer Bedeutung für
einen selbst zu beurteilen. Langeweile ist also Ausdruck der
geistigen Fähigkeit, Sachverhalte zu bewerten. Bei geisteskran-
ken Patienten kann man manchmal beobachten, daß sie sich
nicht zu langweilen vermögen. Manche Psychiater betrachten
deshalb aufkommende Langeweile bei Patienten als Hinweis
auf deren geistige Gesundung.

Das Gegenteil von Langeweile scheint *Kurzweil* zu sein,
zumindest wenn wir uns sprachlich orientieren. Manchmal
scheint die Zeit zu verfliegen. Wenn wir begeistert bei einer
Sache sind, dann beschleunigt sich der Ablauf der Zeit. Auf
Reisen vergeht die Zeit meist erstaunlich schnell – und doch
können wir uns am Abend kaum noch an den Morgen erinnern, so weit scheint er zurückzuliegen. Was mag der Grund
sein für das rasche Verfliegen der Zeit? Wenn wir viel erleben,
denken wir nicht an die Zeit. Da wir nicht an sie denken, kommen wir auch nicht auf den Gedanken zu prüfen, wieviel Zeit
vergangen sein mag. Die Zeit selbst wird in interessanten Situationen gar nicht Inhalt des Bewußtseins, sondern sie ist nur
Bedingung der Möglichkeit, daß wir etwas in der Weise erleben, wie wir es in den vorangegangenen Kapiteln erörtert haben. Das Erlebte dominiert; die Art und Weise des Erlebens ist,
wenn es spannend ist, ohne Bedeutung und kommt darum
nicht ins Bewußtsein. Erst in der Langeweile kann das *Wie* des
Erlebens Inhalt des Bewußtseins werden.

Wir können uns den Unterschied zwischen Langeweile und
Kurzweil auch mit dem Zitat des Physikers Richard Feynman
verdeutlichen, das schon auf Seite 19 angeführt wurde: »Zeit
ist, was passiert, wenn sonst nichts passiert.« Wenn »sonst
nichts passiert«, erst dann kommt uns die Zeit selbst zum Be-

wußtsein. Wir können die Aussage auch umkehren und sagen: Wann immer uns die Zeit ins Bewußtsein kommt, dann wird es auch langweilig. Allerdings wollen wir dabei jene Situation ausnehmen, in der wir über Zeit nachdenken – wenn wir beispielsweise zu verstehen suchen, warum es manchmal so langweilig ist. Auch dann ist Zeit in unserem Bewußtsein vorhanden, aber nicht *als* die Weise unseres Erlebens, sondern als Nachdenken *über* die Weise des Erlebens.

Der Unterschied zwischen langweiligen und kurzweiligen Situationen scheint also dadurch zu entstehen, daß der *mentale Inhalt* – das, was ins Bewußtsein kommt – quantitativ verschieden ist. Die Frage, wie subjektive Dauer durch den mentalen Inhalt bestimmt wird, hat der amerikanische Psychologe Robert Ornstein in zahlreichen Experimenten genauer überprüft. Dabei zeigte sich die Stichhaltigkeit der eben formulierten These auch dann, wenn *visuelles* Reizmaterial zu beurteilen war, das zunächst nur durch seine räumliche Struktur charakterisiert war. In Abbildung 15 sind vier verschiedene Reizmuster gezeigt, wie sie in ähnlicher Weise Ornstein benutzte. Im ersten Schritt mußten die Reize nach ihrer Komplexität beurteilt werden, wobei die Reize 1 bis 3, wie zu erwarten, als zunehmend komplexer angesehen wurden. Diese Reize und ein Vergleichsreiz wurden dann für ein Zeitschätzungsexperiment benutzt.

Zunächst wurde der Vergleichsreiz 30 Sekunden lang präsentiert, und die Teilnehmer am Versuch hatten den Auftrag, ihn in dieser Zeit anzuschauen. Dann wurde einer der drei Reize ebenfalls für 30 Sekunden gezeigt, und es wurde gefragt, wie lange, verglichen mit dem Vergleichsreiz, das jeweilige Muster betrachtet wurde. Im Sinne der Hypothese, daß der mentale Inhalt die subjektive Dauer bestimmt, ergab sich, daß die Zeit für Reiz 1 als kürzer beurteilt wurde (sie lag bei 80 %) als die für Reiz 2, die wiederum kürzer erschien als die für Reiz 3. Die unterschiedliche geometrische Komplexität der Muster bewirkt also, daß beim Anschauen mehr oder weniger Inhalt ins Bewußtsein gelangt, nach dem wir die Dauer des Betrachtens beurteilen. Wenn wir diesen Befund auf einen Museumsbesuch übertragen, dann folgt daraus, daß er uns kürzer oder

Reiz 1 Reiz 2

Reiz 3 Vergleichsreiz

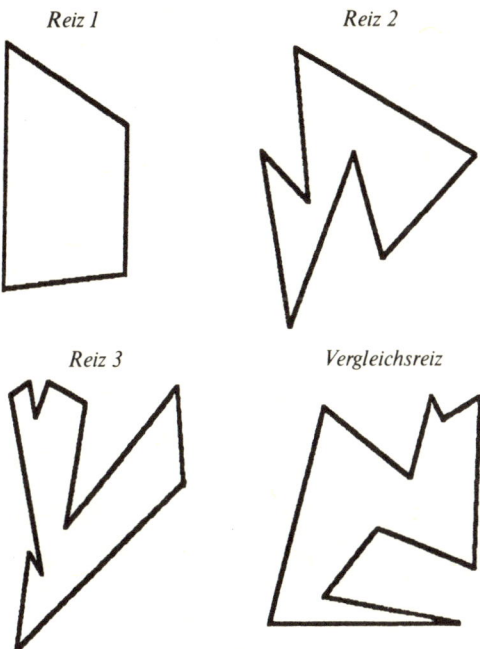

Abbildung 15

länger erscheinen mag, je nachdem, ob wir zum Beispiel uns besonders interessierende Bilder des Impressionismus oder Expressionismus anschauen oder mit uns fremd erscheinenden Werken einer anderen Kunstrichtung konfrontiert werden.

Unsere bisherige Betrachtung, wie die Zeit vergeht, bezog sich im wesentlichen auf jene Zeit, die uns gerade eben erst verlassen hat, die also nicht mehr *jetzt* ist im Sinne der Drei-Sekunden-Gegenwart, sondern aus dieser Gegenwart vor kurzem entschwunden ist. Wie beurteilen wir aber nun Zeit im distanzierten Rückblick, die uns im Augenblick des Erlebens als langweilig oder als kurzweilig vorkam? Hier stellt sich ein merkwürdiges und paradoxes Phänomen ein, das im Versuch von Ornstein bereits angedeutet wird. Was uns gegenwärtig als langweilig erscheint, das wird im Rückblick kurz. Was wir als kurzweilig erleben, das wird im Rückblick lang. Dieses *Zeit-Paradox* kann durch die Hypothese erklärt werden, daß wir Dauer nach dem jeweiligen Bewußtseinsinhalt beurteilen. Wenn wir keine Information verarbeiten, wird unsere Aufmerksamkeit auf die Zeit gelenkt. Die Zeit beginnt zu kriechen, aber es wird nichts im Gedächtnis gespeichert, so daß im Rückblick nichts vorhanden ist, woran man sich erinnern könnte. Wird dagegen viel Information verarbeitet, dann ist uns Zeit nicht bewußt, daher scheint sie wie im Fluge vergangen zu sein. Aber das reiche Erleben ist im Gedächtnis gespeichert, so daß im Rückblick viel Erinnernswertes vorhanden ist.

Man mag sich hier an den »Exkurs über den Zeitsinn« in Thomas Manns »Zauberberg« erinnern: »Über das Wesen der Langeweile sind vielfach irrige Vorstellungen verbreitet. Man glaubt im ganzen, daß Interessantheit und Neuheit des Gehaltes die Zeit ›vertreibe‹, das heißt: verkürze, während Monotonie und Leere ihren Gang beschwere und hemme. Dies ist nicht unbedingt zutreffend. Leere und Monotonie mögen zwar den Anblick und die Stunde dehnen und ›langweilig‹ machen, aber die großen und größten Zeitmassen verkürzen und verflüchtigen sie sogar bis zur Nichtigkeit. Umgekehrt ist ein reicher und interessanter Gehalt wohl imstande, die Stunde und selbst noch den Tag zu verkürzen und zu beschwingen, ins Große gerechnet verleiht er dem Zeitgange Breite, Gewicht und Solidität, so daß ereignisreiche Jahre viel langsamer vergehen als jene armen, leeren, leichten, die der Wind vor sich her bläst, und die verfliegen. Was man Langeweile nennt, ist also eigentlich viel mehr eine krankhafte Kurzweiligkeit der Zeit infolge von Monotonie. Große Zeiträume schrumpfen bei ununterbrochener Gleichförmigkeit auf eine das Herz zu Tode erschreckende Weise zusammen, wenn ein Tag wie alle ist, so sind sie alle wie einer; und bei vollkommener Einförmigkeit würde das längste Leben als ganz kurz erlebt werden und unversehens verflogen sein.«

Die letzten Bemerkungen Thomas Manns sollen noch einmal als Frage hervorgehoben werden: *Wie lange leben wir eigentlich?* Sollen wir unsere Lebensdauer messen nach den Kalenderjahren, wie dies üblich ist – oder sollten wir die Dauer unseres Lebens nicht eigentlich nach dem bemessen, was wir erlebt haben? Die subjektive Dauer unseres bisherigen Lebens ist, wie wir aus den bisherigen Überlegungen schließen müssen, abhängig von dem, was in unserem Bewußtsein war und dann seinen Platz im Gedächtnis gefunden hat. Wenn wir den Maßstab des *Erlebens* zugrunde legen, der die Dauer des Vergangenen bestimmt, kann jemand, der vierzig Jahre alt ist, viel länger gelebt haben als jemand, der achtzig Jahre alt ist. Aber wir orientieren uns natürlich nicht oder viel zu wenig an einem solchen subjektiven Maßstab. Vielleicht gab es einmal Zeiten, in denen dies anders war, oder vielleicht gibt es Kulturen, in denen dies auch heute anders ist: daß also die Dauer des Lebens nicht kalendermäßig, numerisch nach Jahren, sondern erlebnismäßig, nach Bedeutungsinhalten, beurteilt wird. Wir sind heutzutage darauf aus, die Lebenserwartung, also die Zahl der gelebten Kalenderjahre, zu vergrößern, und der Fortschritt der Medizin hat es mit sich gebracht, daß die durchschnittliche Lebenserwartung tatsächlich wesentlich erhöht werden konnte. Aber was wird uns damit gegeben? Heißt das auch, daß unser Leben nach dem subjektiven Maßstab des Erlebens länger, weil bedeutungsvoller und inhaltsreicher geworden ist? Ohne eine hinzukommende reichere Entfaltung des Erlebens bleiben es zunächst nur angehängte Jahre. Nicht Lebensjahre, sondern Lebensqualität ist entscheidend.

11 Gedächtnis und Gedächtnisstörung – oder: Wie Vergangenheit und Zukunft entstehen

Auf der Suche nach der Antwort auf die Frage »Wie kommen wir zur Zeit?« sind wir nun einen weiteren Schritt vorangekommen. Halten wir noch einmal fest: Es lassen sich *elementare* Zeiterlebnisse beschreiben, die hierarchisch aufeinander bezogen sind. Auf der untersten Stufe der Hierarchie finden sich Mechanismen, die es uns ermöglichen, *Ungleichzeitiges* von *Gleichzeitigem* zu trennen. Wenn etwas als ein von anderen getrenntes Ereignis erkannt werden soll, dann muß es ungleichzeitig zu diesen anderen Ereignissen sein. Doch Ungleichzeitigkeit allein genügt nicht, um es als ein eigenständiges Ereignis zu identifizieren. Wir hatten festgestellt, daß ein weiterer Mechanismus ins Spiel kommt, der für die *Ereignis-Identifikation* verantwortlich ist und damit die Voraussetzung schafft, daß sich Ereignisse in *Folgen* einreihen. Wir hatten weiter gesehen, daß bei Patienten die Fähigkeit, Aufeinanderfolgen von Ereignissen zu verstehen, gestört sein kann, und wir müssen vermuten, daß die Fähigkeit, Abfolgen von Ereignissen korrekt aufzunehmen, wiederum auf einem Mechanismus beruht, der über die Identifikation einzelner Ereignisse hinausgeht. Dann hatten wir festgestellt, daß es einen Mechanismus der *Integration* zu geben scheint, der aufeinanderfolgende Ereignisse zu gegenwärtigen Gestalten zusammenfaßt. Es zeigt sich, daß das hierdurch bedingte Jetzt unseres Erlebens sich auch auf das künstlerische Tun auswirkt. Schließlich ist uns klar geworden, daß wir *Dauer* danach beurteilen, was wir erlebt haben und was uns hiervon im Gedächtnis geblieben ist.

Damit wir etwas nach seiner Dauer beurteilen können, muß unsere Erinnerungsfähigkeit hinzukommen. Ohne *Gedächtnis* ist Dauer nicht erlebbar. Gedächtnis ist also zentral für unsere Analyse, »wie wir zur Zeit kommen«. Ich möchte nun nicht eine umfassende Analyse des Gedächtnisses aufnehmen, sondern nur einen Sachverhalt hervorheben, der mir für die Grundfrage »Wie kommen wir zur Zeit« wesentlich erscheint. Wir haben Gedächtnis, um für zukünftige Situationen vorbereitet zu sein. Mit Gedächtnis wird Zeit übersprungen. Hierbei ist aber wesentlich: Damit etwas Gespeichertes aus dem Gedächtnis ins Bewußtsein kommen kann, muß die jeweilige Situation es nahelegen. Wenn keine semantischen Bezüge zu Vergangenem bestehen, wenn uns nicht irgend etwas an Vergangenes erinnert, bleibt ein Gedächtnisinhalt stumm.

Aus diesen Überlegungen ergeben sich einige Gesichtspunkte zu Ordnung oder Unordnung in der Natur. Gedächtnis ist nur dann sinnvoll, wenn die Welt nicht völlig indeterminiert ist, wenn die Welt also kein Chaos ist. Wenn es in der Natur keine Korrelation zwischen aufeinanderfolgenden Situationen gäbe, dann wäre Gedächtnis völlig überflüssig – und es hätte sich wohl phylogenetisch auch gar nicht entwickeln können. Aus diesem Grunde kann übrigens der Zeitpfeil, der durch den zweiten Hauptsatz der Wärmelehre definiert wird (anschaulich gesprochen: in einem geschlossenen System nimmt die Unordnung immer mehr zu), nicht Voraussetzung dafür sein, daß wir eine Richtung der Zeit erleben. Denn aufgrund der Zunahme der Entropie (der Unordnung) in einem geschlossenen System tritt nie wieder eine Situation wie früher ein, und somit wäre ein Gedächtnis funktionslos. Mit anderen Worten: In einem geschlossenen System kann sich wegen der fehlenden Bezüge zu vergangenen Situationen Gedächtnis gar nicht entwickeln – und somit auch kein Zeiterleben. Aber wir leben ja auch nicht in einem geschlossenen, sondern in einem offenen System, und deshalb ist der zweite Hauptsatz der Wärmelehre phylogenetisch für unser Zeiterleben und die Entwicklung unseres Gedächtnisses, und somit auch des Bewußtseins, bedeutungslos.

Ich möchte nun betonen, daß wir auch kein Gedächtnis hätten, wenn die Welt für uns völlig determiniert wäre. In einer völlig determinierten Welt brauchen Lebewesen nur feste Programme zur Steuerung ihres Verhaltens. Solche scheint es zwar, wenn auch nur rudimentär, auch im menschlichen Verhalten zu geben. Und auch diese instinktiven Verhaltensweisen beruhen auf einer bestimmten Form von Gedächtnis. Ich möchte Gedächtnis hier jedoch in einem weiteren Sinne verstanden wissen. Mit Gedächtnis ist jene Instanz gemeint, die aufgrund früherer Erfahrungen bei Entscheidungen in späteren Situationen notwendige Informationen bereitstellt. Wenn wir vor eine Wahl gestellt werden, dann wägen wir die Alternativen ab und versuchen, die beste Lösung zu finden. Dieser gedankliche Prozeß kann nur ablaufen auf der Grundlage eines funktionsfähigen Gedächtnisses. Wir werden durch das Gedächtnis nicht zu bestimmten Handlungen gezwungen (so wie bestimmte Signalreize ihnen zugeordnete Reflexe oder Instinkthandlungen auslösen), sondern Gedächtnis erlaubt eine bessere Beurteilung jeweils gegenwärtiger Situationen. Freie Entscheidungen können nur auf der Grundlage von Reflexion getroffen werden, wobei Gedächtnis die Zeit überwindet und dem Reflektierenden das Material zur Verfügung stellt. Diese Form von Gedächtnis konnte sich in der Entwicklungsgeschichte nur entwickeln, weil die Welt nicht vollkommen determiniert ist. Das Gedächtnis wird darum nur in einer Welt zwischen völliger Determiniertheit und völliger Indeterminiertheit vorgefunden.

Zur Veranschaulichung dieses Sachverhaltes sei noch ein Beispiel aufgeführt: Manche primitiven Organismen leben in gewissem Sinne tatsächlich in vollkommen determinierten Umwelten, insofern sie nur Verhaltensweisen entwickelt haben, die bei bestimmten Reiz-Konstellationen automatisch ausgelöst werden. Es gibt Nervensysteme (z. B. bei manchen Polypen), die nur aus einem Typ von Neuronen bestehen und die dem Organismus daher keinerlei »Entscheidungsfreiheit« im Verhalten gewähren. Aufgrund ihrer Hirnorganisation und der damit möglichen Handlungsweisen ist für diese Lebewesen die Welt determiniert. Andere Situationen außer denen, für die ein bestimmtes Verhalten programmiert wurde, sind im Weltbild dieser Lebewesen nicht enthalten. Sie sind blind für alles, was von den ihnen eingebauten Programmen abweicht. Insofern sind sie lebende Automaten ohne Freiheitsgrade.

Das heißt aber, daß für den Menschen die Welt erst aufgrund seiner Gehirnentwicklung partiell indeterminiert wurde; denn der Mensch reagiert auf Ereignisse in der Umwelt ja tatsächlich nicht wie ein Automat, sondern ist meistens vor eine Wahl gestellt. Die Unbestimmtheit menschlichen Handelns ist eine evolutionäre Anpassung an die partielle Unbestimmtheit der

Natur. Nur weniger entwickelte Lebewesen verfügen über ein vollkommen determiniertes Weltbild; ihre fixen, nicht veränderbaren Verhaltensprogramme machen sie unempfänglich für das Zufällige.

Neben diesen theoretischen Erwägungen über die Bedeutung des Gedächtnisses für den Aufbau menschlichen Zeiterlebens, in dem uns neben der Gegenwart auch eine Vergangenheit und *deshalb* eine Zukunft verfügbar sind, gibt es einen anschaulichen Beweis aus der neuropsychologischen Forschung. Im Jahre 1953 wurde der Patient Henry M. aufgrund einer nicht kontrollierbaren schweren Epilepsie einer Gehirnoperation unterzogen, die zwar die Anfallhäufigkeit entscheidend verminderte, aber für den Patienten einen tragischen Nebeneffekt hatte. Seit dieser Zeit kann sich Henry nichts mehr merken. Verläßt er nur kurze Zeit einen Raum, in dem er sich längere Zeit mit einem Partner unterhalten hat, und kommt dann zurück, erinnert er sich an überhaupt nichts mehr. Er weiß nicht mehr, worüber gesprochen wurde und mit wem. Man kann mit ihm dasselbe Gespräch noch einmal führen, ohne daß Henry sich bewußt ist, daß es vor kurzem schon geführt wurde. Seit der Zeit der Operation, als Henry 27 Jahre alt war, lebt er in immerwährender Gegenwart. All die Jahre, die seitdem vergangen sind, bedeuten für Henry nicht Vergangenheit, denn sie sind ausgelöscht. Der Grund für den Gedächtnisausfall ist, daß Henry auf beiden Seiten des Gehirns operiert wurde, nicht nur auf einer, weil man meinte, daß damit die Epilepsie wirksamer beeinflußt werden könnte.

Trotz des schweren Gedächtnisverlustes muß es aber erstaunen, daß Henry im Gespräch *nicht* den Eindruck macht, als hätte er ein schwerwiegendes Problem. Er wirkt im Gegenteil aufgeschlossen. Und Untersuchungen mit Tests haben gezeigt, daß er sogar überdurchschnittlich intelligent ist. Seine Gesprächsthemen berühren nur nicht Vergangenes aus den Jahren seit der Operation. Da besteht ein vollständiges Erinnerungsloch. Interessanterweise kann sich Henry aber sehr gut an Ereignisse erinnern, die *vor* seiner Operation liegen. Darüber spricht er ohne Schwierigkeiten. Ich selbst hatte Gelegenheit, Henry im Sommer 1984 zu untersuchen, und er berichtete mir beispiels-

weise ausführlich über seinen 15. Geburtstag, als er das erste-
mal einen schweren epileptischen Anfall hatte. Für die Zeit vor
der Operation besteht keine Gedächtnislücke. Der Gedächtnisausfall bezieht sich nur auf die Zeit *nach* der Operation, und
die Störung betrifft nur einen besonderen Aspekt des Gedächtnisses, nämlich das Speichern von Informationen. Da er sich
an Ereignisse von 1953 erinnern kann, ist dieser Aspekt seines
Gedächtnisses also intakt. Die *Erinnerungsfähigkeit* ist geblieben, nur die *Speicherfähigkeit* ist zerstört.

Ein anderer Teil seines Gedächtnisses ist ebenfalls heil geblieben, nämlich das sogenannte Kurzzeitgedächtnis. Man
kann sich mit Henry ohne Schwierigkeiten unterhalten, was
bedeutet, daß er offensichtlich in der Lage ist, das, was ihm im
Augenblick bewußt ist, über kurze Zeitstrecken zu behalten.
Sonst müßte er ja unfähig sein, auch nur einen sinnvollen Satz
zu sagen. Die Gehirnoperation hat somit nur einen ganz bestimmten Bereich der Gedächtnisfunktion zerstört: die Speicherung von Informationen im Langzeitgedächtnis. Dieser Ausfall
genügt jedoch, Henry in seinem täglichen Leben derart zu be-
einträchtigen, daß er, allein gelassen, nicht überleben könnte.

Als Henry nach einer Untersuchung in Boston nach Hause
in seine Heimatstadt gefahren wurde, bot er an, dem Fahrer
den Weg zu zeigen. Er gab sehr sichere Anweisungen, wie man
fahren müßte, so daß jeder glaubte, er wisse offenbar den Weg.
Schließlich ließ er vor einem Haus halten, das er als sein Zuhause erkannte. In jenem Haus lebten aber völlig fremde Menschen, die nicht begriffen, als Henry darauf bestand, daß dies
sein Haus sei. Es stellte sich heraus, daß dieses Haus früher
Henrys Eltern gehört und inzwischen mehrmals den Besitzer
gewechselt hatte. Obwohl er seit vielen Jahren woanders lebte,
hatte er sich nicht einprägen können, wo er jetzt lebt. Henry
ist aufgrund seines Gedächtnisverlustes also vollkommen verloren: Neue Orte bleiben ihm für immer fremd. Nicht nur ein
Teil der *Vergangenheit* als zeitliche Dimension ist ihm abhanden gekommen, sondern auch neue *räumliche* Orientierung ist
ihm unmöglich. Die Operation hat Henry auf Ort und Zeit im
Jahre 1953 fixiert, die er beide nicht mehr verlassen kann –
ein Thema für eine Science-fiction-Geschichte.

Für das Verständnis von Hirnfunktionen ist es wichtig, daß die geschilderte Gehirnoperation hauptsächlich zu einer Einschränkung des Gedächtnisses geführt hat. Henrys intellektuelle Leistungen bleiben überdurchschnittlich, seine Sprachfähigkeit ist in Ordnung, und seine Wahrnehmung im Bereich des Sehens, Hörens und Tastens ist nicht beeinträchtigt. Neben der schweren Gedächtnisstörung nach der Operation hat sich bei Henry aber auch ein entscheidender Wandel in seinem Lust- und Schmerzerleben ergeben. Am Massachusetts Institute of Technology in Cambridge wurde untersucht, wie Henry sich Schmerzreizen gegenüber verhält. Dabei zeigte sich, daß er auch sehr intensive Schmerzreize als durchaus erträglich erlebt. Wenn die Haut beispielsweise mit einem Hitzereiz bestrahlt wurde, zog jede andere Versuchsperson ihre Hand nach kurzer Zeit weg. Henry dagegen hielt seine Hand so lange unter dem schmerzauslösenden Reiz, bis schließlich der Experimentator die Reizung beenden mußte.

Eine ähnliche »Distanzierung« von Gefühlen hat Henry auch der Sexualität gegenüber. Seit der Operation hat er jegliches Interesse an Sexualität verloren. Auch der spontane Antrieb zum Essen scheint ihm vollkommen abhanden gekommen zu sein. Er spürt keinen Hunger mehr, und er fühlt nicht, wenn er satt ist. Bei einer Untersuchung seiner Einstellung zum Essen setzte man ihm, nachdem er seinen Teller geleert hatte, ein zweites vollständiges Mahl vor. Henry verhielt sich so, als sei nichts Ungewöhnliches geschehen, und aß auch das zweite Gericht. Zum Schluß sagte er nicht, nun sei er »satt«, sondern nun sei er »fertig«. Seine Kontrolle über das Wachen und Schlafen scheint ebenfalls teilweise eingeschränkt zu sein: Er muß abends zu Bett geschickt und morgens wieder aufgeweckt werden.

Besonders interessant erscheint es, daß neben den genannten Störungen, also dem Verlust des Gedächtnisses, der Vernachlässigung des Schmerzes, der Verminderung des Hungererlebens und der sexuellen Regungen, nach der Operation auch eine Beeinträchtigung des Riechens eingetreten ist. Unser Antrieb zum Essen, aber auch unsere sexuellen Bedürfnisse werden ja stark vom Geruchserleben mitgeprägt. Man hat festgestellt, daß Henry große Schwierigkeiten hat, verschiedene Gerüche zu unterscheiden. Für ihn riecht praktisch alles gleich.

Aufgrund der ungewöhnlichen Ausfälle ist Henry von Ärzten und Psychologen in den letzten Jahren immer wieder eingehend untersucht worden. Bei diesen Untersuchungen einer Vielzahl verschiedener Funktionen ist noch etwas entdeckt worden, was für das Verständnis, wie Gelerntes im Gehirn gespeichert wird, sehr wichtig ist. Wenn wir von »Lernen« sprechen, dann meinen wir damit sehr verschiedene Dinge, zum Beispiel einzelne Wörter aus einer neuen Sprache lernen oder eine ganz neue Sprache oder eine neue Bewegungsweise, wie zum Beispiel Schreiben in der Grundschule. Dabei sagt schon der »gesunde Menschenverstand«, daß das Lernen von Vokabeln für unser Gehirn doch wohl etwas ganz anderes ist als das Lernen einer neuen Bewegungsweise. Daß es sich in der Tat um prinzipiell verschiedene Lernvorgänge handelt, die unglücklicherweise mit demselben Wort – Lernen – bezeichnet werden, haben Versuche mit Henry eindeutig bewiesen. Henrys Gedächtnisstörung, also die Unfähigkeit, sich etwas zu merken, betrifft nur Sachverhalte, die einmal im *Bewußtsein* gewesen sind und von denen man sich eine Vorstellung sprachlicher Art machen kann. Sie betrifft aber nicht neue Bewegungsweisen.

Henry mußte in mehreren Versuchen einfache Bewegungskoordinationen lernen, und dann wurde geprüft, ob er sie an darauffolgenden Tagen noch behalten hatte. In Abbildung 16 ist die Aufgabe schematisch gezeigt. Henry mußte möglichst exakt mit einem Bleistift zwischen den beiden Linien des Sterns entlangfahren, ohne die Linien zu berühren. An jedem Tag mußte er dies zehnmal probieren, und man sieht, daß die Anzahl der Fehler am ersten Versuchstag schnell abnimmt. Am zweiten und dritten Versuchstag muß er mit dem Lernen nicht wieder von vorne beginnen, sondern geht mit einer gewissen »Ersparnis« an die Aufgabe heran. Wäre dies eine verbale Aufgabe gewesen, hätte man dagegen beobachtet, daß sich der Ablauf des Lernens täglich nahezu identisch wiederholte. Henry hat also bei diesem »psychomotorischen« Lernen keine Schwierigkeiten, das heißt, er kann sich wie ein Gesunder eine

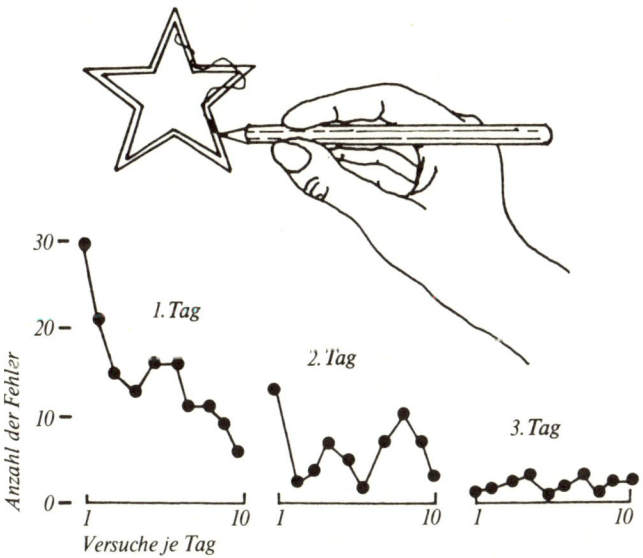

Abbildung 16

neue Bewegungskoordination aneignen. Sein »Gedächtnis« für neue Bewegungsabläufe ist noch intakt.

Das macht deutlich, und viele andere Versuche haben es bestätigt, daß wir mit dem Wort Lernen offenbar sehr verschiedene Funktionen bezeichnen und daß die Gehirnoperation bei Henry nur die Speicherung neuer Information, die über das *Bewußtsein* läuft, nicht mehr zuläßt.

Aus dieser Beschreibung der Gedächtnisstörungen bei Henry kann man folgern, daß die Abtragung eines genau definierten Bereichs im Gehirn zu ganz bestimmten Einschränkungen der Leistungsfähigkeit führt. Inzwischen ist durch zahlreiche Beobachtungen bestätigt worden, daß der Bereich des Gehirns, der bei Henry abgetragen wurde, wesentlich ist für die Speicherung neuer Information. Daraus gewinnen wir für unsere weitere Betrachtung einen bedeutsamen Gesichtspunkt: Offenbar ist es so, daß verschiedene Funktionen unserer Psyche, das heißt unserer geistig-seelischen Beschaffenheit, an ganz bestimmten Orten im Gehirn *lokalisiert* sind.

Eine zentrale Aufgabe der Neuropsychologie, also der Wissenschaft, die sich darum bemüht, die neuronalen Grundlagen des Erlebens und Verhaltens zu erforschen, ist es deshalb, die Orte im Gehirn ausfindig zu machen, in denen bestimmte psychische Leistungen repräsentiert sind. Neben der Beobachtung, daß bestimmte elementare Funktionen des Psychischen *irgendwo* lokalisiert sein können, muß aber betont werden, daß es nicht nur Orte im Gehirn sind, die wichtig sind, sondern daß auch die charakteristischen Verknüpfungen zwischen Orten für die psychische Eigenart der Menschen wesentlich sind. Das Problem der Verknüpfungen von Orten zu untersuchen, aus denen neue psychische Qualitäten entstehen können, ist eine der schwierigsten Aufgaben der Wissenschaft, und wir stehen auf diesem Sektor erst am Anfang.

Durch die Verfügbarkeit moderner bildgebender Verfahren können wir in der nahen Zukunft wesentliche neue Erkenntnisse erwarten. Mit Hilfe von PET (Positronen-Emissions-Tomographie), MEG (Magneto-Enzephalographie) und MRT (Magnetische Resonanz-Tomographie) können wir die Struktur des Gehirns und funktionelle Abläufe bei bestimmten Aufgaben beurteilen. Eine wesentliche Erkenntnis ist, daß jedes psychische Phänomen durch ein Muster von neuronalen Aktivitäten gekennzeichnet ist. Aufgabe der Forschung ist somit, nicht nur einzelne Orte zu definieren, die am Geschehen beteiligt sind, sondern die typischen räumlich-zeitlichen Muster zu beschreiben. Dieses ist vor allem auch eine mathematische Herausforderung. Hier wird deutlich, daß moderne Hirnforschung in hohem Maße interdisziplinär ist, denn um Erkenntnis-Fortschritte zu erzielen, müssen Neurologen, Psychiater, Neuroanatomen, Neurophysiologen, Pharmakologen, Psychologen, Linguisten, Informatiker, Physiker, Mathematiker und auch Philosophen zusammenarbeiten.

Halten wir im Hinblick auf den Funktionsausfall nach der Hirnoperation bei Henry noch einmal fest: Koordinierte Bewegungsabläufe lassen sich noch lernen. Einmal im Bewußtsein gewesene Inhalte können aber auf Dauer nicht behalten werden. Durch den Verlust der Erinnerungsfähigkeit gibt es für den Patienten keine Dauer, auf die er zurückblicken kann, also keine Vergangenheit. Und da es mangels Gedächtnis keine Vergangenheit gibt, ist ihm die Zukunft verschlossen. Jede Situation ist neu, es gibt keine Möglichkeit, sich an schon einmal gemachten Erfahrungen in ähnlichen Situationen zu orientieren. Für diesen Patienten ist die Welt indeterminiert geworden.

Die Frage, wie wir zur Zeit kommen, besteht im Grunde also aus vielen Fragen. Wenn wir verstehen wollen, warum wir etwas über Vergangenheit und Zukunft wissen, müssen wir Gedächtnisfunktionen heranziehen. Wenn wir unser Jetzt verstehen wollen, dann beziehen wir uns auf Integrations-Mechanismen, die in der Hierarchie des Zeiterlebens eine Stufe tiefer stehen. Wenn wir uns dafür interessieren, wie es möglich ist, daß Ereignisse als aufeinanderfolgend erlebt werden können, gehen wir in der Hierarchie wieder eine Stufe nach unten. Wenn wir uns fragen, was eigentlich ein Ereignis in der Zeit ist, kommen wir zu Identifikations-Mechanismen. Und wenn wir danach fragen, wie Ungleichzeitiges wahrzunehmen ist, dann sind wir in der hierarchischen Klassifikation menschlicher Zeiterlebnisse auf der untersten Stufe, nämlich bei Mechanismen in den Sinnesorganen selbst, angelangt. Unser Zeiterleben setzt die Intaktheit *aller* Systeme voraus.

12 Der Tageslauf des Bewußtseins –
oder: Warum wir uns erst einen Tag später
wieder ähnlich sind

Es wurde soeben als Argument dafür, daß sich überhaupt Gedächtnis entwickeln kann, angeführt, daß wir in einer Welt leben, die nicht völlig determiniert, aber auch nicht völlig indeterminiert ist. Welche Erfahrungsgrundlagen haben wir für diese Feststellung?

Es ist offensichtlich, daß die Welt nicht völlig determiniert ist, wenn wir nur an das Wetter denken: Es ändert sich in für uns nicht vorhersagbarer Weise, und keinem Meteorologen ist es bisher gelungen, absolut verläßliche langfristige, mittelfristige oder auch nur kurzfristige Voraussagen zu machen. Nach neueren Erkenntnissen muß man sogar davon ausgehen, daß das Wetter prinzipiell nicht genau vorhersagbar ist. Diesem für uns offensichtlichen Indeterminismus von Ereignissen steht der Determinismus sich wiederholender Ereignisse gegenüber, etwa der Tag-Nacht-Wechsel. Mit absoluter Sicherheit gehen wir davon aus, daß morgen der nächste Tag sein wird, woran ein Gedicht von Heinrich Heine erinnert:

> Das Fräulein stand am Meere
> Und seufzte lang und bang,
> Es rührte sie so sehre
> Der Sonnenuntergang.
>
> Mein Fräulein, sein Sie munter,
> Das ist ein altes Stück;
> Hier vorne geht sie unter
> Und kehrt von hinten zurück.

Wir gehen davon aus, am nächsten Tag vergleichbare Bedingungen, wenn auch nicht exakt dieselben, vorzufinden. Wenn sich Bedingungen wiederholen, ist es sinnvoll, ein Gedächtnis zu haben, das uns darüber informiert, was wir gestern getan haben. Sonst müßten wir jeden Tag gleichsam ganz von vorne beginnen. Wenn es keine zeitliche Ordnung in der Natur gäbe, dann wäre, wie schon gesagt, Gedächtnis völlig überflüssig. Da diese zeitliche Ordnung aber besteht und sich deshalb Gedächtnis entwickeln konnte, haben wir, wie auch schon erörtert, die Möglichkeit, unterschiedliche Dauer zu empfinden.

Wir hatten festgestellt, daß Vergangenheit und Zukunft uns erst über ein funktionsfähiges Gedächtnis zugänglich sind. So können wir nun hinzufügen, daß Vergangenheit und Zukunft letztlich erst verfügbar werden, weil es in der Natur eine zeitliche Ordnung gibt. Diese zeitliche Ordnung war ein machtvolles Instrument in der Entwicklungsgeschichte, um das Verhalten der Lebewesen, den Menschen eingeschlossen, zu ordnen. So hat die Anpassung an den natürlichen Tag-Nacht-Wechsel beispielsweise bewirkt, daß wir alle 24 Stunden in einen Zustand von Bewußtlosigkeit versinken. Wer eine Nacht wach bleibt, weiß, daß es eine biologische Grenze der Bewußtseinsfähigkeit gibt, weil der Schlaf regelmäßig sein Recht zu erlangen sucht.

Warum besteht dieser Drang zu schlafen, warum können wir diese biologische Grenze des Schlafenmüssens nicht aufheben? Der Grund liegt darin, daß im Organismus eine »innere Uhr« vorhanden ist, die den tagesperiodischen Verlauf unseres Verhaltens und Erlebens steuert. Diese Uhr bewirkt nicht nur, daß wir abends in Schlaf fallen, träumen und morgens spontan wieder aufwachen, sondern sie ist auch dafür verantwortlich, daß praktisch alle Funktionen, die wir am Organismus beobachten können, sich tagesperiodisch verändern. So weiß man beispielsweise, daß sogar das Gedächtnis von der Tageszeit abhängig ist. Man kann morgens schneller lernen als abends. Wenn man aber etwas langfristig behalten will, dann lernt man es besser abends.

In Abbildung 17 ist für einige Funktionen gezeigt, wie sie sich im Laufe von Tag und Nacht verändern. Mißt man beispielsweise die Körpertemperatur, dann stellt man fest, daß sie am Tage ansteigt, am späten Nachmittag einen höchsten Wert erreicht, gegen Abend absinkt, um mitten in der Nacht ein Minimum zu erreichen. In der gleichen Abbildung darunter ist

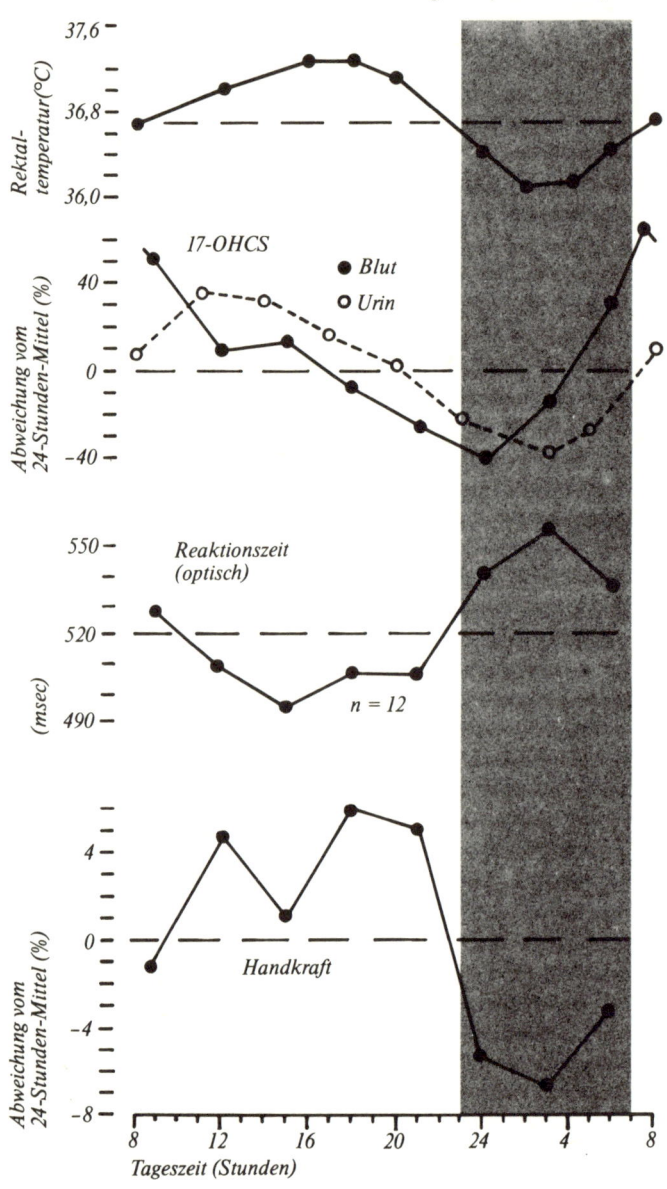

Abbildung 17

der Verlauf eines hormonellen Abbauproduktes (17-OHCS) gezeichnet, das etwas mit Streßbelastung zu tun hat. Man sieht
auch hier eine klare Tagesperiodik, die gegenüber der Körpertemperatur zeitlich versetzt ist. Außerdem stellt man fest, daß
bei diesem Produkt Maxima und Minima im Blut und im Urin
nicht übereinstimmen. Das liegt daran, daß es einige Zeit
braucht, bis Veränderungen im Blut sich über die Niere auch
im Urin bemerkbar machen. Dann ist gezeigt, daß sich auch
die Reaktionszeit in Abhängigkeit von der Tageszeit verändert.
Aus den recht langen Reaktionszeiten wird der Leser entneh-
men, daß es sich hier um Wahlreaktionszeiten handeln muß.
Am Nachmittag werden bei diesem Versuch die kürzesten Zeiten beobachtet, in der Nacht, wenn man die Versuchsperson
zu den Messungen weckt, die längsten. Wenn man dann noch
eine einfache Kraftprobe macht, sieht man ebenfalls einen kla-
ren tagesperiodischen Verlauf, diesmal sogar mit zwei Kraft-
gipfeln, einen um die Mittagszeit und einen gegen Abend.
Nachts, wenn die Versuchspersonen zur Messung der Hand-
kraft geweckt werden mußten, waren sie am schwächsten.

Wir sehen an diesen Messungen, daß trotz des deutlichen
tagesperiodischen Verlaufs die zeitliche Beziehung der Funktionen zueinander ziemlich beliebig zu sein scheint; denn jede
Funktion hat ihr eigenes zeitliches Maximum und Minimum.
Das bedeutet, daß von Uhrzeit zu Uhrzeit die psychosomati-
sche Verfassung eines Menschen sich systematisch ändert. Zur
Veranschaulichung brauchen wir nur zwei parallele senkrechte
Linien durch beliebige Uhrzeiten zu legen, um dann die Konstellation der vier Funktionen miteinander zu vergleichen. Wir
sind dann vermutlich von der unterschiedlichen Abhängigkeit
der leib-seelischen Lage von der Tageszeit überzeugt, denn die
Beziehung der verschiedenen Funktionen zueinander ändert
sich von Zeitpunkt zu Zeitpunkt.

Unsere körperliche und seelische Verfassung ist aber nicht
allein von den hier gezeigten Funktionen bestimmt. Sie sind als
Beispiel eher zufällig herausgegriffen. Wir müssen uns vorstellen, daß praktisch alles, was wir messen können an physiologischen Veränderungen oder psychischen Phänomenen, sich als
Funktion der Tageszeit verändert. Damit wird erneut bewiesen,

daß wir zu verschiedenen Tageszeiten nie dieselben sind. Erst am nächsten Tag um dieselbe Uhrzeit kommen wir aufgrund der leib-seelischen Dynamik wieder in eine ähnliche Lage. Mit anderen Worten sind wir bei regelmäßiger Lebensweise uns selbst am ähnlichsten in Abständen von 24 Stunden. Dazwischen liegen Phasen abnehmender und zunehmender Ähnlichkeit, wenn wir auf den periodischen Verlauf der einzelnen Funktionen schauen. Wenn wir dennoch von unserer Identität sprechen und dabei auch unser leibliches Sein einschließen, so gelangen wir nun zu der verblüffenden Feststellung: Die Frage »Wer bin ich eigentlich?« läßt sich nicht unabhängig von dem Zeitpunkt beantworten, an dem sie gestellt wird. Ist der regelmäßige Wechsel der körperlichen und seelischen Funktionen dadurch bedingt, daß wir wachen und schlafen, oder gibt es hierfür noch einen tieferen Grund? Grundsätzlich sind zwei Möglichkeiten denkbar, wie solche Veränderungen entstehen. Es ist theoretisch vorstellbar, daß unser Wachen und Schlafen unmittelbar vom Tag-Nacht-Wechsel gesteuert wird und daß sich dadurch auch die anderen Funktionen verändern. Das würde bedeuten, daß die beobachteten Veränderungen eine passive Reaktion des Organismus auf sich periodisch verändernde Umweltbedingungen sind. Die zweite Möglichkeit wäre, daß es im Organismus die schon erwähnte innere Uhr gibt, die sich im Laufe der Entwicklungsgeschichte gebildet hat und deren Periodik mit der Erdumdrehung übereinstimmt. Eine solche innere Uhr brächte gewisse Vorteile. Sie könnte beispielsweise dafür sorgen, daß der Organismus schon während des Schlafs auf den kommenden Tag vorbereitet wird.

Ob der tagesperiodische Verlauf von innen oder von außen gesteuert wird, das läßt sich entscheiden, wenn man Versuchspersonen Bedingungen aussetzt, unter denen sie keinerlei Information erhalten über die tatsächliche Zeit: Wenn sie dann immer noch ein klar erkennbares periodisches Verhalten zeigen, dann muß man annehmen, daß eine innere Uhr für die zeitliche Steuerung des Verhaltens verantwortlich ist. Derartige Versuche wurden beispielsweise im Max-Planck-Institut für Verhaltensphysiologie unter Leitung von Jürgen Aschoff durchgeführt. Versuchspersonen, üblicherweise Studenten, lebten für

einige Wochen in totaler Isolation. Sie erhielten im Versuchsbunker keinerlei Hinweise über die tatsächliche Uhrzeit. Das
heißt: Ein solcher Versuchsbunker muß nicht nur optisch, sondern vor allem auch akustisch isoliert sein. Während die Versuchspersonen selbst nicht wissen, wie spät es draußen ist, wird
ihr Verhalten sorgfältig protokolliert. Man weiß, wann sie aufstehen und zu Bett gehen, man mißt kontinuierlich ihre Körpertemperatur und weitere Funktionen, die interessieren.

Das Ergebnis eines solchen Versuchs ist in Abbildung 18
gezeigt. Die querliegenden schwarzen Balken kennzeichnen die
Wachzeit, die angehängten offenen Balken die Schlafzeit der
Versuchspersonen. Aufeinanderfolgende Wachzeiten der Versuchspersonen sind untereinander gezeichnet. Am ersten Tag
um 12 Uhr beginnt der Versuch. Die Armband- oder Taschen-
uhr muß abgeliefert werden, und von da ab sind keine Zeit-
informationen aus Telefon, Radio oder Fernsehen verfügbar.
Etwa um Mitternacht geht die Versuchsperson zu Bett und
steht, gemessen an der objektiven Zeit, am nächsten Morgen
relativ früh auf. Nun stellt sich ein merkwürdiger Effekt ein:
Die Versuchsperson steht jeden Tag etwas später auf, was dazu
führt, daß in den 26 Beobachtungstagen die durchschnittliche
Tageslänge nicht mehr genau 24 Stunden, sondern in diesem
Fall 25,2 Stunden beträgt. Eine andere Versuchsperson hat in
der gleichen Situation vielleicht eine Tageslänge von 24,6 Stunden. Zahlreiche Versuche haben übereinstimmend ergeben,
daß unter solchen Isolationsbedingungen der Schlaf-Wach-
Wechsel des Menschen etwas länger als 24 Stunden dauert.
Aber obwohl er nicht mehr genau 24 Stunden dauert, bleibt er
dennoch mit veränderter Dauer auffällig regelmäßig. Da der
Schlaf-Wach-Rhythmus zeitlich nicht mehr genau dem objektiven Tag-Nacht-Wechsel entspricht, bezeichnet man ihn auch
als »circadianen Rhythmus (circa = etwa; dies = Tag).

Es ist biologisch interessant, daß die Tagesrhythmen zwar
von 24 Stunden abweichen, aber doch nur um ein Geringes.
Dabei ist bemerkenswert, daß diese zeitliche Abweichung nicht
nur den Schlaf-Wach-Wechsel, sondern alle Funktionen betrifft. Betrachtet man den Menschen einmal selbst als Uhr unter Bedingungen ohne äußeren Zeitgeber, so scheint er »nach-

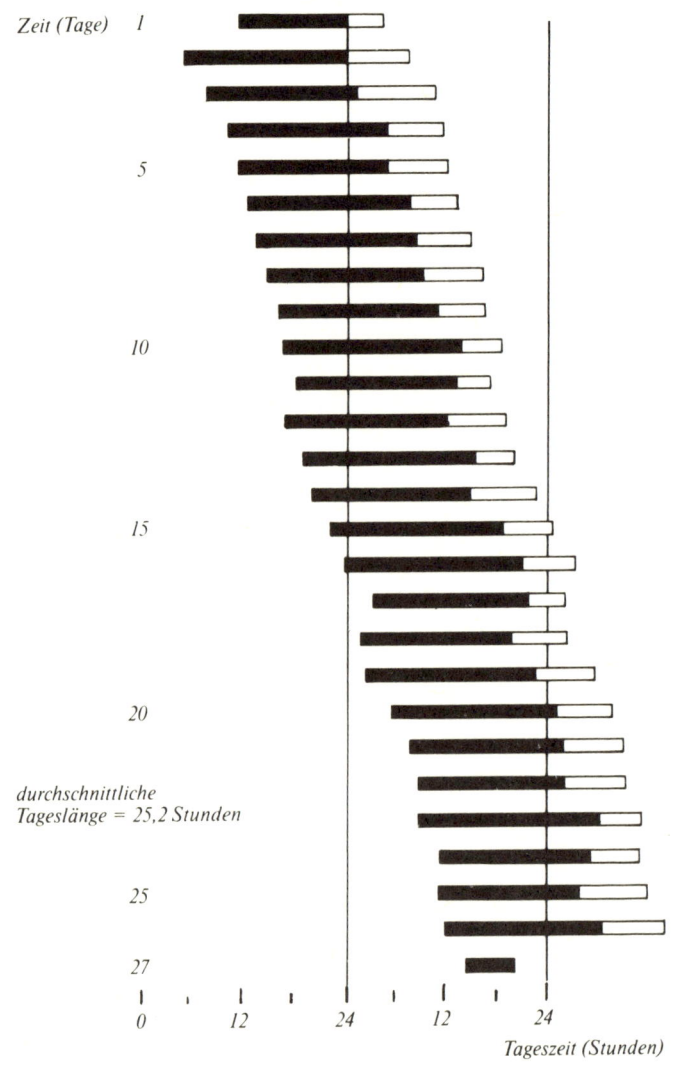

Abbildung 18

zugehen«. Die Tatsache, daß der Rhythmus in der Nähe von
24 Stunden erhalten bleibt, obwohl alle Zeitgeber entfernt
sind, kann als ein wesentlicher Hinweis darauf angesehen werden, daß tatsächlich eine innere Uhr für den tagesperiodischen
Verlauf verantwortlich ist.

Hier sei eine kurze theoretische Überlegung eingeblendet.
Für die Behauptung, daß der Rhythmus von innen gesteuert
wird, ist es geradezu notwendig, daß er unter Isolationsbedingungen von genau 24 Stunden abweicht. Denn bliebe der
Rhythmus mit genau 24 Stunden erhalten, dann müßte man
vermuten, daß irgendein wirksamer Zeitgeber von 24 Stunden,
der auf den Organismus wirkt, übersehen wurde. Dieser Zeitgeber bräuchte bewußt gar nicht feststellbar zu sein. Man
könnte beispielsweise an elektrische oder elektromagnetische
Veränderungen denken, die sich unserer bewußten Wahrnehmung entziehen. Aber auch wenn die Rhythmen von 24 Stunden abweichen würden, für alle Versuchspersonen jedoch dieselbe Abweichung hätten, wäre man noch nicht völlig sicher,
daß es eine innere Uhr gibt. Man könnte annehmen, daß irgendein periodisches Ereignis, das mit der Erddrehung nichts
zu tun hat, biologisch wirksam wäre, so daß, wenn der irdische
Zeitgeber fehlt, das Verhalten des Menschen auf dieses Ereignis
synchronisiert wird. Man könnte an den Mond oder an einen
fernen Stern denken.

Wie verhält es sich nun mit den tatsächlichen Beobachtungen? Es wurde festgestellt, daß jede Versuchsperson unter gleichen Isolationsbedingungen ihren eigenen Rhythmus hat. Also
müssen wir in der Tat eine innere Uhr annehmen. Da die Periodik fortbesteht, aber von 24 Stunden abweicht und individuelle
Variationen zeigt, ist kein anderer Schluß möglich.

Die Bedeutung der inneren Uhr für den praktischen Alltag
des Menschen ist erst in neuester Zeit klargeworden. Das wird
beispielsweise deutlich, wenn die regelmäßige Tagesstruktur
etwa durch Einführung von Schichtarbeit und Nachtdienst
oder durch schnelles Reisen zwischen den Kontinenten durchbrochen wird: Wenn wir nachts arbeiten müssen, dann sind
wir gezwungen, zu einem Zeitpunkt tätig zu sein, an dem wir
nicht hundertprozentig leistungsfähig sind. Man könnte nun

meinen, daß bei längerer Schichtarbeit allmählich eine Umstellung des Organismus auf die veränderte Arbeitszeit stattfindet. Leider ist das aber nicht der Fall. Die soziale Bindung des Schichtarbeiters an sein Zuhause verhindert, daß sich der Körper auf die richtige Arbeitszeit umstellt.

Die innere Uhr scheint aber auch etwas mit psychischen Erkrankungen zu tun zu haben, und zwar besonders mit Depressionen. Es ist eine alte Erfahrung von Psychiatern, daß bei manchen depressiven Patienten, die unter Antriebsstörung und düsteren Stimmungen leiden, ein deutlicher tageszeitlicher Ablauf der Krankheitssymptome feststellbar ist. Solche Patienten wachen morgens viel zu früh auf, und es geht ihnen etwa bis zur Tagesmitte außerordentlich schlecht. Ohne äußere Einwirkung ergibt sich dann eine Besserung des Befindens. Aber am nächsten Morgen ist wieder derselbe depressive Einbruch vorhanden. Die Depression verläuft also tagesperiodisch. Wenn wir uns an die im Buch schon gestellte Frage »Wer bin ich?« erinnern, dann wird von solchen depressiven Patienten gesagt, daß sie morgens und abends ganz verschiedene Menschen seien. Sie können am Abend gar nicht mehr verstehen, warum sie am Morgen so traurig und hoffnungslos waren, als sei ein ganz anderer Mensch in dieser trostlosen Lage gewesen.

Bei anderen Patienten kann es geschehen, daß die Depression jeden zweiten Tag ausfällt: An einem Tag fühlen sie sich gut, am nächsten todtraurig, mit einer Besserung gegen Abend. Vor einiger Zeit ist ein solcher Patient von Wissenschaftlern des Max-Planck-Instituts für Psychiatrie in München unter Leitung von Detlev Ploog untersucht worden. Der Patient mit einem regelmäßigen Wechsel depressiver und nicht-depressiver Tage erklärte sich zu einem Isolationsversuch bereit, damit seine innere Uhr studiert werden konnte. Das Experiment war außerordentlich ertragreich. Es ergab sich nämlich eine *Desynchronisation* zwischen einzelnen Körperfunktionen.

Was ist damit gemeint? Bei Bunkerversuchen kommt es bei psychisch labilen Menschen gelegentlich vor, daß die innere Uhr die Kontrolle verliert, so daß zwar die meisten Funktionen mit ihrem Rhythmus bei etwa 24 Stunden bleiben, daß aber der Schlaf-Wach-Wechsel Werte erreicht, die weit von 24 Stun-

den entfernt sind, etwa 33 Stunden. Wenn das geschieht, sind
die Körperfunktionen nicht mehr miteinander synchronisiert;
denn manche Funktionen haben einen Rhythmus von 25 Stunden, der Schlaf-Wach-Wechsel dagegen von 33 Stunden. In einer solchen Situation eines Verlustes des Gleichlaufs von Funktionen spricht man von einer inneren Desynchronisation.

Bei dem genannten Patienten wurde in der Isolation des
Bunkerversuchs auch eine derartige Desynchronisation beobachtet, und es stellte sich nun die Frage, mit welchem der beiden Rhythmen die Depression parallel lief, sofern sie überhaupt mit einem der beiden Rhythmen synchronisiert blieb.
Der Patient hatte den Auftrag, in Abständen von wenigen Stunden Testblätter auszufüllen, die über seinen seelischen Zustand
Aufschluß gaben. Es zeigte sich, daß die Depression parallel zu
den Körperfunktionen lief, deren Rhythmus in der Nähe von
24 Stunden geblieben war, und nicht parallel zum Schlaf-Wach-
Rhythmus. Dieses Ergebnis läßt vermuten, daß Wachen und
Schlafen nichts mit der Auslösung der Depression zu tun haben, sondern daß ein dahinter stehender Mechanismus dafür
verantwortlich ist. Das gilt aber nur für Fälle wie den hier
beschriebenen oder ähnlichen.

Blicken wir nun noch einmal zurück auf die Problematik
von Determinismus und Indeterminismus. Wir können die Tatsache, daß es eine innere Uhr gibt, als einen *biologischen Beweis* dafür ansehen, daß es eine zeitliche Ordnung in der physikalischen Natur gibt. Nur aufgrund dieser zeitlichen Ordnung
war es für Lebewesen in der Entwicklungsgeschichte möglich,
ein Gedächtnis zu entwickeln. Und nur über das Gedächtnis
ist uns Menschen Zeit über die Gegenwart hinaus verfügbar.
Das Gedächtnis sprengt die Grenzen des Jetzt und holt Inhalte
ins Bewußtsein, die einer anderen Zeit angehören.

Das Überbrücken der Zeit ist besonders aktuell, wenn wir
morgens aus der stundenlangen Bewußtlosigkeit erwachen.
Woher wissen wir, daß wir morgens dieselben sind, die abends
eingeschlafen sind, deren Bewußtsein ja abends abhanden
kam? Ist es dasselbe Bewußtsein, das zurückkehrt? Die formalen zeitlichen Strukturen sind die gleichen wie tags zuvor. Aber
diese bedeuten ja nichts im Hinblick auf die eigene Identität,

da sie bei allen gleich sind. Es kommt nur auf den Inhalt im Bewußtsein an, nämlich die Erinnerungen, wenn wir uns selbst wieder erkennen wollen. Es ist das *Gedächtnis*, das unsere *Identität* durch die gespeicherten Inhalte garantiert. Hätten wir kein Gedächtnis, wären wir mit jedem neuen Tag ein anderer. Wir wären dies, weil keine Spuren aus der Vergangenheit vorhanden wären. Wenn wir morgens manchmal verwirrt aufwachen und uns verwundert fragen, wer wir eigentlich sind, wenn wir also einen plötzlichen Zweifel an unserer Identität empfinden, dann mag das mit einer Störung in unserem Gedächtnis zusammenhängen. Denn das Bewußtsein eigener Identität ist gar nichts Selbstverständliches, sondern es ist abhängig von der Verfügbarkeit eines Gedächtnisses als einer besonderen Leistung unseres Gehirns.

13 Der geordnete Ablauf des Schlafens – oder: Warum wir eigentlich träumen

Wenn man kleine Silberelektroden, mit denen man elektrische Veränderungen feststellen kann, an bestimmten Stellen auf der Kopfhaut anbringt, dann stellt man fest, daß das Gehirn dauernd elektrisch aktiv ist. Die Art der elektrischen Aktivität ändert sich mit der Änderung des individuellen Aktivitätsgrades. Wenn man im Zustand der wohligen Entspanntheit mit geschlossenen Augen vor sich hindöst, kann man in der Aufzeichnung der elektrischen Aktivität, dem Elektro-Enzephalogramm (EEG), sogenannte Alpha-Wellen beobachten. Das sind regelmäßige Wellen mit einer durchschnittlichen Dauer jeder Welle von 0,1 Sekunden. Öffnet man die Augen und konzentriert sich auf etwas Bestimmtes, dann verschwinden die Alpha-Wellen sofort, und man beobachtet Beta-Wellen, die sehr viel unregelmäßiger aussehen, wobei die durchschnittliche Dauer jeder Welle nur etwa 0,03 Sekunden beträgt. Da bestimmte geistige Zustände oder Aktivitäten typische Ausprägungen im EEG zeigen, liegt es nahe zu prüfen, welche elektrische Aktivität im Schlaf vorhanden ist. Im Schlaf sinken wir ja nicht nur in eine zeitweilige Phase der Bewußtlosigkeit, in der möglicherweise auch das Gehirn stumm ist, sondern häufig träumen wir, und es ist interessant zu wissen, welche elektrische Aktivität dann vorliegt.

Mit Elektroden am Kopf zu schlafen ist sicher nicht jedermanns Sache. Aber normalerweise gewöhnen sich die Versuchspersonen nach einigen Nächten in einem Schlaflabor an die ungewöhnlichen Bedingungen, und manche schlafen dann wie zu Hause. Betrachtet man das EEG während einer durchschlafenen Nacht, dann fallen typische Wellenmuster auf, die unterschiedlich lange anhalten können. Am auffälligsten sind riesige langsame Wellen, die Delta-Wellen genannt werden und etwa 10 Minuten nach dem Einschlafen auftreten. Will man den Schläfer aufwecken, wenn sein EEG gerade Delta-Wellen zeigt, dann ist das auffallend schwer. Wir bezeichnen deshalb in der Umgangssprache diese Schlafphase auch als Tiefschlaf. In einer Serie von Versuchen konnte nachgewiesen werden, daß dieser Schlaf im wesentlichen verantwortlich ist für die körperliche Erholung. Deswegen sagt man auch, der Schlaf vor Mitternacht sei der gesündeste, da der Tiefschlaf unmittelbar nach dem Einschlafen einsetzt. Das hat nichts mit der Mitternacht als Uhrzeit zu tun. Da die meisten Menschen vor Mitternacht zu Bett gehen, fällt ihr Tiefschlaf tatsächlich vor Mitternacht. Wenn jemand nur sechs Stunden Schlaf braucht und erst um ein Uhr nachts zu Bett geht, dann ist sein gesündester Schlaf, der für seine körperliche Erholung sorgt, eben immer erst nach ein Uhr.

Nach etwa einer halben Stunde mit Delta-Wellen im EEG ändert sich das elektrische Muster plötzlich, ohne daß eine äußere Einwirkung dafür verantwortlich gemacht werden kann. Etwa eine Stunde nach dem Einschlafen sieht das EEG so aus, als sei der Schläfer hellwach. Wie bei konzentrierter geistiger Tätigkeit bestimmen Beta-Wellen das Bild, obwohl dem äußeren Anschein nach die Versuchsperson zweifellos schläft. Nach etwa 10 Minuten hört dieses Pseudowachen plötzlich auf, im EEG erscheinen wieder andere Wellen, nach einiger Zeit auch wieder Delta-Wellen, die aber nicht mehr ganz so ausgeprägt sind wie in der ersten Tiefschlafphase. Etwa 90 Minuten nach der ersten Pseudowachphase sieht dann das EEG wieder so aus, als sei der Schläfer wach, und diesmal dauert diese paradoxe Phase noch etwas länger, im Durchschnitt etwa 15 Minuten. Dann erfolgt wieder eine spontane Änderung, wobei Delta-Wellen immer seltener werden, und nach weiteren 90 Minuten kommt eine dritte, nach weiteren 90 Minuten eine vierte, und falls die Versuchsperson lange genug schläft, eventuell noch eine fünfte paradoxe EEG-Phase. Es fällt auf, daß diese paradoxen Phasen im Lauf der Nacht immer länger werden und am Ende der Nacht 20 bis 30 Minuten dauern. Paradox nennt man diese Phasen, weil offensichtlich geschlafen wird, obwohl die elektrische Aktivität des Gehirns eigentlich auf Wachheit schließen läßt. Versucht man den Schläfer in diesen Phasen zu wecken, so ist das nicht so einfach, trotz der auf Wachheit hindeutenden elektrischen Gehirnaktivität.

Das typische EEG-Muster, das dem Wachen entspricht, läßt bereits vermuten, daß in diesen Schlafphasen eine rege psychische Aktivität vorhanden ist. Diese Vermutung bestätigt sich, wenn der Schläfer während solcher Phasen geweckt wird. Er berichtet dann, daß er aus einem Traum herausgerissen wurde. Weckt man den Schläfer dagegen in anderen Phasen, dann ergeben sich keine spontanen Traumberichte. Intensität und Bildhaftigkeit der Träume scheinen im Laufe der Nacht zuzunehmen. Während ein Traum der ersten Phase noch relativ blaß sein mag, werden die späteren immer aufregender.

Aus diesen Beobachtungen geht hervor, daß wir in den paradoxen Schlafphasen träumen. Diese Phasen machen insgesamt etwa zwanzig Prozent des ganzen Schlafes aus, was bedeutet, daß wir uns in jeder Nacht relativ lange in einem außergewöhnlichen Bewußtseinszustand befinden. Dies gilt für *alle* Menschen. Wenn jemand sagt, er träume nie, dann beruht das darauf, daß er sich an seine Träume nicht erinnern kann.

Die Behauptung, die man immer wieder hört, daß Träume nur Bruchteile von Sekunden dauern, ist durch moderne Beobachtungen in Frage gestellt. Wie konnte es überhaupt zu einer solchen Auffassung kommen? Vermutlich durch die sogenannten Weckträume, von denen man annahm, daß sie den Traum selbst auslösen. Ein Beispiel wird von Sigmund Freud in seinem epochalen Werk »Die Traumdeutung« zitiert:

»Also, ich gehe an einem Frühlingsmorgen spazieren und schlendre durch die grünenden Felder weiter bis zu einem benachbarten Dorf, dort sehe ich die Bewohner in Feierkleidern, das Gesangbuch unter dem Arm, zahlreich der Kirche zuwandern. Richtig, es ist Sonntag, und der Frühgottesdienst wird bald beginnen. Ich beschließe, an diesem teilzunehmen, zuvor aber, weil ich etwas echauffiert bin, auf dem die Kirche umgebenden Friedhof mich abzukühlen. Während ich hier verschiedene Grabschriften lese, höre ich den Glöckner den Turm hinaufsteigen und sehe in der Höhe des letzteren die kleine Dorfglocke, die das

Zeichen zum Beginn der Andacht geben wird. Noch eine
ganze Weile hängt sie bewegungslos da, dann fängt sie an
zu schwingen – und plötzlich ertönen ihre Schläge so hell
und durchdringend, daß sie meinem Schlaf ein Ende machen. Die Glockentöne aber kommen vom Wecker.«

Warum können manche Menschen sich nicht an ihre Träume
erinnern? Diese Frage hat bei Traumforschern zu weitreichen-
den Spekulationen Anlaß gegeben. Eine tiefenpsychologische
These besagt etwa, daß Träume deshalb, weil sie einen uner-
freulichen Inhalt haben, Unlust auslösen und daher nicht ins
Bewußtsein gelassen werden. Ein Mechanismus der Verdrängung sorge dafür, daß der Trauminhalt dem Bewußtsein vorenthalten wird. Nur wenn Träume etwas besonders Wichtiges
mitteilen wollen, dann werden sie auch erinnert. Nach Carl
Gustav Jung, dem großen analytischen Psychologen, haben
Träume eine kompensatorische Bedeutung. Sie sorgen dafür,
uns über vernachlässigte Lebensbereiche zu informieren, uns
zurechtzurücken. Wenn jemand nicht träumt, also seine Träume
nicht erinnert, so könnte dies heißen, daß er seine Träume verdrängt, aber auch, daß mit ihm alles in Ordnung ist. (Man
vergißt gelegentlich in unserer psychologisierten Zeit, daß es
auch seelisch ausgeglichene Menschen gibt.) Neben derartigen
Deutungsversuchen, warum jemand seine Träume nicht erinnert, kommt freilich noch eine ganz andere Interpretation in
Betracht, die wir vielleicht als neuropsychologisch bezeichnen
können. Jedes Erlebnis ist auch durch seine *Intensität* gekennzeichnet. Bei Menschen, die ihre Träume nicht erinnern,
könnte auch der Fall gegeben sein, daß ihre Träume eine zu
geringe Intensität aufweisen. Wegen zu geringer Intensität erreichen sie gar nicht erst die Schwelle des Traumbewußtseins.
Die zu geringe psychische Intensität könnte ein Grund dafür
sein, daß dem Nicht-Erinnerer seine Träume fehlen, obwohl
der Zustand des Gehirns sie prinzipiell ermöglichen würde.
    Ein anderer Grund des Nicht-Erinnerns könnte sein, daß
Traumereignisse zwar die Schwelle des Traumbewußtseins
überschreiten, daß aber nur wenige Ereignisse auftreten. Wenn
sich wenig im Traum ereignet, der Traum also langweilig ist,

dann wird nichts Erinnernswertes gespeichert, das am kommenden Morgen berichtet werden könnte. Warum sollte für den Traum nicht dieselbe Regel gelten wie für das Wachbewußtsein, daß er nämlich langweilig sein kann, so daß dann im Rückblick eine geschrumpfte Zeit entsteht, in der fast nichts geschehen ist? Vielleicht sind manche Menschen so veranlagt, daß ihre Träume zumeist uninteressant sind. Aber auch ihnen geschieht es gelegentlich, daß sie einen eindrucksvollen Traum haben. Er muß eben eindrucksvoll und erinnernswert sein, um im Gedächtnis aufbewahrt zu werden und am kommenden Morgen dem Wachbewußtsein noch verfügbar zu sein.

Der regelmäßige Rhythmus der Traumphasen zeigt sich interessanterweise auch in anderen Körperfunktionen. Alle 90 Minuten geraten wir nicht nur in einen eigenartigen psychischen Zustand, sondern es kommt auch zu tiefgreifenden körperlichen Veränderungen. Aufzeichnungen der Herztätigkeit ergeben, daß im Träumen das Herz schneller und sehr viel unregelmäßiger schlägt als während der anderen Schlafphasen. Auch die Atmung ist verändert. Die regelmäßigen Atemzüge, die uns gewöhnlich vom Schlaf eines Menschen überzeugen, sind im Traum nicht mehr so regelmäßig und viel schneller. Wiederum könnte man meinen, der Betreffende schlafe gar nicht. Allerdings ist nahezu die gesamte Muskulatur des Körpers erschlafft.

In der Tat eine paradoxe Situation, die wir jede Nacht mehrmals durchlaufen! Trotz der aktiven Gehirntätigkeit, die dem Traum entspricht, verliert der Körper jegliche Kontrolle über sich, während wir bei einer vergleichbaren Situation im Wachzustand körperlich angespannt sind. Auch ausgedehnte *geistige* Tätigkeit kann ja gelegentlich zu Muskelkater führen.

Neben den genannten körperlichen Veränderungen beobachtet man während des Träumens vor allem ein merkwürdiges Phänomen an den Augen. Der Träumer beginnt hin- und herzublicken, und zwar um so häufiger, je intensiver der Traum erlebt wird. Das geschieht natürlich bei geschlossenen Lidern. Man kann die Bewegungen der Augen in solchen Situationen mit ähnlichen Elektroden registrieren, wie sie auch beim EEG verwendet werden. Die schnellen Augenbewegungen sind so typisch für die Traumphase, daß man sie zur Benennung herangezogen hat: Rapid-Eye-Movement (schnelle Augenbewegung), also REM-Schlaf.

Lange Zeit meinte man, die Augenbewegungen hätten etwas mit dem Inhalt des Traumes zu tun. Aber das hat sich nicht bestätigt. Allerdings gibt es hierzu einen verblüffenden Traumbericht, der vielleicht eine Ausnahme ist: Jemand träumt, er fahre nachts mit einer Straßenbahn und schaue zu den an der Straßenseite stehenden Laternen. Das Hinschauen aus dem fahrenden Wagen zeigt sich in regelmäßig auftretenden Blickbewegungen. Aus der Übereinstimmung zwischen im Traum gesehenen Laternen und den registrierten Blickbewegungen glaubt man zunächst ableiten zu können, daß die Richtung der Augenbewegungen im Traum mit den bildhaften Elementen des Traumes zusammenhängen müssen. Diese Vermutung ließ sich nicht generell bestätigen, obwohl sie in manchen Fällen, wie in dem zitierten Traumbericht, stimmen mag.

Die interessante Übereinstimmung in unserem Bericht darf freilich nicht überbewertet werden. Aber sie gibt Anlaß zu einer anderen Betrachtung. Man kann nachprüfen, wie groß der tatsächliche Abstand zwischen den Straßenlaternen ist, und aus den Blickbewegungen zu den Laternen im Traum läßt sich dann ableiten, wie die subjektive Zeit im Traum abläuft, indem die Erfahrung des Wachbewußtseins mit der im Traumbewußtsein verglichen wird. Dieser Vergleich ergibt, daß der Ablauf der Zeit im Traum etwa dem unseres Wachbewußtseins entspricht, sich also auf jeden Fall nicht in ganz anderen Dimensionen bewegt. Wir können deshalb vermuten, allerdings nur vermuten, daß die zeitliche Maschinerie unseres Gehirns, die für das Wachbewußtsein charakteristisch ist, auch für das Traumbewußtsein gilt.

Bei der Betrachtung körperlicher Veränderungen während des Traumes ist man noch auf eine weitere Funktion gestoßen, die besonders manchen Psychoanalytiker unter den Traumforschern erfreut hat. Jeder Traum ist gekennzeichnet durch eine Zunahme sexueller Erregung. Mit speziell dafür entwickelten Manschetten konnten Erektionen des Penis aufgezeichnet werden, und dabei wurde festgestellt, daß Erektionen nur während der Traumphasen auftreten. In der ersten, noch kurz dauernden Traumphase kommt es nur zu einer geringfügigen Erektion. Alle anderen Traumphasen, besonders gegen Ende der Nacht, sind durch langdauernde Erektionen charakterisiert. Aber nicht nur der Mann zeigt einen 90-Minuten-Rhythmus sexueller Erregung. Bei der Frau kommt es während des Traumes zu spontanen Befeuchtungen der Scheide. Alle diese Vorgänge treten ohne äußere Einwirkungen auf. Sie sind bedingt durch ein inneres Zeitprogramm, das der bewußten Einflußnahme entzogen ist. Wenn man abends zu Bett geht, dann ahnt man nicht, welche tiefgreifenden körperlichen und seelischen Veränderungen in einem vorgehen werden, die sich jeglicher Kontrolle entziehen, die also außerhalb der Grenzen unseres Bewußtseins liegen.

Nach der Auffassung von Sigmund Freud haben Träume im wesentlichen einen sexuellen Inhalt. Dafür liegt nun möglicherweise ein direkter biologischer Beweis vor. Denn wenn während des Traumes der Körper spontan in sexuelle Erregung gerät, dann liegt es nahe anzunehmen, daß sich diese Erregung auch im Inhalt des Traumes bemerkbar macht. Es ist eine altbekannte Tatsache, daß sogenannte Leibreize, also beispielsweise ein zu voller Magen oder Geräusche der Umwelt, sich sinnvoll in den Traum einbauen. Denkbar wäre auch, daß die sexuelle Tönung vieler Träume daher kommt, daß während der Traumphase ein intensiver Leibreiz von den Geschlechtsorganen ausgeht. Damit wäre aber nur die Beobachtung bestätigt, daß Träume einen sexuellen Inhalt haben, nicht die psychoanalytische Erklärung. Freud nahm nämlich an, daß die Überbetonung des Sexuellen im Traum daher komme, daß im Wachbewußtsein Inhalte dieses Bereichs verdrängt werden. Die Verdrängung bewirke ein Absinken sexueller Wünsche ins Unbewußte, von wo aus sie sich nur im Traum bemerkbar machen könnten und meist auch dann nur in verkleideter Gestalt. Nach dieser Interpretation ist der sexuelle Traum Ausdruck einer typischen Lebenssituation, nicht Ergebnis einer biologischen Notwendigkeit. Mit dem Hinweis auf die biologischen Mechanismen möchte der Autor die Bedeutsamkeit der Freudschen Traumlehre nicht einschränken, sondern nur anmerken, daß

noch weitere Mechanismen wirksam sind, die man bei der
Deutung von Träumen berücksichtigen sollte.

Die Frage ist allerdings, ob man Träume überhaupt deuten
kann und soll. Ist der Traum wirklich, wie Sigmund Freud gemeint hat, »die via regia zur Kenntnis des Unbewußten«, der
»Königsweg zum Unbewußten«? Wenn man Träume nach ihrer Bedeutung hinterfragen will, dann nimmt man von vornherein als gegeben an, daß sich in ihnen etwas zu Deutendes
verbirgt. Aber vielleicht stimmt das gar nicht: Vielleicht sind
Träume wirklich bedeutungslos.

Um die These zu begründen, daß Träume bedeutungslos sein
könnten, wollen wir uns fragen, wozu es überhaupt Träume
gibt. Welchen biologischen oder welchen psychologischen Sinn
haben sie? Oder anders gefragt: Wenn die Träume selbst keinen
Sinn haben, welchen Sinn haben dann die Schlafphasen, in denen Träume auftreten? Meine These lautet: Die Schlafphasen, in
denen die Träume auftreten, haben nur *vor* der Geburt einen
Zweck zu erfüllen. *Nach* der Geburt sind sie überflüssig. Um das
zu verstehen, muß man wissen, daß die paradoxen REM-Phasen, die der Traumzeit entsprechen, auch schon vor der Geburt
auftreten, und zwar prozentual mit einem sehr hohen Anteil.
Das konnte durch Ultraschalluntersuchungen an schwangeren
Frauen nachgewiesen werden. Der Anteil des paradoxen Schlafs
nimmt von der vorgeburtlichen Zeit über die Säuglingszeit und
Kindheit bis zum Erwachsenenalter kontinuierlich ab.

Was könnte der Sinn dieser Phasen *vor* der Geburt sein?
Gleich nachdem ein Säugling auf die Welt kommt, muß er
schon relativ selbständig funktionieren. Er muß zum Beispiel
in der Lage sein, die Brustwarzen der Mutterbrust mit seinem
Mund zu umfassen, um sich zu ernähren. Viele Studien haben
gezeigt, daß ein neuer Erdenbürger sofort nach seiner Geburt
auch in der Lage ist, visuelle Reize wahrzunehmen und zu verarbeiten. Damit diese Verarbeitung möglich ist, muß ein funktionsfähiges Gehirn die Informationen aus den Sinnessystemen
aufnehmen, bearbeiten und bewerten können. Mit anderen
Worten: Es ist notwendig, daß sofort nach der Geburt ein funktionsfähiges Gehirn vorhanden ist, das nicht erst ausprobiert
werden muß.

Aber wie jede Maschine, bevor sie benützt werden kann, so muß auch das Gehirn vorher ausprobiert werden. Da es sofort nach der Geburt benutzt werden muß, hat sich die Natur eine Möglichkeit »ausgedacht«, wie das Gehirn vor der Geburt ausprobiert werden kann. Diese Möglichkeit ist, das Gehirn in einen Zustand zu bringen, *als ob* es Informationen verarbeiten würde. Alle Schaltkreise werden ausprobiert, und die Nervenbahnen werden überprüft. Was bei dieser notwendigen Überprüfung fehlt, das sind nur die Sinnesinformationen, insbesondere die von den Augen kommenden. Aus den anderen Sinneskanälen gibt es auch schon im Mutterleib gewisse Informationen. In den REM-Phasen wird das Gehirn des Ungeborenen gleichsam »eingefahren«. Gleich nach der Geburt steht dann ein funktionsfähiges Gehirn bereit, das Information, vor allem aus den Augen, aufnehmen und verarbeiten kann.

Das neuronale Einfahren scheint besonders wichtig für das visuelle System, da nur dieses über keine Vor-Information verfügt, gleich nach der Geburt aber funktionieren soll. Deshalb spielt sich vermutlich auch die meiste Aktivität in den Bereichen des Gehirns ab, in denen künftig das Sehen verarbeitet wird, was mit der Tatsache korreliert, daß das Träumen hauptsächlich visuell ist. Die Frage, was ein Kind vor der Geburt »als Traum erlebt«, kann natürlich nicht beantwortet werden. Aber wir müssen uns bei dieser These von der Vorstellung lösen, daß unbedingt etwas erlebt werden muß. Das Gehirn gerät in einen Zustand, *als ob* es Information verarbeitet. Aber es ist noch nichts vorhanden, das verarbeitet werden könnte. Erst wenn nach der Geburt tatsächlich Erfahrungen aus der visuellen Welt gesammelt werden, können erinnerte Bilder in die Als-ob-Situation hineingeraten – und dann als Traum erinnert werden.

Mit der Geburt sind die Vorbereitungen im Gehirn abgeschlossen, denn nun muß es sachgerecht arbeiten. Die vom Autor vertretene These besagt nun weiter, daß in der Evolution kein besonderer Grund vorlag, die Phasen, in denen Träume auftreten, nach der Geburt wieder abzuschaffen. Sie sind einfach übriggeblieben, nachdem sie *vor* der Geburt bei der funktionellen Vorbereitung des Gehirns ihre Aufgabe erfüllt hatten.

Sie konnten übrigbleiben, weil sie nicht besonders störten, weil
man mit ihnen leben kann. Der Traumschlaf des Erwachsenen
beruht nach dieser These also auf einem funktionslos gewordenen Mechanismus, in dem psychische Aktivität im wesentlichen nur noch als Zufallsprodukt abläuft.

Die letzte Behauptung soll durch ein weiteres Argument unterstützt werden. Wenn man Träume *deuten* muß, so bedeutet
das, daß Träume nicht besonders logisch, nicht sehr klar, in
ihrer Bedeutung nicht offensichtlich sind. Für manche verber-
gen sie vielleicht etwas Interessantes, für andere nicht. Womit
läßt sich die dem Traum fehlende Realität erklären? Nach
Meinung des Autors vor allem damit, daß aufgrund der ver-
schlossenen Sinnesorgane, vor allem der Augen, dem Traumbewußtsein keine Realitätsgrenzen gesetzt werden. Der Traum
ist deshalb *grenzenlos*. Das Gehirn bleibt sich selbst überlassen, ohne in seiner Tätigkeit durch Meldungen aus der wirklichen Welt auf die Wirklichkeit bezogen zu werden. Wir können dies auch so ausdrücken, daß erst die Tätigkeit unserer
Sinne dem Bewußtsein Grenzen setzt. Fehlt die Rückmeldung
von außen, gerät das Gehirn in einen chaotischen Funktions-
zustand: Was ins Traumbewußtsein gelangt, bleibt mehr oder
weniger offen. Dadurch kommt es zum unwirklichen, dem
Wachbewußtsein nicht verständlichen Gehalt des Traumes.
Das nicht Verstandene wird als geheimnisvoll erlebt und ruft
Traumdeuter auf den Plan – auch wenn es vielleicht gar nichts
zu deuten gibt.

Was sich im Traum als Inhalt abbildet und aus welchem
Bereich des Lebens und Erlebens es stammt, bleibt im Sinne
der vorgetragenen These weitgehend dem Zufall überlassen.
Wenn nun zufällig ein Trauminhalt auftritt, der mit einem
wichtigen Lebensereignis korreliert oder der im Wachbewußtsein bedeutsame Assoziationen auslöst, dann kann es geschehen, daß genau dieser Inhalt als Traum oder in einem Traum
erinnert wird. Das ist aber keine besondere Leistung des Traumes, sondern beruht auf assoziativen Mechanismen des Wachbewußtseins. Wenn im Traum alles mögliche geschieht, wenn
das Gehirn in der Traumphase eine Unzahl von Halluzinatio-
nen produziert, dann ist sicher manchmal etwas dabei, das mit

einem interessanten Sachverhalt der Wirklichkeit in Beziehung
steht.

Die These war: Der Traum ist funktionslos, weil er nur ein
Überbleibsel eines vorgeburtlichen Programms darstellt und
weil eine inhaltliche Kontrolle durch Meldungen aus den Sinnesorganen im Traum nicht möglich ist. Damit haben wir eine
biologische Situation vor uns, in der unser Bewußtsein in einen
absoluten Ausnahmezustand gerät. Das Traumbewußtsein ist
gekennzeichnet durch Irrationalität und Irrealität. Im Umkehr-
schluß wird nahegelegt, daß Rationalität und Realität erst
möglich werden durch die sinnlichen Erfahrungen, die unserem
Bewußtsein Grenzen aufzwingen, aber gerade damit sinnvolle
Randbedingungen der Welterfahrung schaffen.

14 Das Gehirn – der eng bemessene Raum für einen unermeßlichen Reichtum des Erlebens

Bisher haben wir uns mit den formalen Bedingungen des Bewußtseins befaßt, und diese waren hauptsächlich *zeitliche* Bedingungen. Die Analyse des menschlichen Zeiterlebens war gleichzeitig eine Analyse der Bedingungen der Bewußtseinstätigkeit. Als *ein* wesentliches Ergebnis sei noch einmal (aus dem 7. Kapitel) festgehalten, daß ein Integrationsmechanismus dafür sorgt, daß Ereignisse zu überschaubaren Erlebnissen zusammengefaßt werden, die wir als *jetzt* erleben und die bis zu einer zeitlichen Grenze von drei Sekunden den Bewußtseinsinhalt ausmachen. Was darüber hinausgeht, sprengt das Bewußtsein, da die Kapazität des Integrationsmechanismus überschritten wäre. Wir hatten dann festgestellt, welche Bedeutung das Gedächtnis hat, damit überhaupt ein Wissen von *Zukunft* und *Vergangenheit* möglich wird. Als eine weitere zeitliche Bedingung betrachteten wir die innere Uhr, die uns täglich durch eine Phase fehlenden Bewußtseins im Tiefschlaf oder grenzenlosen Bewußtseins im Traum steuert. Wenn im Traumschlaf die äußeren Kontrollen fehlen, dann mag zwar der zeitliche Ablauf des Traumbewußtseins dem des Wachbewußtseins entsprechen, aber *was* im Traumbewußtsein erscheint, läßt im allgemeinen keine direkte Beziehung zur Realität erkennen.

Wir wollen uns im folgenden nun mit dem *Was*, mit den Inhalten des Bewußtseins, befassen. Wie wird die beschriebene Bewußtseinsform inhaltlich genutzt? Damit wir die Frage, was überhaupt ins Bewußtsein kommen kann, sinnvoll erörtern können, wollen wir uns zunächst mit der Frage auseinandersetzen, was eigentlich psychische Funktionen sind und wie diese im Gehirn verankert sind.

Diese Überlegungen müssen mit einer negativen Feststellung eingeführt werden. Es ist ein Skandal in der Psychologie, daß es keine allgemein verbindliche Klassifikation psychischer Phänomene gibt. Was dringend nötig wäre, was aber nicht vorhanden ist, das ist eine Taxonomie des Erlebens. Da es nun zur

Zeit ein solches Ordnungsschema nicht gibt, müssen wir uns irgendwie helfen, wenn wir die Diskussion darüber, wie psychische Funktionen im Gehirn verankert sind, nicht einfach abbrechen wollen. Um die Erörterung fortsetzen zu können, möchte der Autor deshalb aus praktischen Gründen ein eigenes Klassifikationsschema benutzen, das als hypothetisches Vehikel nicht mit einer Theorie zu verwechseln ist. Dieses Schema geht von Ergebnissen der Hirnforschung, speziell der Neuropsychologie, aus.

Die Forschung an hirnverletzten Patienten, so wie sie seit etwa 100 Jahren durchgeführt wird, hat einige wesentliche Aufschlüsse über die Repräsentation von Verhaltens- und Erlebensweisen im Gehirn erbracht. Auch wenn über die spezielle Weise der Repräsentation noch viel zu erforschen übrigbleibt, muß man doch ein prinzipielles Ergebnis herausstellen, das keineswegs selbstverständlich ist, nämlich die *Lokalisation* von elementaren Funktionen in bestimmten Hirnbereichen.

Dabei ist für die folgende Diskussion ein neuropsychologischer Befund besonders wichtig, nämlich die Tatsache der interindividuellen Konstanz von Funktionsausfällen. Gerade die Arbeiten der letzten Jahre mit der Einsatzmöglichkeit neuer Techniken, zum Beispiel der Magnetresonanztomographie (MRT), haben ergeben, *wo* im Gehirn verschiedene Funktionen repräsentiert sind. Als lokalisiert kann eine Funktion dann angesehen werden, wenn sie eindeutig an einen Ort im Gehirn gebunden ist. Das bedeutet, daß bei Störungen in anderen Bereichen des Gehirns diese Funktion intakt bleibt. Als methodische Strategie für die Aufklärung der Lokalisation von Funktionen hat sich die »doppelte Dissoziation von Funktionen« bewährt. Das hat vor allem der Psychologe Hans-Lukas Teuber betont. Eine Verletzung in einem Gebiet A führt zum Ausfall der Funktion A', jedoch nicht der Funktion B'; eine Verletzung in einem Gebiet B führt zum Ausfall der Funktion B', jedoch nicht der Funktion A'. Was hier als Funktion angesehen wird, meint sowohl die an die Struktur gebundene physiologische Funktion als auch die dadurch bedingte psychische Repräsentanz dieser Funktion. Dazu ist anzumerken, daß der Autor im philosophischen Sinne eine *pragmatisch-monistische* Position gegenüber dem Leib-Seele-Problem einnimmt, indem er keinen prinzipiellen Unterschied zwischen der physiologischen und der psychischen Funktion annimmt.

Als nächster Schritt soll nicht gefragt werden, *was* diese Funktionen sind, sondern *wie* sie entstanden sind. Zur Beantwortung dieser Frage wird eine entwicklungsgeschichtliche Position eingenommen. Funktionen sind Abbilder von phylogenetisch entstandenen neuronalen Programmen, für deren Entwicklung eine Notwendigkeit bestand. In Gehirnen verschiedener Arten von Lebewesen wurden im Lauf der Evolution die verschiedensten neuronalen Funktionsprogramme entwickelt, um mit wachsenden oder sich ändernden Ansprüchen der Umwelt fertig zu werden. Diese Programme kann man erschließen – und dies ist eine Grundthese dieser pragmatischen Überlegungen –, indem man den Katalog der möglichen Ausfälle betrachtet. Dabei wird die sinnvoll erscheinende Annahme gemacht, daß jedes Programm auch einmal ausfallen kann. Aus dem Ausfall, aus der Störung also, wird die Notwendigkeit des Funktionsprogramms erschlossen. *Der Ausfall einer Funktion ist ihr eigener Existenzbeweis.*

Zur experimentellen Sicherung dieser These ist Voraussetzung, daß Funktionsausfälle interindividuell beschrieben werden können. Ein nur in einem Fall vorhandener Ausfall reicht zur Funktionsdefinition nicht aus, da individuelle Besonderheiten vorliegen können, die durch die einmalige Konstellation einer Verletzung bedingt sind. Damit die Funktion in den Elementenkatalog aufgenommen werden kann, muß deren generelle Verankerung im Gehirn gezeigt werden. Dabei wird angenommen – das ist wesentlicher Gehalt der These über ein mögliches Klassifikationsschema –, daß phylogenetische Randbedingungen zur Entwicklung von Funktionen führen. Aus dem Katalog der spezifischen interindividuellen Funktionsverluste ergibt sich das Rohmaterial für eine mögliche Klassifikation psychischer Funktionen und damit des Erlebens. Von den Elementen eines solches Katalogs wird behauptet, daß ihnen eine evolutionäre Notwendigkeit zugrunde lag.

Auf der Grundlage des Gedankens, daß Erlebtes Abbild eines neuronalen Programm ist, soll nun auf einige Gliederungsgesichtspunkte innerhalb einer so konzipierten Klassifikation hingewiesen werden. Es werden vier Funktionsbereiche unterschieden: Funktionen der Informationsaufnahme, der Bearbeitung aufgenommener Information, der Bewertung aufgenommener Information und Funktionen des Agierens und Reagierens.

In den Bereich der Funktionen für die Informationsaufnahme gehören die Wahrnehmungsfunktionen der verschiedenen Sinnessysteme. In den Bereich der Bearbeitungsfunktionen gehören vor allem jene des Lernens und des Gedächtnisses. Durch die Sinnesorgane aufgenommene Information wird durch diese Funktionen aufbereitet und abgespeichert. Aber die Bearbeitung geschieht nicht unabhängig von Bewertungen. Unser Wahrnehmen, unser Lernen und Denken sind von vornherein eingebettet in die Dimension des Bewertens. *Eine* Grunddimension ist die Bewertung nach Lust und Unlust. Alle unsere Erlebnisse sind immer schon gefärbt durch ein Mehr oder Weniger an Lust und Unlust. Andere Funktionen, die in diesen Bereich der Bewertung von aufgenommener Information gehören, sind begründet durch neuronale Programme, die Aggression steuern, sexuelle Bedürfnisse bestimmen oder Hunger und Durst vermitteln. Für einzelne dieser Bewertungsfunktionen ist ihre Lokalisation im Gehirn bekannt, so daß man davon ausgehen kann, in nicht zu ferner Zukunft einen vollständigen Katalog der neuronalen Programme zur Verfügung zu haben, die den verschiedenen Emotionen zugrunde liegen. Schließlich gibt es den vierten Bereich von Funktionen, nämlich den des Agierens und Reagierens oder allgemein des Handelns.

Wo im Gehirn sind die einzelnen Funktionen lokalisiert? Wir wollen hier nun keine ausführliche Neuroanatomie betreiben, ein paar Hinweise sind aber vielleicht nützlich. In Abbildung 19 ist ein menschliches Gehirn, und zwar der sogenannte Neo-Cortex oder das Großhirn, von der linken Seite gezeigt. Die darunterliegenden Hirnbereiche und das Rückenmark sollen uns hier nicht interessieren. Wir unterscheiden im Großhirn vier größere Bereiche, die auch als Lappen bezeichnet werden. Hinter der Stirn liegt der Frontal-Lappen, der etwa 40 Prozent des Großhirns ausmacht. Hinter den Schläfen liegt der Temporal-Lappen, unter dem Scheitel der Parietal-Lappen und im

Hinterhaupt der Okzipital-Lappen. Was wir in dieser Abbildung sehen, sind die vier Lappen der linken Gehirnhälfte. Auf der anderen Seite liegen, symmetrisch dazu angeordnet, die vier Lappen der rechten Gehirnhälfte. Die beiden Gehirnhälften oder Hemisphären werden durch ein dickes Faserbündel, den Balken, miteinander verbunden. Der Balken sorgt dafür, daß Informationen zwischen den Gehirnhälften ausgetauscht werden können.

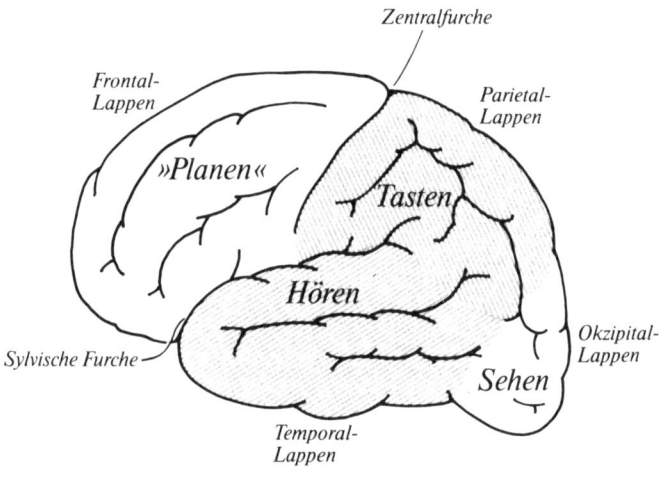

Abbildung 19

In die einzelnen Lappen sind verschiedene Begriffe geschrieben, die nur einen stichwortartigen Hinweis geben sollen, welche Funktionen dort repräsentiert sind. Die Meldungen aus den Augen gelangen in den Okzipital-Lappen, deswegen steht dort Sehen. Diese Tatsache ist schon seit langem bekannt, und zwar von Patienten, die Hirnverletzungen erlitten haben. Fällt nämlich ein Okzipital-Lappen aus, dann ist ein Patient blind, obwohl die Augen noch vollständig intakt sind. Informationen aus den Ohren sind im Temporal-Lappen repräsentiert. Wird die Haut irgendwo gereizt, dann wird der Parietal-Lappen tätig. Während im Okzipital-Lappen nur Sehfunktionen repräsentiert sind, finden sich im Temporal- und im Parietal-Lappen noch andere Funktionen außer Hören und Tasten, die mit den genannten inhaltlich verwandt sind. Am schwersten fällt es, für den Frontal-Lappen eine typische Funktion zu benennen, obwohl er im menschlichen Gehirn am meisten Platz einnimmt. Von Patienten mit Verletzungen dieses Bereiches hat man Befunde zusammengetragen, die darauf hindeuten, daß Funktionen wie Planen, In-die-Zukunft-Schauen, Auswählen, Bewerten, Urteilen hier lokalisiert sind.

Um die Repräsentation von Funktionen etwas genauer kennenzulernen, wollen wir den Blick auf die Sprache lenken. Damit die Repräsentation von Sprachfunktionen an bestimmten Orten im Gehirn dargestellt werden kann, wollen wir uns zunächst fragen, welche Sprachfunktionen überhaupt zu unterscheiden sind.

Damit wir sprechen und Sprache verstehen können, brauchen wir eine Art »Lexikon«, also einen Vorrat an Wörtern. Den Besitz eines derartigen Lexikons bezeichnen wir als *lexikalische* Kompetenz. Wörter allein aber reichen nicht aus; sie müssen nach den Gesetzen der Grammatik verwendet werden, um Verstehen zu ermöglichen, wie wir bereits früher ausgeführt haben. Wir nennen dies die *syntaktische* Kompetenz. Grammatisch richtig Gesprochenes soll aber auch sinnvoll sein, das Gesagte soll etwas bedeuten, das heißt, der Sprecher muß über eine *semantische* Kompetenz verfügen. Damit jemand überhaupt sprechen kann, muß er in der Lage sein, die einzelnen Sprachlaute zu produzieren. Der Sprecher muß also über *sprachlautliche* Kompetenz verfügen. Schließlich hängt sehr viel davon ab, *wie* etwas gesagt wird, das heißt: Die richtige Betonung einzelner Wörter kennzeichnet ebenfalls unser Sprechen. Diese Fähigkeit bezeichnen wir als *prosodische* Kompetenz. Ein Beispiel für die Bedeutung der prosodischen Kompetenz wird in dem bekannten jüdischen Witz gegeben: Was ist Konsequenz? *Heute* so, und *morgen* so. Was ist Inkonsequenz? Heute *so* und morgen *so*.

Bei der Aufzählung der verschiedenen Sprachkompetenzen mag die Frage aufkommen, ob diese nicht an verschiedenen Stellen des Gehirns lokalisiert sind. Obwohl eine derartige Lokalisation noch nicht für alle linguistischen Kompetenzen an-

gegeben werden kann, gilt sie jedoch wahrscheinlich für einige.
Vor einiger Zeit hat der italienische Neurologe G. Gainotti aus
Rom festgestellt, daß die prosodische Kompetenz bei Patienten
mit Verletzungen der rechten Gehirnhälfte eingeschränkt ist.
Solche Patienten sind durchaus noch in der Lage, syntaktische
und semantische Qualitäten eines gehörten Satzes zu erkennen.
Sie haben aber Schwierigkeiten festzustellen, ob etwas mit zor-
niger oder humorvoller Stimme gesagt wurde. Der Unterschied
zwischen Konsequenz und Inkonsequenz in dem jüdischen
Witz wäre für sie nicht verständlich. Aus diesen Beobachtungen schließen wir, daß ein Bereich der *rechten* Gehirnhälfte für
die prosodische Kompetenz verantwortlich ist.

Man spricht häufig davon, daß die *linke* Gehirnhälfte die
dominante und wichtigere sei. Das hat im wesentlichen wissen-
schaftshistorische Gründe, die auf den französischen Arzt Paul
Broca und den deutschen Arzt Carl Wernicke zurückgehen.
Beide haben die Grundlagen geschaffen für unser Verständnis
der Repräsentation der Sprache im Gehirn, zumindest der syntaktischen und der semantischen Kompetenz. Man hat beobachtet, daß Sprachstörungen oder Aphasien, wie sie medizi-
nisch genannt werden, in 95 Prozent der Fälle bei Störungen im
Gehirn auftreten, die auf der *linken* Seite liegen. Da sprachliche
Fähigkeiten ein menschliches Wesensmerkmal ausmachen,
wurde daraus abgeleitet, daß die linke Hemisphäre, da sie
Sprache repräsentiere, die wesentlichere sei und als dominant
bezeichnet werden müsse.

Paul Brocas Entdeckung war, daß im vorderen Teil des Gehirns auf der linken Seite ein Bereich liegt, der notwendig ist
bei der Produktion von Sprache. Wenn ein Patient eine Verletzung in diesem Bereich erlitten hat, etwa nach einem Schlaganfall, dann ist die Fähigkeit zu sprechen verloren oder stark eingeschränkt. Wenn noch sprachliche Restfunktionen vorhanden
sind, dann treten häufig falsche syntaktische Konstruktionen
auf. Die Sprache ist verlangsamt, der Patient scheint sich besonders anstrengen zu müssen, und häufig reicht es nur zu ganz
kurzen Äußerungen, so daß man diese Sprechweise auch als
Telegrammstil bezeichnet hat. Wenn der Patient eine Frage beantwortet, dann ist das, was er vorbringt, zwar sinnvoll, ob-

wohl die Grammatik falsch sein mag, indem Fehler bei Beugung der Verben und Hauptwörter auftreten können. Aus diesen Beobachtungen läßt sich ableiten, daß der erwähnte Bereich im Gehirn, der in Abbildung 20 als motorisches Sprachzentrum bezeichnet ist, vermutlich die syntaktische Kompetenz der Sprache vermittelt.

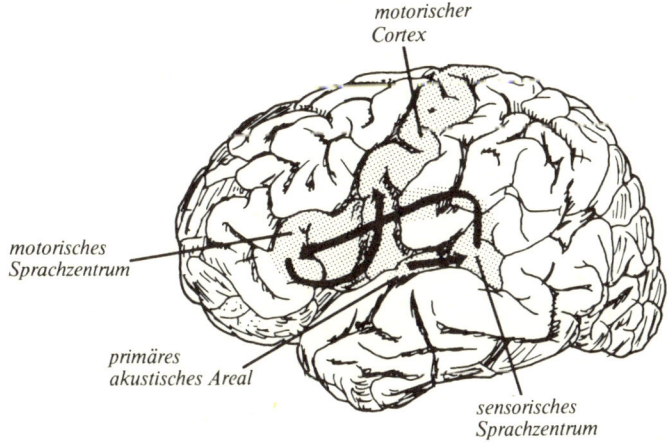

motorischer Cortex

motorisches Sprachzentrum

primäres akustisches Areal

sensorisches Sprachzentrum

Abbildung 20

Einen interessanten Einblick in die Art der Sprachstörung, wenn Verletzungen im motorischen Sprachzentrum vorliegen, hat E. G. de Langen erhalten. Er hat bei solchen Patienten untersucht, wie gut sie verschiedene Wortarten beim Lesen erkennen können, und dabei festgestellt, daß sie besondere Schwierigkeiten bei den »kleinen« Wörtern haben. Wenn wir das Lexikon unseres Sprechens betrachten, dann fällt uns auf, daß Wörter zumindest in zwei Klassen fallen, nämlich *die* Wörter, im wesentlichen Verben und Hauptwörter, die den Inhalt des Gesagten ausmachen, und *jene*, die als Funktionswörter dazu notwendig sind, richtige Sätze zu bilden. *Die* Funktionswörter kommen *in der* Sprache *sehr häufig vor, und der* Autor *hat sich* erlaubt, *sie in diesem* Satz kursiv *zu* setzen. Gerade diese sehr haufigen und meist kurzen Wörter können nun die sprachgestörten Patienten sehr viel schlechter erkennen als die den In-

halt tragenden Wörter. Dies läßt vermuten, daß es im Gehirn
ein getrennt repräsentiertes Lexikon für die Funktionswörter
gibt, das möglicherweise in engem Zusammenhang mit dem
motorischen Sprachzentrum steht. Fällt dieses Lexikon aus
oder stehen die Vearbeitungsmöglichkeiten dafür nicht mehr
zur Verfügung, dann ist verständlich, daß auch die syntaktische
Kompetenz verloren ist, da die für den Satzbau notwendigen
Funktionswörter nicht mehr verfügbar sind.

   Carl Wernicke, der im 19. Jahrhundert in Breslau wirkte,
beobachtete eine andere Form von Aphasie, die bei Störungen
weiter hinten im Gehirn, im Temporal-Lappen, auftritt. Dieser
Bereich ist in Abbildung 20 als sensorisches Sprachzentrum bezeichnet. Er liegt in unmittelbarer Nachbarschaft zur sogenannten Hörrinde, das ist jener Bereich, in dem die akustische,
von den Ohren kommende Information im Großhirn verarbeitet wird. Patienten mit Verletzungen im sensorischen Sprachzentrum erscheinen hinsichtlich der Verständlichkeit ihrer eigenen Sprache oder der grammatikalischen Konstruktion ihrer
gesprochenen Sätze völlig normal. Auffallend ist aber, daß die
Bedeutung ihrer Aussagen große Störungen aufweist. Einzelne
Wörter sind falsch gewählt, manchmal werden sogar neue
Wörter erfunden, und das Ganze ergibt meist keinen Sinn.
Wenn man nicht so genau hinhört, was die Patienten sagen,
mag man den Eindruck haben, als sei alles in Ordnung. Beim
genauen Hinhören merkt man jedoch, daß zwar viel geredet,
aber wenig gesagt wird. Bei Störungen in diesem Gehirnbereich
ist also die semantische Kompetenz eingeschränkt. Daraus ziehen wir den Schluß, daß im gesunden Gehirn normalerweise
dieser Ort dafür benötigt wird, dem Gesprochenen auch eine
Bedeutung zu geben.

   Auf der Grundlage der bisherigen Informationen läßt sich
eine vereinfachte Vorstellung gewinnen von den Gehirnprozes-
sen, die beim Sprechen ablaufen. Das Modell stammt schon
von Carl Wernicke und ist vor allem von dem amerikanischen
Neurologen Norman Geschwind aktuell gemacht worden. Es
wird angenommen – zur Veranschaulichung sind Pfeile in Abbildung 20 eingezeichnet –, daß die Grundstruktur einer
sprachlichen Äußerung, der Bedeutungsgehalt, im sensorischen

Sprachzentrum entsteht. Diese Grundstruktur wird über eine Nervenleitung nach vorn zum motorischen Sprachsystem geschickt. Dort wird ein detailliertes Programm entworfen unter Berücksichtigung der syntaktischen Regeln, wobei vor allem die Vorausplanung der Wortfolge wesentlich ist, wie wir früher schon gesehen hatten. Dieses Programm wird dann zum motorischen Cortex geschickt, der die notwendigen taktischen Maßnahmen trifft, das heißt die Sprechmuskeln des Mundes und der Zunge in Gang setzt.

Dieses neuronale Sprachmodell nimmt auch an, daß das sensorische Sprachzentrum eine wichtige Rolle spielt beim Verstehen von Sprache, also nicht nur beim Sprechen selbst. Wenn ein Wort oder ein Satz gehört werden, dann erfolgt zunächst eine Erregung von Nervenzellen in dem primären akustischen Areal des Großhirns (Abbildung 20). Diese Erregung hat aber noch keine Sprachqualität. Erst nachdem sie im sensorischen Sprachzentrum weiter verarbeitet wurde, kann das Gehörte auch als etwas Sprachliches empfunden werden. So ist verständlich, daß Verletzungen in diesem Bereich auch zu Schwierigkeiten beim Verstehen der Sprache führen.

Mit diesem Modell der neuronalen Grundlagen einiger linguistischer Kompetenzen lassen sich also eine Reihe von sprachlichen Störungen erklären, wie sie beispielsweise nach einem Schlaganfall auftreten. Wenn etwa die Verbindung zwischen dem motorischen und dem sensorischen Sprachzentrum unterbrochen wird, dann klingt die Sprache flüssig und artikuliert, während sie semantisch unzureichend ist, da ja das sensorische Sprachzentrum seinen Beitrag für die beabsichtigte Äußerung nicht leisten kann. Da das sensorische Sprachzentrum selbst aber intakt ist, gibt es keine Probleme beim Verstehen von Sprache.

Diese Beobachtungen zeigen, daß elementare Funktionen an bestimmten Orten im Gehirn *lokalisiert* sind. Wir haben hier nur einige Funktionen aus der Sprachdomäne erörtert, doch gilt die Aussage allgemein. Welchen Teil des Gehirns wir auch in Augenschein nehmen, immer müssen wir davon ausgehen, daß hier eine bestimmte Funktion repräsentiert ist, manchmal allerdings auch mehrere.

Nun ist leider noch eine triviale Aussage notwendig: Das Gehirn ist in unserem Kopf. Was soll damit gesagt sein? Das Gehirn ist nicht beliebig groß, denn es ist in unserem Kopf gleichsam eingesperrt. Diese einfache Tatsache hat eine folgenschwere Konsequenz: Wenn Funktionen an bestimmten Stellen des Gehirns lokalisiert sind und zumeist ein Ort nur eine Funktion beherbergt und das Gehirn nicht beliebig groß sein kann, dann kann es auch nur eine begrenzte Zahl von Funktionen geben. Wir können nicht über beliebig viele psychische Funktionen verfügen. Es gibt nur die, die in unserem Kopf Platz haben, und hineingekommen sind sie aufgrund entwicklungsgeschichtlicher Notwendigkeiten. Die Größe unseres Gehirns bestimmt somit den Umfang unseres Seelenlebens. Was als Funktion nicht repräsentiert ist, kann psychisch prinzipiell nicht verfügbar werden. Natürlich ist es müßig, darüber zu spekulieren, was wir alles nicht haben (zum Beispiel keinen elektrischen Sinn). Hier kommt es nur darauf an zu zeigen, daß Grenzen unseres Bewußtseins allein dadurch gegeben sind, daß psychische Funktionen an Hirnsubstanz gebunden sind.

Diese hart klingende These wird aber dadurch abgemildert, daß Funktionen stets nur im Wechselspiel mit anderen wirksam werden. Auch wenn unser Repertoire von elementaren Funktionen knapp bemessen sein mag, so ergibt sich durch die Wechselwirkungen mit anderen ein unermeßlicher Raum von Erlebnismöglichkeiten. Nach neuen Befunden und vor allem theoretischen Überlegungen sind es räumlich-zeitliche Muster von neuronalen Aktivitäten, die unser Erleben und Handeln bestimmen. Eine einfache Zahlenspielerei mag vielleicht Trost geben: Nehmen wir an, wir hätten in der Entwicklungsgeschichte nur 100 elementare Funktionen erworben, die aber nie für sich allein, sondern stets mit irgendwelchen anderen zusammen eingesetzt würden. Nehmen wir weiter an, daß jede der 100 Funktionen zu einem bestimmten Zeitpunkt aktiviert ist oder abgeschaltet werden kann. Dann ergibt eine kombinatorische Überlegung, daß das gesamte Gehirn mit seinen 100 elementaren Funktionen $2^{100}-1$ mögliche Funktionszustände haben könnte; dies sind anders ausgedrückt etwa 10^{30} Zustände, also eine 1 mit 30 Nullen. Diese Anzahl möglicher Zu-

stände muß man vergleichen mit unserer Lebenszeit. Eine
Stunde hat 3 600, ein Tag 86 400 und ein Jahr 31 536 000 Sekunden. Wenn man 100 Jahre alt würde, dann lebte man also
etwas länger als 3 Milliarden Sekunden. Wir hatten festgestellt,
daß als minimale Zeit zur Identifikation eines Ereignisses etwa
30 ms benötigt werden, d.h. in einer Sekunde könnten also
maximal 33 Ereignisse bestimmt werden. Multiplizieren wir
diese Zahl mit der Anzahl unserer Lebenssekunden, dann kommen wir auf etwa 100 Milliarden menschlicher Ereigniszeiten,
oder in anderer Schreibweise 10^{11}, also eine 1 mit 11 Nullen.
Dies bedeutet, daß ein Gehirn mit komplexen Verschaltungen
von nur 100 Arealen eine riesige Zahl von mehr möglichen
Funktionszuständen haben kann, als in einem Leben jemals
ausgelebt werden können. Auch wenn das Gehirn ein enges
räumliches Gefäß ist, kann dieses Gefäß mit unserem Erleben
nie ausgeschöpft werden.

15 Lust und Schmerz – oder:
Wie die rechte Gehirnhälfte
in unser Erleben eingreift

Wenn wir etwas betrachten, hören, riechen, schmecken oder
wenn wir etwas bedenken, erörtern, planen oder erforschen,
stets ist der Bewußtseinsinhalt, der mit dieser Tätigkeit verbunden ist, mehr als ein objektives Ereignis, mehr als eine nüch-
terne Auskunft über die reale Welt oder über ein Geschehen
in uns selbst. Jedes Erlebnis, jeder Bewußtseinsinhalt ist von
vornherein immer auch angenehm oder unangenehm, interessant oder langweilig, erfreulich oder unerfreulich, mit anderen
Worten: durch unsere Gefühle gefärbt. Nur in Ausnahmesituationen, beispielsweise in einer schweren Depression, kann es
geschehen, daß jemand vollkommen gefühllos der Welt gegen-
übersteht – und gerade darunter leidet. Normalerweise aber
sind wir bei jeder Handlung und bei jedem Erlebnis auch mit
Gefühlen dabei. Sie sind die Bewertungsinstanz, die uns überhaupt erst die Bedeutung von Ereignissen zu erkennen ermöglicht. Damit ich etwas merke, damit es mir bewußt werden
kann, muß es mich interessieren, und das impliziert bereits eine
emotionelle Einstellung.

Die Gefühlsforschung hat in den letzten Jahren wesentliche
neue Erkenntnisse erbracht, besonders was die Steuerung der
Gefühle durch das Gehirn anbelangt. Früher war man der Auffassung, daß Gefühle automatisch ausgelöst werden, wenn an
der Peripherie unseres Körpers etwas passiert. Ein typisches
Beispiel für eine derartige Auffassung ist in Abbildung 21 (Seite
146) gezeigt, das auf den französischen Philosophen und Mathematiker René Descartes zurückgeht. Descartes nahm an,
daß beispielsweise ein Feuer eine Reizung von Nervenfasern
bewirkt, in denen das Schmerzsignal ins Gehirn läuft und das
Ereignis meldet. Diese Betrachtungsweise ist auch heute noch
üblich, aber sie ist wahrscheinlich falsch. Gerade für den
Schmerz hat sich eine neue Perspektive ergeben.

Wann immer wir einer schmerzhaften Reizung ausgesetzt

sind, werden Nervenimpulse von der schmerzhaften Stelle über das Rückenmark in das Gehirn geschickt. Damit sie aber durch das Rückenmark hindurchgelangen, müssen einige Bedingungen erfüllt sein. Zum Beispiel muß der Organismus bereit sein, gerade in diesem Augenblick den Schmerz zu registrieren, denn es sind Situationen denkbar, in denen eine schmerzhafte Reizung übersehen werden muß. Bevor der Schmerz durch das Rückenmark durchgelassen wird, erfolgt deshalb zuerst eine Bewertung. Gleichzeitig mit der Schmerzreizung werden andere Fasern gereizt, die ihre Informationen sehr schnell und ohne eine Kontrolle ins Gehirn schicken. Dort wird die Verletzung gemeldet. Wenn es die allgemeine Situation gestattet, wird eine Meldung vom Gehirn ins Rückenmark geschickt, ein Tor wird aufgemacht, und die Nervenimpulse in den schmerzleitenden Fasern werden durchgelassen. Wenn die Verletzung, beispielsweise ein gebrochener Finger oder eine Schnittwunde, im Rahmen der Gesamtsituation zur Unzeit kommt, dann wird ins Rückenmark gemeldet, die Schmerzinformation zunächst nicht durchzulassen. Hat sich die Situation dann beruhigt, kann die Schmerzinformation durchgelassen werden, und der Betreffende kann seine Aufmerksamkeit nun der Verletzung zuwenden. Ein ausgeklügelter Mechanismus sorgt also dafür, daß eine notwendige Tätigkeit nicht unterbrochen wird; denn würde der Schmerz durchgelassen, dann wäre nur »Schmerz« Inhalt des Bewußtseins, und eine andere Bewußtseinstätigkeit wäre kaum noch möglich.

Daß es in der Tat möglich ist, vorübergehend den Schmerz aus dem Bewußtsein zu verbannen, wird jeder Sportler bestätigen können, der erst am Ende des Wettkampfes Blasen an den Füßen entdeckt oder auf eine Verletzung aufmerksam wird, die unter ruhigeren Umständen sofort die Aufmerksamkeit auf sich gezogen hätte. Hier gibt es also einen Schutzmechanismus für das Bewußtsein, der dafür sorgt, daß gerade ablaufende Tätigkeiten nicht unterbrochen werden müssen. Würden wir funktionieren, wie es das Bild von Descartes nahelegt, nämlich unmittelbar den Reizen der Umwelt ausgeliefert, dann könnten wir selten etwas zu Ende bringen, denn irgend etwas Unangenehmes, das Mißempfinden auslöst, geschieht sehr häufig.

Abbildung 21

Diese Eingrenzung von Schmerz auf passende Situationen ist nach neueren Befunden vermutlich nicht überall gleich. Wir haben in unserem Labor Hinweise dafür erhalten, daß es einen Seitenunterschied zwischen rechts und links gibt. Wenn man experimentell die Schmerzempfindlichkeit prüft, dann beobachtet man, daß die linke Körperseite weniger verträgt als die rechte. Wir haben in solchen Schmerzversuchen zwei Funktionen bestimmt, einmal die Schmerzschwelle, zum anderen die Schmerztoleranz. Die Schmerzschwelle ist jene Reizstärke, die man verwenden muß, um bei einem Patienten oder einer Versuchsperson gerade eben eine Schmerzempfindung auszulösen. Die Schmerztoleranz bekommt man, wenn man die schmerzauslösende Reizung verstärkt, bis der Betroffene sagt, nun sei es genug, über diese Intensität hinaus könne er es nicht mehr ertragen. In unseren Versuchen zeigte sich nun, daß sowohl die Schmerzschwelle als auch die Schmerztoleranz einen Seitenunterschied aufweisen, das heißt, daß links eine größere Empfindlichkeit besteht als rechts. Dieses Ergebnis war unabhängig von der »Händigkeit«, also auch Linkshänder sind links empfindlicher.

Wir müssen davon ausgehen, daß der Links-Rechts-Unterschied der Schmerzempfindung Konsequenz eines Seitenunterschiedes im Gehirn ist. Die Körperoberfläche selbst kommt als Ursache für diesen Unterschied nicht in Betracht. Wir werden nach dem nun zu beschreibenden Experiment erfahren, daß es sich in der Tat um einen Unterschied im Gehirn handeln muß. Zuvor sollte aber noch auf einen anderen Sachverhalt hingewiesen werden. Aufgrund anatomischer Bedingungen gelangt die Information von der *linken* Körperseite in die *rechte* Gehirnhälfte, während die rechte Körperseite links im Gehirn repräsentiert ist. Wenn wir also sagen, daß die linke Körperseite schmerzempfindlicher ist, so bedeutet dies, daß die rechte Gehirnhälfte bei Schmerzreizen schon geringerer Intensität »Schmerz« ins Bewußtsein sendet, verglichen mit der linken Gehirnhälfte.

In einem weiteren Versuch haben wir geprüft, ob sich die Schmerzempfindlichkeit verändert, wenn man der Versuchsperson ein Beruhigungsmittel (einen Tranquilizer) gibt. An sich sollten solche Mittel nichts mit Schmerz zu tun haben, aber das Ergebnis wird uns eines Besseren belehren. In unserem Experiment bildeten wir drei Gruppen von Versuchspersonen. Zwei Gruppen bekamen ein Beruhigungsmittel, und zwar jede Gruppe ein anderes, eine weitere Gruppe erhielt ein sogenanntes Placebo, das heißt ein Medikament ohne eigentlichen Wirkstoff. Vor der Gabe dieser Stoffe bestimmten wir die Schmerzschwelle und die Schmerztoleranz auf der linken und rechten Körperseite. Nach der Medikamenten- oder Placebogabe wurde in regelmäßigen Abständen über mehrere Stunden der Schmerz gemessen. An der Gruppe, die das Placebo erhalten hatte, änderte sich gar nichts. Bei beiden Gruppen, die ein Beruhigungsmittel erhalten hatten, ergab sich dagegen ein außerordentlich interessantes Ergebnis. Schmerzschwelle und Schmerztoleranz auf der rechten Körperseite waren unverändert, wie bei der Placebogruppe. Auf der linken Körperseite beobachteten wir dagegen eine wesentliche Änderung. Und zwar wurden Schmerzschwelle und Schmerztoleranz so verändert, daß sie nun den Werten der rechten Körperseite entsprachen. Der Seitenunterschied wurde aufgehoben, indem die Empfindlichkeit auf jene der anderen Seite angehoben wurde.

Dieses Ergebnis müssen wir aus der Sicht des Gehirns deuten. Die Beruhigungsmittel bewirken, daß die rechte Gehirnhälfte, die ihre Information aus der linken Körperseite bezieht, im Hinblick auf Schmerzbewertung gleichgültiger wird. Die höhere Empfindlichkeit für unangenehme Reize ist durch die Tranquilizer verlorengegangen. Schmerz von links tut nicht mehr so weh. Da Tranquilizer im Gehirn wirken, bedeutet dieser Befund natürlich auch, daß der ursprünglich beobachtete Seitenunterschied für Schmerz Konsequenz einer unterschiedlichen Bewertung von schmerzauslösenden Reizen im Gehirn ist.

Mit diesem Befund, daß Beruhigungsmittel eine Wirkung auf die Schmerzempfindung haben, ist natürlich auch eine Aussage über Bewußtseinstätigkeit gemacht. Mit dem Beruhigungsmittel wird die gefühlsmäßige Färbung eines Erlebnisses – und nicht nur eines schmerzvollen – eingeschränkt. Deshalb sind Beruhigungsmittel auch entwickelt worden, übermäßig gefühlsgeladenen Bewußtseinsinhalten ihre Spitze zu nehmen. Wie unser Versuch zeigt, tun sie dies auch – aber merkwürdigerweise nur auf einer Körperseite.

Die Beobachtung über den Seitenunterschied steht im engen Zusammenhang mit Ergebnissen über die Spezialisierung der beiden Gehirnhälften. Wir hatten im vorhergehenden Kapitel gesehen, daß die linke Gehirnhälfte führend zu sein scheint bei der Bewältigung sprachlicher Aufgaben. Es hat sich nun gezeigt, daß die rechte Gehirnhälfte eine entsprechende Führung bei den Gefühlen hat, und zwar hauptsächlich bei negativ getönten Gefühlen. Den ersten Hinweis auf diese Dominanz der rechten Gehirnhälfte erhielt der amerikanische Psychologe G. Schwartz von der Yale Universität. Er machte folgenden Versuch: Versuchspersonen wurden zu Experimenten über Augenbewegungen ins Labor gebeten. Sie wußten selbst nicht, daß sie an einem Gefühlsexperiment teilnahmen. Die Augenbewegungen wurden in ähnlicher Weise, wie schon in Kapitel 1 beschrieben, registriert. Während des Augenbewegungs-Versuches wurden vom Versuchsleiter beiläufig verschiedene Bemer-

kungen gemacht. Zum Teil waren sie belanglos, zum Teil ge-
fühlsgeladen. Immer, wenn eine gefühlsbetonte Äußerung fiel,
schauten die Versuchspersonen automatisch nach links. Bei be-
langlosen Bemerkungen kam es dagegen nicht zu dieser typischen Linksorientierung. Wenn man nach links schaut, dann
ist im Gehirn hauptsächlich die rechte Hälfte aktiv. Die Blickbewegungen der Versuchspersonen nach links bei stark gefühlsgeladenen Äußerungen beruhen demnach darauf, daß
durch die Äußerung des Versuchsleiters eine Aktivierung der
rechten Gehirnhälfte bewirkt wird. Diese Aktivierung schließt
auch jene Zentren ein, die Augenbewegungen auslösen. In diesen Zentren kommt es zu einem Ungleichgewicht zwischen den
Seiten, was dann zu einer spontanen Blickbewegung nach links
führt.

Die unterschiedliche Kompetenz der beiden Gehirnhälften
im Umgang mit Gefühlen gilt nicht nur für den Gefühlsein-
druck, sondern auch für den *Ausdruck*. Das wurde in Versuchen nachgewiesen, die die Tatsache ausnutzten, daß das
menschliche Gesicht nicht exakt symmetrisch ist. Das wird einem sofort bewußt, wenn man in einen Spiegel schaut, der die
linke und die rechte Seite vertauscht. Das seitenverkehrte Bild
kommt einem irgendwie fremd vor. Das Gefühl der Fremdheit
stellt sich deswegen ein, weil menschliche Gesichter nicht genau symmetrisch sind. Wir kennen unser Gesicht nur aus dem
Spiegel. Wenn der Spiegel die Seiten vertauscht, merken wir
erst am Gefühl der Fremdheit, daß seitliche Unterschiede vorhanden sein müssen.

Der Seitenunterschied läßt sich sehr genau prüfen, wenn
man mit frontalen Fotografien von Gesichtern experimentiert.
Man kann die Fotografien eines genau von vorn fotografierten
Gesichts senkrecht durchschneiden und dann neue Gesichter
zusammensetzen, indem die linke und die rechte Gesichtshälfte
seitenvertauscht kopiert werden. Das ergibt die Möglichkeit,
ein Gesicht nur aus der linken Gesichtshälfte zu montieren,
wobei die rechte Hälfte die seitenverkehrte linke Hälfte wäre,
und entsprechend ein anderes Gesicht nur aus der rechten Gesichtshälfte herzustellen. Dann hat man von einem Menschen
drei Gesichter, die man miteinander vergleichen kann: das

wahre Abbild und zwei montierte, die jeweils wirklich symmetrisch sind, da sie ja aus nur einem Halbgesicht entstanden sind.

Wenn man diese drei Gesichter nebeneinanderhält, stellt sich heraus, daß sie alle drei verschieden sind, was einmal mehr bestätigt, daß die linke und rechte Gesichtshälfte nicht identisch sind. Der Grad der Verschiedenheit zwischen den Gesichtern ist allerdings unterschiedlich. Wenn man prüft, welches montierte Gesicht dem Original ähnlicher ist, zeigt sich, daß dies eher für die *rechte* Gesichtshälfte zutrifft. Das kann bedeuten, daß die Identität eines Gesichts zum großen Teil von der rechten Gesichtshälfte bestimmt wird.

Während das *rechte Gesicht* die stabilen Züge zeigt, die die Zeit überdauern, scheint sich das *linke Gesicht* mehr durch seine Dynamik auszuzeichnen. Dies konnte ebenfalls in Studien an montierten Gesichtern bestätigt werden. Hierfür wurden Gesichter ausgewählt, in denen verschiedene Gefühle zum Ausdruck kamen, wie Freude, Überraschung, Furcht, Trauer, Ärger oder Ekel. In Abbildung 22 ist ein Beispiel für Ekel gezeigt. In der Mitte sieht man das echte Gesicht, links und rechts die montierten Gesichter aus den jeweiligen Gesichtshälften. Wie man an diesem Beispiel sieht, ist in einer Situation, in der Ekel zum Ausdruck gebracht wird, das »linke Gesicht« ausdrucksstärker als das »rechte«.

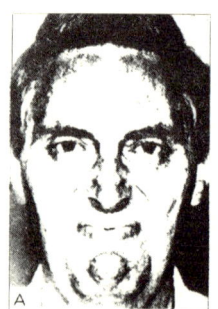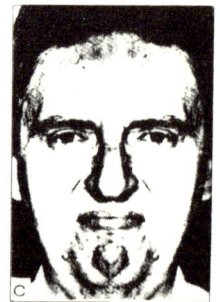

Abbildung 22

Eine umfassende Studie ergab, daß in der Tat im linken Gesicht ein Gefühl jeweils stärker ausgedrückt wird. Die Dominanz des linken Gesichts beim Ausdruck eines Gefühls betrifft
aber nur die negativ getönten Emotionen, also Ekel, Ärger,
Trauer oder Furcht. Für den Ausdruck der Freude konnte eine
derartige Asymmetrie nicht nachgewiesen werden. Und was
vielleicht auch noch von Bedeutung ist: Es ergab sich kein Unterschied zwischen Männern und Frauen hinsichtlich des late-
ralisierten Ausdrucks der Gefühle.

Wie ist es möglich, daß nur die eine Seite des menschlichen
Gesichts bevorzugt emotionell reagiert, vor allem bei unerfreu-
lichen Gefühlen? Das hängt mit den Nervenbahnen zusammen.
Die linke Gehirnhälfte kontrolliert stärker die rechte Gesichtshälfte, und die rechte Gehirnhälfte stärker die linke. Die Beobachtungen beweisen, daß die rechte Gehirnhälfte stärker beteiligt ist an der Steuerung des emotionellen Ausdrucks, insbesondere der negativen Gefühle. Die rechte Gehirnhälfte ist also
nicht nur dominant bei der emotionellen Bewertung gefühls-
mäßiger Eindrücke, sondern diese Dominanz erstreckt sich
auch auf die *Mitteilung* von Gefühlen. Wann immer wir, beispielsweise in einer emotionell gefärbten Gesprächssituation,
einem anderen zum Zentrum seiner Aufmerksamkeit werden,
tritt ihm der links lateralisierte Gefühlsausdruck in unserem
Gesicht entgegen. Halten wir uns mit den Gefühlen zurück,
so wird seine Aufmerksamkeit vielleicht eher auf die rechte
Gesichtshälfte gelenkt, die unsere langfristige Identität darstellt.

Zu Beginn dieses Kapitels wurde festgestellt, daß die Inhalte
des Bewußtseins von vornherein durch unsere Gefühle gefärbt
sind, und es wurde dann ausgeführt, daß vor allem die rechte
Gehirnhälfte an einer emotionellen Bewertung – vor allem in
negativer Hinsicht – beteiligt ist. Forschungen haben ergeben,
daß in der Tiefe des Gehirns ein Zentrum verborgen ist, daß für
die positive Bewertung große Bedeutung hat. Dieses Zentrum
wurde von James Olds in Montreal zufällig entdeckt.

Früher meinte man, daß nur Funktionen wie Sehen, Hören
oder Sprechen an bestimmten Orten im Gehirn lokalisiert
seien, daß aber Gefühle wie etwa Lust oder Schmerz jeweils

durch die Gesamtaktivität des Gehirns gekennzeichnet seien. Die Auffassung, daß nur die psychischen Funktionen, die uns die Verbindung mit der Umwelt ermöglichen, also vor allem Wahrnehmungsfunktionen, streng lokalisiert sind, hat im wesentlichen technische Gründe. Da diese Funktionen an der Gehirnoberfläche repräsentiert sind, waren sie leichter zu untersuchen. Die Tiefe des Gehirns war dagegen schwer zu erreichen. So hat man aufgrund technischer Mängel lange die wissenschaftliche Hypothese der Nichtlokalisierbarkeit emotioneller Phänomene aufrechterhalten.

Eine wesentliche Änderung trat durch die Arbeiten des Züricher Physiologen W. R. Hess ein. Ihm gelang es, feinste Nadelelektroden in das Gehirn von Versuchstieren einzuführen und über diese Elektroden mit elektrischen Impulsen die Gehirnaktivität zu beeinflussen. Die Versuchstiere konnten sich frei bewegen, und man konnte studieren, wie ihr normales Verhalten durch die elektrischen Reizungen in der Tiefe des Gehirns verändert wurde. Mit solcher Technik war es auch möglich zu zeigen, daß es in den schwer zugänglichen Bereichen des Gehirns auch Zentren für die Steuerung des Wachens und Schlafens gibt. Wenn ein Versuchstier schläft, kann es durch einen elektrischen Reiz plötzlich hellwach werden. Die Zerstörung der Nervenzellen in diesem Bereich führt zu kontinuierlichem Schlaf. Und es gibt auch Bereiche, in denen sogenannte Notfallfunktionen repräsentiert sind, das heißt Funktionen, die ein Tier kämpfen oder fliehen lassen. Aber ein großer Bereich dieses Gehirnteils blieb noch unbekannt, und hier hatte der kanadische Forscher James Olds mit seiner zufälligen Beobachtung Glück.

Für die Experimente, bei denen verschiedene Teile des Gehirns elektrisch gereizt wurden, benutzt man meistens Ratten, weswegen auch viele verächtlich von »Ratten-Psychologie« sprechen – völlig zu Unrecht, denn die meisten Ergebnisse haben sich ohne Probleme auf den Menschen übertragen lassen. Olds führte also Elektroden in das Rattengehirn ein und setzte die Ratte in eine große Kiste, wobei er zu diesem Zeitpunkt noch nicht wußte, daß die Elektrode an einer ganz falschen Stelle gelandet war. Nennen wir die vier Ecken der Kiste A, B,

C und D. Olds fiel nun auf, daß die Ratte, wenn sie in der Ecke A war und einen elektrischen Reiz bekam, eine Bevorzugung für diese Ecke entwickelte. Sie kam immer wieder zu ihr zurück, auch noch am nächsten Tag. Zunächst meinte Olds, daß der verabreichte Stromstoß bei dem Tier vielleicht Neugier hervorgerufen habe und daß es deshalb immer wieder dort herumsuchte. Aber es zeigte sich, daß es offensichtlich mehr als Neugier war. Olds gab nämlich dem Tier nicht mehr in der Ecke A, sondern in der Ecke B einen elektrischen Reiz. Innerhalb weniger Minuten hatte die Ratte dann die Ecke A vergessen und hielt sich in der neuen Ecke auf. Es zeigte sich also, daß das Tier durch Stromstoße irgendwohin manipuliert werden konnte. War es zufällig irgendwo und erhielt einen elektrischen Reiz, dann war dies in kürzester Zeit der bevorzugte Aufenthaltsort. Es schien, als passiere durch den elektrischen Reiz etwas Angenehmes im Gehirn, und die Ratte glaubte, daß Angenehmes mit bestimmten Orten im Käfig assoziiert sei.

Nachdem Olds seine ersten Beobachtungen an einer Ratte gemacht hatte, überprüfte er den Befund an vielen anderen Versuchstieren und konnte ihn ohne Schwierigkeiten bestätigen. Ihm wurde klar, daß er im ersten Versuch einen »falschen« Ort im Gehirn getroffen hatte. Aber nun interessierte ihn nur noch eben dieser Ort. Um seine Experimente zu systematisieren, benutzte er im folgenden eine Versuchsapparatur, die von dem Psychologen B. F. Skinner von der Harvard-Universität in Cambridge entwickelt wurde, und die als »Skinner-Box« bekannt ist.

Die Abbildung 23 zeigt eine Versuchsratte in einer solchen Box. Man sieht, daß sie auf dem Kopf eine kleine Krone trägt, von der ein Kabel wegführt. Die Ratte ist gerade im Begriff, einen Hebel zu drücken. Von der Krone führt eine haarfeine Elektrode in die Tiefe des Gehirns, wo bei den Ratten offenbar angenehme Gefühle ausgelöst werden.

Mit dieser Versuchsapparatur konnte die Ratte sich nun selber elektrische Reize verpassen. Zunächst »wußte« sie natürlich nicht, daß der Hebel links irgend etwas mit dem Kabel zu tun hatte, das vom Kopf wegfuhrte. Wenn sie aber zufällig den Hebel drückte, wurde damit ein elektrischer Reiz gegeben, und

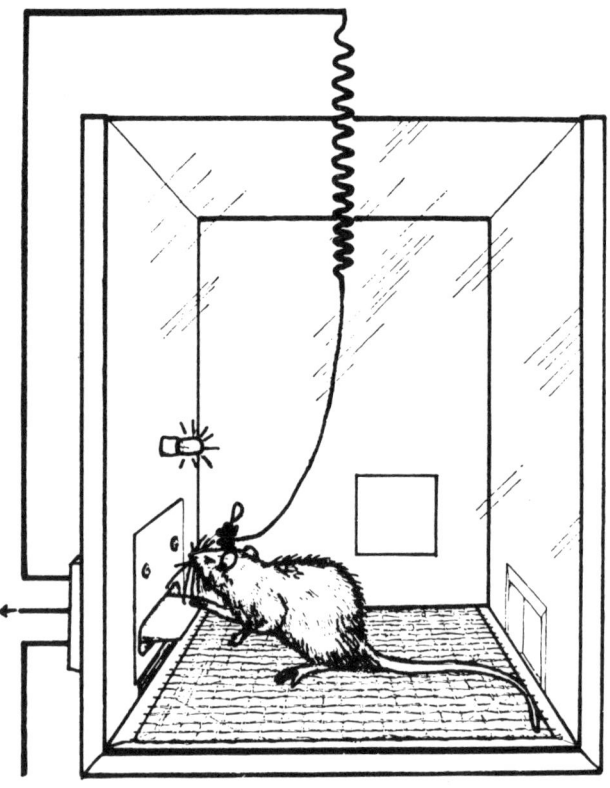

Abbildung 23

ein Lustgefühl stellte sich ein. Innerhalb weniger Minuten lernten alle Ratten, daß sie durch das Hebeldrücken in einen Lust-
zustand versetzt wurden. Sie reizten sich dann etwa alle fünf
Sekunden, bis der Experimentator nach etwa einer halben
Stunde den Strom abstellte. Die Ratte versuchte es noch ein
paarmal, aber da nichts mehr passierte, gab sie auf und legte
sich schlafen. Der Versuch ließ sich beliebig oft wiederholen.
Man brauchte der Ratte nur einen ersten elektrischen Reiz zu
geben, und schon ging sie zum Hebel und setzte die Selbststi-
mulation fort.

Manchmal ergab sich aber auch ein negativer Effekt. Wenn die Reizelektrode an einer etwas anderen Stelle in der Tiefe des Gehirns saß, dann konnte es geschehen, daß die Ratte nur einmal drückte und dann nie wieder. Offenbar führte eine Reizung hier zu einem Schmerzerlebnis, oder sie wurde als außerordentlich unangenehm empfunden. Das war derselbe Bereich, in dem W. R. Hess in Zürich Reaktionen wie Wut und Fluchtverhalten auslösen konnte.

Das Lusterleben, das durch die elektrische Reizung vermittelt wurde, war manchmal so stark, daß alle anderen Bedürfnisse beiseite gedrängt wurden. Es konnte passieren, daß hungrige Ratten, obwohl Futter im Käfig war, sich lieber mit dem Hebel beschäftigten, um sich selber zu stimulieren. Es kam auch vor, daß 24 Stunden lang kontinuierlich gereizt wurde, bei Vernachlässigung aller anderen Bedürfnisse, die Versuchstiere normalerweise zeigen. Das legt nahe, daß im Gehirn tatsächlich so etwas wie ein Lustzentrum angenommen werden muß, das die Befriedigung starker Triebe, neben dem sexuellen Bedürfnis vielleicht auch Hunger und Durst, vermittelt.

Für das Verständnis menschlichen Erlebens ist es nun wichtig zu fragen, ob sich diese Beobachtungen aus der »Ratten-Psychologie« auf uns übertragen lassen. Dies scheint prinzipiell möglich zu sein, auch wenn beim Menschen aufgrund der eingeschränkten Untersuchungsmöglichkeiten noch längst nicht soviel bekannt ist wie bei Ratten oder anderen Tieren, an denen die Beobachtungen bestätigt wurden. Die meisten Beobachtungen an Menschen stammen aus Kliniken, in denen vor neurochirurgischen Eingriffen verschiedene Areale in der Tiefe des Gehirns gereizt werden. Dies geschieht zur Absicherung, damit bei Operationen nicht lebenswichtige Zentren ausgeschaltet werden. Die Beobachtungen zeigen, daß Gefühlserlebnisse wie Ärger, Furcht oder sexuelle Lust nicht ausgelöst werden, wenn die Oberfläche des Gehirns gereizt wird. Bei diesen Reizungen haben Patienten einfache Wahrnehmungs- oder Bewegungserlebnisse, aber keine Gefühle. Das entspricht der Beobachtung an Tieren. Selbstreizung macht, wenn die Elektroden in diesem Bereich liegen, offenbar kein Vergnügen. Wenn die Reizelektroden aber in den Bereichen liegen, die den Lust-

zentren bei den Versuchstieren entsprechen, kommt es zu lust-
vollen Erlebnissen. Das zeigt sich besonders am Gesichtsausdruck, aber auch in Berichten der Patienten. Das Erlebnis kann
als Euphorie, als »gut« oder »angenehm« bezeichnet werden.
Und in bestimmten Bereichen kommt es zu sexuellen Vorstellungen oder zu dem Gefühl, sich dem sexuellen Höhepunkt zu
nähern. In anderen Bereichen wieder mag das dominierende
Gefühl das einer tiefen Entspannung sein. Oder man erlebt
angenehme – oder unangenehme – Gerüche, einen angenehmen – oder unangenehmen – Geschmack auf der Zunge.

Auch Gefühle sind also wie die anderen Funktionen, die wir
erörtert haben, an bestimmten Orten im Gehirn repräsentiert.
Daraus folgt, daß wir nicht beliebig viele Gefühle haben können. Da die neuronalen Mechanismen für die einzelnen Gefühle Platz brauchen und das Gehirn des Menschen nur etwa
1,5 kg schwer sein kann, also nicht beliebig groß werden kann,
ist auch der Umfang unseres Gefühlslebens eingeschränkt. Wir
können uns nicht wunschgemäß neue Gefühle zulegen, so er-
strebenswert dies manchmal auch wäre, sondern wir müssen
mit dem auskommen, was als emotionelle Funktion im Laufe
der Entwicklungsgeschichte verfügbar gemacht wurde. Wenn
nun unsere Gefühle an Zahl auch begrenzt sind, so heißt das
nicht, daß sie im Hintergrund unseres Bewußtseins bleiben.
Unser Wahrnehmen, Denken und Handeln ist immer emotionell getönt.

16 Der Aufbau der Wirklichkeit – oder: Wie Vor-Urteile unser Weltbild bestimmen

Wir haben festgestellt, daß es nur eine begrenzte Zahl psychischer Funktionen gibt und daß unsere Bewußtseinsinhalte nicht frei von Gefühlen sind. Die notwendige Begrenztheit unseres psychischen Repertoires und das Durchtränktsein alles Psychischen mit Emotionellem mag vom einen mit Genugtuung, vom anderen mit Bestürzung aufgenommen werden. Gedanken über mögliche Freiheit stellen sich ein. Kann man von Freiheit sprechen, wenn man mit seinem Erleben eingezwängt ist in die notwendigen Bedingungen eines Gehirns? Wo ist Freiheit, wenn alles, was ich tue, wenn alles, was durch mein Bewußtsein geht, von vornherein durch emotionelle Bewertungen gefärbt ist? In der Tat: Wenn man die natürlichen Grenzen, die uns die Natur setzt, hinter sich lassen möchte, wenn man sich von den natürlichen Randbedingungen der menschlichen Existenz befreien will, dann kann man sich *nicht* frei nennen.

Für jene, die sich unfrei fühlen mögen, die sich mit den uns von der Natur aufgezwungenen Bedingungen nicht abzufinden bereit sind, hat der Autor eine weitere bedrückende Mitteilung bereit: Auch unsere Welterfahrung ist »unfrei«, denn sie beruht auf einem eingegrenzten Blick in die Natur, der außerdem noch voller Vorurteile steckt. Gegen die Eingrenzung unseres Blickfeldes und gegen Vorurteile können wir nichts tun; denn sie bestimmen notwendig die Weise unserer Welterfahrung. Um diese Behauptung zu verdeutlichen, muß der Autor einige Befunde aus der Sinnesphysiologie erörtern. Es werden beispielhaft Ergebnisse aus dem Bereich des Sehens erörtert, deren prinzipielle Bedeutung auch für die anderen Sinnessysteme gilt, über die wir Zugang zur Welt haben.

Einen wesentlichen Einblick in die Funktionsweise des Sehsystems verdanken wir vor allem den Arbeiten von David Hubel und Torsten Wiesel von der Harvard Medical School in Boston, die 1981 mit dem Nobelpreis ausgezeichnet wurden. Worin besteht das Neue, das Hubel und Wiesel gezeigt haben?

Sie haben als erste nachgewiesen, daß der uns umgebende Raum im Gehirn nicht in der Weise abgebildet ist, wie er in möglichst einfacher Weise physikalisch oder mathematisch beschrieben wird. Der Raum wird im Gehirn vielmehr aufgelöst nach bestimmten Gesichtspunkten, die wir am besten *Kategorien* nennen. Die optischen Informationen, die den Sehraum definieren, werden nicht Punkt für Punkt im Gehirn abgebildet, wie zum Beispiel auf einer fotografischen Platte, sondern Teile des Gesichtsfeldes werden in verschiedene kategoriale Bestandteile zerlegt. Die Anfangsschwierigkeit bei den Untersuchungen von Hubel und Wiesel war, sich von der Vorstellung freizumachen, als gäbe es eine punktmäßige Abbildung des Raumes in unserem Gehirn, als sei das Gehirn gleichsam ein innerer Spiegel.

Um die Entdeckung von Hubel und Wiesel leichter verständlich zu machen, fragen wir uns einmal, von welcher Art die optische Information eigentlich ist, die in unserem Gesichtsfeld vorhanden ist. Wir sehen keine Punkte, sondern unser Gesichtsfeld ist nur aus Flächen, Kanten und Linien zusammengesetzt, wenn wir zunächst nicht an gestalthafte Sehobjekte denken. Mit dieser Beobachtung befinden wir uns schon auf dem richtigen Weg in Richtung der Wahrnehmungskategorien. Hubel und Wiesel fanden nämlich, daß Nervenzellen im Okzipital-Lappen (Abbildung 19) nur Interesse an Linien und Kanten bestimmter Orientierung haben. Kleine Punkte oder kreisförmige Reize, seien sie auch noch so hell, lösen bei diesen Nervenzellen kein besonderes Interesse aus. Für den Teil des Gehirns, in den die Informationen aus den Augen fließen und der als erste Stufe für die Objektwahrnehmung verantwortlich ist, gibt es keine Punkte, sondern nur Kanten und Linien. Somit wissen wir, daß Punkte für diesen entscheidenden Hirnbereich keine »Sehdinge« sind, sondern gedankliche (mathematische) Abstraktionen.

Dies gilt für *unsere* Wahrnehmung. Doch gilt das Gesagte auch für andere Lebewesen? *Unsere* Wahrnehmungswelt, *unsere* Wirklichkeit – dies sollte uns klar sein – lassen sich nicht automatisch auf andere Organismen übertragen. Man kann das vor allem aus Untersuchungen ableiten, durch die Jerry

Lettvin aus Cambridge in den USA bekannt geworden ist. Lettvin und seine Mitarbeiter haben herausgearbeitet, daß jede Tierart schon auf neurophysiologischer Ebene ihr eigenes *Weltbild* hat. Nervenzellen im Frosch-Gehirn reagieren beispielsweise nur auf solche optischen Reize, die für das Frosch-Verhalten und das Überleben des Frosches wichtig sind. Was im Gehirn des Frosches von der Welt um ihn herum abgebildet ist, richtet sich nur nach den Kategorien, die für den Frosch von Interesse sind. Diese Kategorien sind andere als bei anderen Lebewesen, also etwa bei einem Kaninchen, einer Schlange, einer Amsel oder einem Menschen. Das jeweils typische Verhalten einer Art wird geprägt durch Wahrnehmungskategorien auf neurophysiologischer Ebene. Das bedeutet, daß Nervenzellen nur erregt werden können, wenn äußere Reize genau den kategorialen Bedingungen entsprechen, für die Analyseprogramme bereitstehen. Für andere Reizkonstellationen, die die kategorialen Bedingungen nicht erfüllen, ist das betreffende Gehirn blind. Das bedeutet, daß im eigentlichen Sinne des Wortes die im Gehirn bereitstehenden Kategorien das *Weltbild* bestimmen.

Die Arbeiten von Hubel und Wiesel haben in besonderer Weise dazu beigetragen, daß wir Einblick in die Grundlagen *unseres* Weltbildes erhalten. Der wesentliche Gesichtspunkt ist, daß im Gehirn jeweils eine Feinanalyse für jeden Ort im Gesichtsfeld vorgenommen wird. Diese Feinanalyse richtet sich darauf, alle möglichen Orientierungen von Linien und Kanten an einem Ort im Gesichtsfeld festzustellen. Neben der *Orientierung* wird in einer weiteren Kategorie die *Richtung* bewegter Objekte analysiert. Des weiteren ist die Farbe der Objekte eine entscheidende Wahrnehmungskategorie. Vielleicht ist eine gesonderte Kategorie auch die *Geschwindigkeit* eines sich in optimaler Orientierung mit optimaler Farbe bewegenden Reizes. Mit diesen wenigen Bausteinen scheint, neurophysiologisch gesehen, unser Weltbild auf der untersten Stufe begründet zu sein.

Wie wäre es aber, wenn statt der genannten Kategorien ganz andere in unserem Gehirn lokalisiert wären, wie zum Beispiel ...? Aber hier stockt man mit einer Antwort. Da für mich mein Weltbild gilt, liegt mir eine Hypothese über andere mögliche Kategorien gar nicht offen zutage, und es fällt schwer, andere Kategorien auch nur zu erdenken. Ich kann mich im Nachdenken nur im Kreise drehen, denn ich bin gefangen in meinen eigenen Kategorien. Allerdings kann man bei Tierexperimenten nachfragen, für die andere Kategorien gefunden wurden, wie etwa in den Versuchen von Lettvin und Kollegen, wobei man den menschlichen Denk- und Wahrnehmungshorizont mühsam übersteigen muß. Man könnte dann vielleicht »Größe« eines Reizes oder »Abstand« als Kategorie definieren, vielleicht aber auch beliebig komplexe Reizkonstellationen, an die man zunächst nicht gedacht hat. Bei vielen Untersuchungen an Tieren hat sich gezeigt, daß nicht der einfach strukturierte Sinnesreiz, sondern komplexe Konfigurationen – *für uns* komplexe Konfigurationen – grundlegende Wahrnehmungskategorien sein können. Verhaltensforscher wie Konrad Lorenz oder Niko Tinbergen haben beobachtet, daß bestimmtes Verhalten auslösende Reize außerordentlich reich gegliedert sein können, wenn man sie geometrisch analysiert, daß sie aber insofern einfach sind, als sie automatisch, das heißt instinktiv, ein bestimmtes Verhalten auslösen können.

Ein eindrucksvolles Beispiel hierfür stammt von dem amerikanischen Forscher Sackett, der bei Rhesusaffen angeborenes Mimikerkennen untersucht hat. Kleine Rhesusaffen wurden bis zum Alter von sechs Monaten allein aufgezogen, wobei ihnen aber eine interessante Unterhaltungsmöglichkeit angeboten wurde. Sie konnten sich nämlich selber verschiedene Dias projizieren. Vier Bilder standen zur Auswahl. Auf einem Bild war ein junger Affe abgebildet, auf einem anderen Bild mehrere erwachsene Affen. Auf einem dritten Bild war ein Affe mit einem drohenden Gesichtsausdruck zu sehen, und schließlich zeigte ein viertes Bild eine Landschaft. Die jungen Tiere lernten sehr schnell, welche Tasten zu welchen Bildern gehörten, und der Experimentator konnte nun beobachten, welche Bilder von den Affen bevorzugt angeschaut wurden. Es zeigte sich, daß die Landschaft offenbar nicht besonders interessant war. Im Laufe des halben Jahres nahm die Häufigkeit, mit der dieses Bild angeschaut wurde, nur geringfügig zu. Im Gegensatz dazu waren die drei Affen-Bilder sehr viel interessanter, aber nur bis zum Alter von zweieinhalb Monaten. Von diesem Zeitpunkt an mieden die jungen Affen das Bild des drohenden erwachsenen Affen. Sie wollten es nicht mehr sehen, bis sie etwa fünfeinhalb Monate alt waren.

Diese Beobachtungen bedeuten, daß ein drohender Gesichtsausdruck von einem neutralen unterschieden werden kann, obwohl die Tiere noch nie in ihrem Leben einen anderen Affen gesehen hatten. Da sie allein aufwuchsen, konnten sie ja auch nicht von sich selbst erfahren haben, wie verschiedene Gesichtsausdrücke aussehen. Das heißt, die Tiere sind mit einem genetischen Programm ausgestattet, das es ihnen erlaubt, verschiedene Reizmuster zu unterscheiden, die, geometrisch betrachtet, außerordentlich kompliziert sind.

Vielleicht gibt es auch beim Menschen neben den genannten Kategorien – wie etwa die Orientierung von Linien – auch solche höherer geometrischer Komplexität, wie sie Verhaltensforscher für manche Tierarten festgestellt haben. Könnte es zum Beispiel sein, daß Schreckreaktionen, die beim Menschen automatisch in bestimmten Situationen auftreten, wie etwa beim Anblick von Schlangen, darauf zurückzuführen sind, daß Schlangen aufgrund ihrer potentiellen Gefährlichkeit eine Wahrnehmungskategorie repräsentieren? Welche anderen Reize mag es noch geben? Etwa Hände? Oder Spinnen? Gerade die bei Menschen auftretenden Panikreaktionen bei bestimmten Reizen könnten Hinweise auf solche »komplexeren« Wahrnehmungskategorien enthalten.

In jedem Fall scheinen aber Gesichter eine eigene Wahrnehmungskategorie zu bilden. Dies ergibt sich aus Versuchen von Keiji Tanaka aus Tokyo, von Nikos Logothetis aus Houston (nunmehr Tübingen) und aus der Beobachtung, daß umschriebene Verletzungen im Gehirn die Fähigkeit zerstören, Gesichter zu erkennen, alle anderen Sehfunktionen aber intakt lassen. Diesen Ausfall bezeichnen die Neurologen als Prosopagnosie. Das bedeutet, daß normalerweise ein Bereich des Gehirns dafür vorgesehen scheint, sich ausschließlich oder zumindest bevorzugt mit Gesichtern zu befassen.

Kehren wir nun zur Veranschaulichung zu einer konkreten Beobachtung von Hubel und Wiesel zurück. In der Abbildung 24 wird das Ergebnis der Untersuchung einer Nervenzelle im Okzipital-Lappen eines Versuchstieres gezeigt. Bei einem solchen Experiment wird eine winzige Nadel in das Gehirn eingeführt, wobei die Spitze der Nadel einen Durchmesser von etwa einem tausendstel Millimeter hat. Mit dieser Nadel, einer Elektrode, läßt sich die Aktivität von Nervenzellen erfassen. Immer wenn eine Zelle aktiv wird, produziert sie zunehmend elektrische Entladungen, die mit der Elektrode aufgefangen werden können. Jede Nervenzelle im Okzipital-Lappen hat ein *rezeptives Feld* irgendwo im Gesichtsfeld des Versuchstieres. Die erste Aufgabe im Versuch besteht darin festzustellen, wo genau im Gesichtsfeld dieses rezeptive Feld liegt, von wo aus visuelle Informationen an diese Stelle des Gehirns gelangen. Hat man den Ort gefunden, wird geprüft, durch welche Art von optischem Reiz die Zelle aktiviert oder gehemmt wird. In der Abbildung ist gezeigt, wie ein Balken (links oben) hin- und herbewegt wird, daß aber bei dieser Orientierung in der Zelle keine Reaktion ausgelöst wird. Das wird rechts daneben gezeigt. Wird nun der Balken etwas nach links gekippt, dann gibt es ein paar Entladungen in der Zelle bei einer Bewegung nach rechts, aber keine bei der Rückwärtsbewegung. Diese zunehmende Zelltätigkeit ist durch die senkrechten Striche markiert. Bei C ist der Balken noch etwas gekippt, und die Zelle reagiert schon freudiger. Erst bei D scheint der Balken jedoch eine optimale Orientierung für die Zelle zu haben; denn nun reagiert sie maximal bei der Bewegung nach rechts oben und minimal bei der Gegenbewegung. Wird der Balken weiter gekippt, nimmt die Reaktion der Zelle wieder ab. Die optimale Orientierung des Lichtreizes für die Zelle konnte also durch Variation der Neigung festgestellt werden, und außerdem wurde die bevorzugte Bewegungsrichtung erkannt, nämlich die nach rechts oben. Nahezu alle untersuchten Zellen in diesem Hirnbereich zeigen eine typische Bevorzugung einer Richtung und einer Orientierung.

Was geschieht nun mit der solcherart verarbeiteten Information weiter im Gehirn? Mit diesem Problem befassen sich weltweit viele Laboratorien, mit besonderem Erfolg der jetzt in Tübingen wirkende Nikos Logothetis, dem es gelingt, auch un-

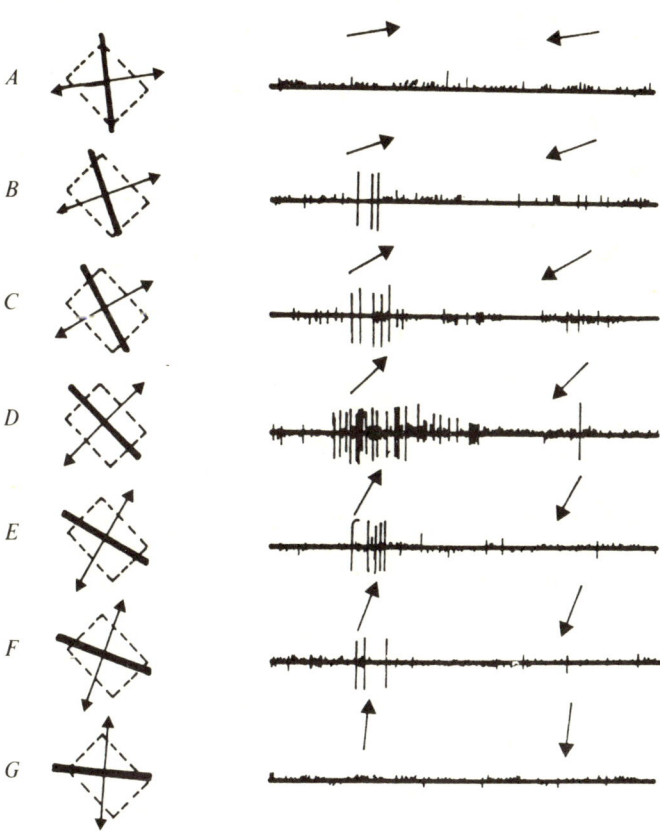

Abbildung 24

gewöhnliche technische Schwierigkeiten zu meistern. Besonders eindrucksvoll sind seine Arbeiten, in denen er zeigen konnte, daß einzelne Nervenzellen selektiv eine subjektiv empfundene Bewegungsrichtung anzeigen können, ohne daß sich ein Objekt wirklich bewegen muß. Es gibt also eine Beziehung zwischen einer Vorstellung und der spezifischen Aktivität einer Nervenzelle.

Einen ersten wesentlichen Schritt zum besseren Verständnis der weiterverarbeitenden Areale des Gehirns hat vor einiger

Zeit Semir Zeki aus London getan. Schon seit langem weiß
man, daß der Okzipitallappen, also die Station, mit der sich
Hubel und Wiesel hauptsächlich beschäftigt haben, von anderen Bereichen umgeben wird, in denen auch visuelle Reize verarbeitet werden. Früher nannten die Forscher diese Bereiche
die »visuellen Assoziationsgebiete«, wohl in der Annahme, daß
es im Gehirn auch Gegenden geben müsse, in denen über eine
unmittelbare Abbildung des Sehraumes hinaus – in dem das
jeweilige Sehen von Gegenständen, das »Was«, ermöglicht
wird – auch visuelle Vorstellungen repräsentiert sein müssen.
Die Arbeiten von Semir Zeki haben aber ergeben, daß vermutlich ganz andere Gesichtspunkte eine Rolle spielen. Es scheint,
als sei diese »primäre« Struktur umlagert von mehreren »sekun-
dären« Unterstrukturen, in denen jeweils nur einzelne Wahrnehmungskategorien weiterverarbeitet werden. Eine Struktur ist
etwa dadurch charakterisiert, daß Nervenzellen sich hauptsächlich für die Bewegung in der Umwelt interessieren. Eine
andere Struktur hat nur Gefallen an der Farbe der Reize. Man
könnte meinen, diese Strukturen funktionierten im technischen
Sinne als Verstärker der jeweiligen Kategorien, die ursprünglich noch alle zusammen repräsentiert sind. Sticht ein Seherei-
nis besonders wegen seiner Farbe hervor, dann wird das Farb-
areal in Gang gesetzt.

Gerade im Hinblick auf »Farbe als Kategorie« hat Semir
Zeki wichtige Befunde erhalten. Er hat festgestellt, daß eine
kleine umschriebene Gegend im Gehirn hauptsächlich an Farben interessiert ist – und nicht an der physikalisch definierten Wellenlänge eines Reizes. Wenn wir einen Gegenstand unter den verschiedensten Beleuchtungsbedingungen betrachten,
bleibt seine Farbe für uns doch immer dieselbe, obwohl die
Wellenlängen des reflektierten Lichts sich wesentlich ändern
können. Rote Lippen bleiben rot in der sommerlichen Mittags-
sonne, abends, wenn die Sonne am Horizont steht und bei verschiedenen künstlichen Beleuchtungsarten. Dieses Phänomen
wird als *Farbkonstanz* bezeichnet, und Semir Zeki konnte zeigen, daß die Nervenzellen in dieser Gegend des Gehirns entsprechend den gesehenen Farben reagieren. Dieses Verhalten
von Nervenzellen, das unmittelbar der Wahrnehmung ent-

spricht, ist eine physiologische Bestätigung der Theorie des Farbensehens von Edwin Land, mit der mathematisch vorausgesagt werden kann, welche Farbe man *sieht*, auch wenn sich die physikalischen Bedingungen des Lichts ändern. Edwin Land dürfte im übrigen jedem als Erfinder des Polaroid-Verfahrens bekannt sein.

Mit der Vorstellung einer örtlich getrennten Repräsentation von Funktionen, wobei innerhalb dieser Bereiche eine unmittelbare Entsprechung zwischen Zellaktivität und Wahrnehmung zu bestehen scheint, geraten wir notwendigerweise in eine interessante Problematik, die alle Hirnforscher beunruhigt und zu deren Lösung es bisher nur Spekulationen gibt. Wie wird wieder alles zusammengesetzt, wenn es vom Gehirn vorher auseinandergenommen wurde? Eine Frage, mit der sich vor allem der Hirnforscher Wolf Singer aus Frankfurt befaßt. Was wir sehen, ist ja nicht getrennt nach Kategorien, sondern wir sehen einen Gegenstand mit einer bestimmten Farbe, irgendwo im Raum, der sich möglicherweise irgendwohin bewegt. Um es pointiert zu sagen: Die Farbe des Gegenstandes ist am Gegenstand selbst, sie ist nicht links oder rechts von ihm. Wie kommt also die Farbe wieder zum Gegenstand, wenn sie vorher im Gehirn unabhängig bearbeitet wurde?

Daß hier tatsächlich eine aktive Leistung des Gehirns vorliegen muß, um ein geschlossenes Wahrnehmungserlebnis bereitzustellen, ergibt sich aus Beobachtungen an hirnverletzten Patienten, bei denen nicht mehr alles so funktioniert, wie es eigentlich sollte. Es kann nämlich vorkommen, obwohl dies sehr selten ist, daß ein Patient nach einer Störung im Gehirn die Farbe nicht mehr am Gegenstand selbst sieht, sondern woanders – eine für den Gesunden nur schwer vorstellbare Tatsache. Das gesehene Objekt ist also kategorial zerfallen. Die Möglichkeit des kategorialen Zerfalls besagt, daß normalerweise eine Integration der verschiedenen Kategorien notwendig ist.

Wahrscheinlich ist die Frage nach dem Wo, also nach dem Ort der Integration von Kategorien, eine inkorrekte Frage. Möglicherweise gibt es einen solchen Ort gar nicht – oder es gibt ihn nur als »virtuellen« Ort, das heißt als eine Instanz oder als ein *Programm*, nicht unbedingt an einer bestimmten Stelle. Eine solche Instanz, die das Getrennte zusammenfaßt, könnte etwa die »Psyche« sein, die, als eine eigene Substanz von außen kommend, in die Gehirntätigkeit eingreift und, wie auf einem Klavier spielend, kategoriale Aspekte zu einem Wahrnehmungserlebnis integriert. Einer solchen Auffassung neigen manche Hirnforscher zu – so der kürzlich verstorbene Sir John Eccles, der in dem mit Sir Karl Popper veröffentlichen Werk »Das Ich und sein Gehirn« einen solchen Dualismus vertritt.

An einer dualistischen Deutung ist unbefriedigend, daß etwas von außen Kommendes, eine prinzipiell andere Instanz, die mit der Arbeitsweise des Gehirns nichts zu tun hat, herangezogen werden muß, um unsere Erlebnisse zu erklären. Mit einer solchen Erklärung ist im Grunde nichts gewonnen, außer einen »Deus ex machina«, einen »Gott aus der Maschine«, anzunehmen. Denn nun muß man fragen, wie eigentlich Psyche und Körper aufeinander wirken können. Die These »irgendwie« ist sicher nicht ausreichend. Der Philosoph René Descartes, der den Dualismus zwischen Leib und Seele – er spricht von res extensa und res cogitans – wohl als erster scharf hervorgehoben hat, löste das Problem, indem er annahm, daß eine räumliche Struktur im Gehirn, nämlich die unpaarige Zirbeldrüse, die Instanz sei, in der Leib und Seele aufeinander wirken. Aber wie nun tatsächlich diese Wirkung vor sich gehen könnte, wird im Grund von keinem Vertreter der dualistischen Denkweise erläutert.

Als Alternative bietet sich eine monistische Auffassung an, die der Autor vertritt. Für die Integration der verschiedenen Kategorien zu einem Wahrnehmungserlebnis wird nicht eine von *außen* kommende »Psyche« angenommen. Es wird auch nicht nach einer räumlichen Instanz gesucht, in der die Integration vollzogen wird. Aufgrund der zeitlichen Struktur der Hirntätigkeit, also beispielsweise der Verfügbarkeit einer Uhr im Gehirn, und der Möglichkeit der Integration von Informationen in eine gegenwärtige Gestalt geht der Autor von der Hypothese aus, daß alles, was in diesem zeitlichen Rahmen unter den erörterten zeitlichen Bedingungen an Aktivität an verschie-

denen Orten im Gehirn abläuft, das Wahrnehmungserlebnis
selbst repräsentiert. Es muß überhaupt nichts hinzukommen.
Die neuronale Aktivität im Drei-Sekunden-Fenster des »Jetzt«
ist schon das Bewußtsein. Die räumlich verteilte Aktivität in
einem Systemzustand von 30 ms ist das elementare Ereignis,
das als mentaler Baustein für die Bewußtseinstätigkeit erfor-
derlich ist. Diese Aussagen sollen nicht heißen, daß man es mit
einem leichten Problem zu tun hat, also zeitliche Integration
bis zu 3 Sekunden oder räumliche Verbindung neuronaler Aktivitäten in Systemzuständen von 30 ms verständlich zu machen, sondern sie sollen klarmachen, daß zur Lösung dieser
Probleme keine Außeninstanzen angenommen werden.

Unabhängig davon, welche Lösung man für das Leib-Seele-
Problem bevorzugt, die monistische oder dualistische, bleibt
das Bild der Welt, das aus den Kategorien der Wahrnehmungen
entsteht, aber doch nur eine *Konstruktion*. Wir sind nur empfänglich für ganz bestimmte Reizkonstellationen, was bedeutet,
daß unser auf sinnlichem Erfassen beruhendes Urteil über die
Welt automatisch ein *Vor-Urteil* ist. Was wir von der Welt erfahren können, ist nur das, was wir aufgrund unserer an die
Natur angepaßten Kategorien in die Welt hineinlegen. Was uns
als Realität erscheint, ist eine durch uns selbst bedingte Konstruktion der Realität. Die uns mitgegebenen Bedingungen unserer Sinneserfahrung – und dies gilt für alle unsere Sinne –
definieren feste Grenzen unserer Welterfahrung. Was wir als
Wirklichkeit erfahren, ist nur die Wirklichkeit des Menschen.

17 Sehen ohne zu sehen: Blindsehen – oder: Ist Bewußtsein abhängig von Sprache?

Was Zugang zu unserem Bewußtsein bekommt, sind Inhalte aus einer begrenzten Zahl psychischer Funktionen mit emotionellem Anteil. Sofern Bewußtseinsinhalte sich aus Meldungen der Sinnesorgane ergeben, spiegeln sie unsere eigenen Vorurteile über die Welt wider, weil wir die Welt nur mit den uns eigenen Kategorien erfassen können. Wir wollen uns nun fragen, ob Bewußtsein dadurch definiert werden könnte, daß sein Inhalt sprachlich vermittelt werden kann. Wie wir sehen werden, gibt es möglicherweise ein »Bewußtsein ohne Bewußtsein«. Wir können *Leistungen* des Bewußtseins beobachten, ohne daß diese sprachlich ausgedrückt werden können. Das, was Bewußtsein auszumachen scheint, könnte also mehr als das sein, worüber wir zu sprechen vermögen. Um diese Möglichkeit zu prüfen, wird über zwei Experimente berichtet, die verdeutlichen, daß manche psychischen Leistungen sich der sprachlichen Verfügbarkeit entziehen. Sollen wir diesen Leistungen, über die wir nichts *sagen* können, ebenfalls das Prädikat »bewußt« geben?

Zum Verständnis der beiden Experimente ist es notwendig zu wissen, wie der Sehraum im Gehirn abgebildet ist. Der Leser schließe bitte ein Auge und fixiere mit dem offenen Auge, sagen wir mit dem linken, einen bestimmten Punkt. Nun denke er sich eine senkrechte Linie durch seinen Fixationspunkt, oder er zeichne sich tatsächlich eine senkrechte Linie an die Wand oder auf ein Blatt Papier, die durch den Fixationspunkt läuft. Mit dieser senkrechten Linie ist das Gesichtsfeld in zwei Teile geteilt, und zwar nicht nur auf dem Papier, sondern auch im Gehirn. Wie ist das zu verstehen? Aufgrund der Verbindung von Nervenfasern, die aus dem Auge kommen, mit Nervenzellen im Gehirn wird das Gesichtsfeld in zwei Teile zerlegt. Alles was *links* vom Fixationspunkt liegt, also links von unserer Linie, wird über Nervenfasern in die *rechte* Gehirnhälfte geschickt. Alles was *rechts* von der Linie liegt, gelangt in die *linke*

Gehirnhälfte. Die Trennungslinie ist exakt die senkrechte Linie, die durch den Fixationspunkt läuft. Diese Überlegung haben wir für das linke Auge angestellt. Nun schließe der Leser das linke Auge und schaue mit dem rechten Auge auf denselben Punkt mit der gedachten oder gezeichneten Linie. Für das rechte Auge gilt genau dasselbe: Alles was *links* vom Fixationspunkt liegt, wird über die Nervenfasern aus dem Auge in die *rechte* Gehirnhälfte geschickt. Was *rechts* davon liegt, kommt in die *linke* Gehirnhälfte. Also gilt: Wenn wir mit beiden Augen auf den Punkt schauen, entspricht der linke Teil des Gesichtsfeldes der rechten Gehirnhälfte und der rechte Teil des Gesichtsfeldes der linken Gehirnhälfte. Dem Leser wird klar, daß man bei diesen Überlegungen möglichst links und rechts nicht verwechseln sollte, was für viele vielleicht gar nicht so einfach ist. Zur geistigen Erholung von den vielen Links und Rechts sei ein kleines Gedicht von Ernst Jandl eingeschoben:

> lichtung
>
> manche meinen
> lechts und rinks
> kann man nicht
> velwechsern.
> werch ein illtum.

Die anatomischen Bedingungen der Abbildung des Gesichtsfeldes haben eine wichtige Konsequenz für den klinischen Alltag. Wenn ein Patient eine Durchblutungsstörung im Gehirn erlitten hat, beispielsweise nach einem Schlaganfall, dann kann es außer zu einem Sprachausfall oder zu einer Lähmung auch zu einem Ausfall des Gesichtsfeldes kommen, das heißt, der Patient ist in Teilen des Gesichtsfeldes blind. Wir hatten bereits erfahren, daß der Okzipital-Lappen für die Verarbeitung der Informationen aus dem Auge zuständig ist. Fällt auf einer Seite des Gehirns der Okzipital-Lappen aus, dann kann die dort hingeleitete Sehinformation nicht mehr verarbeitet werden.
Ein Beispiel für eine derartige Blindheit, die verursacht ist durch eine Durchblutungsstörung im Gehirn, ist in Abbil-

dung 25 gegeben. Gezeigt sind hier die Gesichtsfelder des linken und des rechten Auges eines Patienten, der in der linken Gehirnhälfte einen Schlaganfall erlitten hat. Während des Autofahrens spürte der Patient, ein Arzt, daß mit seinen Augen etwas nicht mehr in Ordnung war. Außerdem setzten heftige Kopfschmerzen ein. Zur Überprüfung der Sehfunktion wurde bei dem Patienten eine sogenannten Perimetrie durchgeführt, das heißt, das Gesichtsfeld von jedem Auge wurde sorgfältig vermessen. Der Patient mußte in einem Perimeter geradeaus auf einen Fixationspunkt schauen und mitteilen, wenn er einen anderen Prüfpunkt sah, der irgendwo in seinem Gesichtsfeld gezeigt wurde. In Abbildung 25 sind jene Bereiche, in denen der Patient nichts sah, schwarz gezeichnet. Wir stellen fest, daß in beiden Augen ein ausgedehnter blinder Bereich jeweils rechts vom Fixationspunkt vorhanden ist. Die Durchblutungsstörung in der linken Gehirnhälfte hat bewirkt, daß der rechte Teil des Gesichtsfeldes in beiden Augen mit einer kleineren Ausnahme im unteren Bereich seine Funktion verloren hat. Wenn hier Lichtreize gezeigt werden, sagt der Patient, daß er nichts sehe. Im linken Auge sehen wir links vom Fixationspunkt noch einen kleinen blinden Bereich. Das ist der »Blinde Fleck«, der in jedem Auge vorkommt. An dieser Stelle verlassen die Nervenfasern das Auge, um ins Gehirn zu ziehen, und hier hat das Auge keine lichtempfindlichen Sinneszellen.

Bis vor einiger Zeit war man der Auffassung, daß eine solche Blindheit, die auf einem Ausfall des Okzipital-Lappens beruht, absolut ist, das heißt, daß der Patient überhaupt keinen Zugang mehr zu visuellen Reizen im blinden Bereich habe. Diese Auffassung stand aber in einem merkwürdigen Gegensatz zu experimentellen Beobachtungen an höheren Primaten, etwa Rhesusaffen. Wenn man den Aufbau des visuellen Systems von solchen Affen mit dem des Menschen vergleicht, dann ist man über die große Ähnlichkeit verblüfft. Wird aber bei einem Affen experimentell ein Okzipital-Lappen abgetragen, so stellt man fest, daß er auch dann noch in der Lage ist, visuelle Information zu verarbeiten, die in Teilen des Gesichtsfeldes angeboten wird, die dem abgetragenen Teil des Gehirns entsprechen. Aufgrund der großen Ähnlichkeit zwischen den Systemen sollte

Gesichtsfeld der Augen eines hirnverletzten Patienten

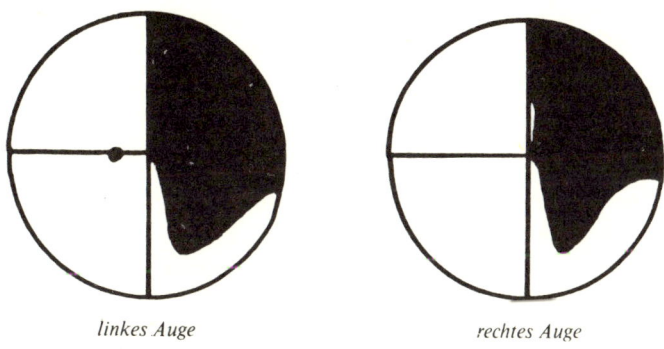

linkes Auge   *rechtes Auge*

Abbildung 25

man nun erwarten, daß auch der Mensch noch zu ähnlichen Leistungen fähig ist.

Wie läßt sich die »residuale« Sehfähigkeit erklären, die man am geschädigten Gehirn eines Primaten beobachtet? Die Fasern aus dem Auge ziehen nicht nur zum Okzipital-Lappen, sondern einige Fasern ziehen auch zu anderen Teilen des Gehirns. Wenn der Okzipital-Lappen abgetragen ist, dann sind diese anderen Bahnen vorhanden, die möglicherweise solche residualen Funktionen übernehmen. Aber warum tun sie dies nicht auch beim Menschen, bei dem diese Nebenstraße neuronaler Verbindungen ebenfalls vorhanden sind? Ist das visuelle System zwischen den höheren Primaten und dem Menschen vielleicht doch nicht so ähnlich, wie es durch die strukturellen Bedingungen nahegelegt wird?

Es zeigte sich, daß der auffällige Unterschied zwischen Mensch und Tier nur ein Ergebnis experimenteller Methodik ist und nicht auf prinzipiellen Systemunterschieden beruht. Man hatte übersehen, daß in Untersuchungen an Tieren und am Menschen zumindest *ein* grundsätzlicher Unterschied besteht: Menschen kann man befragen, Tiere nicht. Wenn ein Patient am Perimeter untersucht wird, wo in seinem Gesichtsfeld noch etwas zu sehen ist, dann muß er jeweils *mitteilen*, ob er etwas sieht oder nicht, das heißt, es wird eine *verbale Reaktion* erwartet. Wenn wir einen Affen (oder ein anderes Tier) hinsichtlich seiner Fähigkeit, etwas zu sehen, untersuchen, dann können wir nicht fragen, sondern wir müssen uns irgendein Experiment ausdenken, mit dessen Hilfe wir seine Fähigkeiten abschätzen können. Wir bringen dem Tier irgendeine Reaktionsweise bei, die wir dann ausnutzen bei der Beurteilung seiner Sehfunktionen. Es gibt zahlreiche experimentelle Paradigmen, die man heranziehen kann, aber allen ist gemeinsam, daß sie auf einer *nicht-verbalen* Reaktion beruhen, über die die Leistungsfähigkeit beurteilt wird.

Nachdem dieser prinzipielle Unterschied des Experimentierens erkannt worden war, schien es naheliegend, ihn zu beseitigen, nicht indem man den Affen die Sprache beibringt, damit sie über ihre Erfahrungen berichten, sondern indem mit Patienten *nicht-verbale* Versuche durchgeführt wurden. Ein typischer Versuch beispielsweise mit dem Arzt, dessen Gesichtsfelder in Abbildung 25 gezeigt werden, sieht folgendermaßen aus: Irgendwo im blinden Bereich des Gesichtsfeldes wird ein Lichtreiz gezeigt, und der Patient erhält den Auftrag, obwohl er den Lichtreiz nicht sieht, dorthin zu blicken. Wenn ihn der Patient nicht sieht, dann weiß er natürlich auch nicht, wann er dorthin schauen soll. Deshalb wird gleichzeitig mit dem Lichtreiz ein Ton gegeben, dessen Position in keiner Beziehung zu dem Lichtreiz steht, durch den der Patient aber über dessen Vorhandensein informiert wird. Wann immer also ein Ton auftritt, sollte der Patient automatisch zu einem Lichtpunkt schauen, den er nicht sieht. Für den Experimentator ist es zunächst außerordentlich schwierig, den Patienten vom Sinn eines solchen Experiments, »Wie kann ich zu einem Punkt schauen, wenn ich ihn nicht sehe?«, zu überzeugen. Wenn aber der Patient schließlich bereit ist, an diesem »sinnlosen« Experiment teilzunehmen, dann erhält man ein bemerkenswertes Ergebnis. Obwohl der Patient nicht weiß, wohin er schauen soll, schaut er dorthin, wo der Lichtpunkt ist. Bei den ersten Versuchen ist dieses Hinschauen noch nicht besonders gut. Wie Josef Zihl aus München gezeigt hat, kann dieses Hinblicken zu nicht gesehenen Lichtpunkten aber nach einigem Training so gut werden, als sähe der Patient die Punkte tatsächlich.

Wir sehen an diesen Versuchen, daß Patienten zu Leistungen

in der Lage sind, die wir üblicherweise als Leistungen des Bewußtseins ansehen, obwohl die Patienten über ihre Leistungen nichts mitteilen können, sie also gleichsam *nicht* im Bewußtsein haben. Diese »un-bewußte« Fähigkeit ist nicht auf die Lokalisation von Lichtpunkten im blinden Bereich des Gesichtsfeldes beschränkt. In den letzten Jahren sind zahlreiche Funktionen entdeckt worden, die trotz Blindheit noch möglich sind. Es ist sogar ein neuer Begriff geprägt worden für diese sich dem Bewußtsein entziehenden Leistungen, nämlich »Blindsight« – »Blindsehen«. Der Begriff stammt von Larry Weiskrantz aus Oxford, der durch seine Beobachtungen mit solchen Patienten nachgewiesen hat, daß auch verschiedene Muster voneinander unterschieden werden können. Er zeigte einem Patienten im blinden Bereich etwa ein X oder O und ließ ihn raten, was er jeweils sah. Obwohl der Patient nie *wußte*, was er gesehen hatte, riet er fast immer richtig. Möglicherweise ist also auch Objekterkennen ohne »Sehen« bei solchen Ausfällen möglich. Wesentliche Einsichten stammen auch von Petra Stoerig aus München, die mit ihrem Kollegen aus Oxford, Alan Cowey, herausgefunden hat, daß auch Farbensehen ohne Bewußtsein möglich ist.

Für manche Leser mag die Erklärung dieser Phänomene nicht so schwierig sein wie für den Autor. Sie mögen daraus schließen, das sei doch ein ganz klarer Beweis für Telepathie oder Gedankenübertragung. Der Experimentator weiß ja normalerweise, was er dem Patienten zeigt, und wenn der Patient es nicht sehen kann, dann wird es ihm per Telepathie verfügbar gemacht. Der Patient rät nicht wild darauf los, sondern sein Raten wird ergänzt durch die telepathische Information. Der Autor möchte sich allerdings einer derartigen parapsychologischen Hypothese nicht voreilig anschließen. Das hat verschiedene Gründe. Wenn wir etwas nicht sofort erklären können, so muß das nicht heißen, daß geheimnisvolle (paranormale) Kräfte am Werk sind. Das wäre ein zu schneller Kniefall vor dem Mystizismus und Preisgabe eines Anspruchs, einen Sachverhalt »normal« erklären zu können. Mit der Annahme, Telepathie sei für eine solche Leistung zuständig, wird ja eigentlich auch nichts erklärt, sondern es wird nur gesagt, daß innerhalb

der normalen Möglichkeiten eine Erklärung *nicht* möglich ist.
Eine paranormale Erklärung wäre zu einfach und ohne jegli-
chen intellektuellen Anspruch; denn das Problem würde nur
einfach verlagert in einen Bereich des nicht Nachprüfbaren.

Paranormale Erklärungsversuche sind nach Auffassung des
Autors nicht nur dann, wenn sie etwa auf den beschriebenen
Fall angewendet werden, Ausdruck geistiger Trägheit. Man
kann immer sagen, wenn etwas unverständlich ist, daß es ein
Beweis für Telepathie, Hellsehen, Präkognition oder Telekinese
sei. Das »Elegante« an einer solchen Argumentationsweise ist,
daß sie nicht widerlegt werden kann. Aus erkenntnistheoreti-
schen Gründen kann man die Nicht-Existenz eines Phänomens
prinzipiell nicht beweisen. Jemand kann immer behaupten,
ohne daß ihm das Gegenteil bewiesen werden kann, daß irgendein Stern im Weltall einen spezifischen Einfluß auf den
Menschen ausübt, beispielsweise seinen Charakter prägt. Das
Gegenteil läßt sich nicht beweisen. Genauso kann man nicht
nachweisen, daß es die paranormalen Phänomene *nicht* gibt.
Wenn jemand also behauptet, für irgendein Phänomen sei Telepathie zuständig, so können wir dies nicht widerlegen. Hier
zeigen sich wichtige Grenzen unserer Argumentationsfähigkeit.

Dem Autor behagt eine derartige Argumentationsweise trotz
ihrer Nichtwiderlegbarkeit nicht. Es wehrt sich etwas in ihm,
eine prinzipiell nicht zurückzuweisende Position einzunehmen
und diese zur Erklärung nicht oder schwer verständlicher Sachverhalte heranzuziehen. Und der Autor hat auch innere Wider-
stände gegen solche Erklärungsversuche von anderen, die, wie
schon betont, aufgrund ihrer Allgemeinheit eigentlich gar
nichts erklären. Dennoch kann er seine Einstellung nicht »wis-
senschaftlich« begründen. Die Fähigkeit, visuelle Leistungen zu
vollbringen, ohne daß diese Leistungen verbal verfügbar werden, ohne daß ein Patient darüber sprechen kann, sollte also
nicht paranormal, sondern möglichst normal erklärt werden.

Um in dieses Problem noch tiefer einzudringen, soll noch
über einen anderen Versuch berichtet werden, den Roger
Sperry durchführte, der 1981 zusammen mit Hubel und Wiesel
den Nobelpreis erhielt. Einige Zeit lang wurden in Kalifornien
Hirnoperationen durchgeführt, die verhindern sollten, daß sich

bei Patienten mit einer schweren Epilepsie, die mit Medikamenten nicht zu kontrollieren war, die Erkrankung weiter ausdehnt. Die Operation bestand darin, die beiden Gehirnhälften chirurgisch voneinander zu trennen, indem der Balken zwischen ihnen durchschnitten wurde. Epileptische Anfälle gehen häufig von sogenannten Herden aus und haben die Eigenschaft, über den Balken hinweg an einer spiegelsymmetrischen Stelle in der anderen Gehirnhälfte einen entsprechenden Herd auszubilden. Die Trennung der beiden Gehirnhälften bewirkt eine teilweise Eingrenzung der Epilepsie und vermindert die weitere Schädigung des Gehirns. Bei solchen Patienten konnte Sperry verschiedene Beobachtungen machen, die sonst nicht möglich gewesen wären. Da beide Gehirnhälften voneinander getrennt waren, konnte überprüft werden, was jede Gehirnhälfte für sich allein vermochte.

In Abbildung 26 ist schematisch gezeigt, wie wir uns eine experimentelle Situation bei einem solchen Patienten vorzustellen haben. Die beiden Gehirnhälften sind, wie die unterbrochenen Verbindungslinien zeigen, nicht mehr in der Lage, sich gegenseitig zu informieren.

In die linke Gehirnhälfte eingetragen ist »Sprache«, was andeuten soll, daß für die meisten Menschen, wie wir bereits gesehen hatten, Sprachfunktionen von links gesteuert werden. Außerdem ist angegeben, daß links der *rechte* Teil des Gesichtsfeldes repräsentiert ist. Dann sehen wir eine Hand mit einem Bleistift und den Buchstaben R, was besagt, daß Bewegungen mit der rechten Hand, also auch die beim Schreiben, von der linken Gehirnhälfte gesteuert werden. In die rechte Gehirnhälfte ist »Emotionen« eingetragen, was uns daran erinnert, daß rechts die Gefühle, besonders die unangenehmen, ihren Sitz haben. Des weiteren ist in der rechten Gehirnhälfte das »räumliche Vorstellen« repräsentiert. Wenn wir uns einen Stadtplan *vorstellen*, um zu entscheiden, wie wir am schnellsten irgendwo hinkommen, dann wird bei dieser gedanklichen Tätigkeit hauptsächlich die rechte Gehirnhälfte beansprucht. Schließlich sehen wir rechts, daß dort die linke Hälfte des Gesichtsfeldes repräsentiert ist und daß die linke Hand von hier aus gesteuert wird, beziehungsweise Tastreize der linken Hand

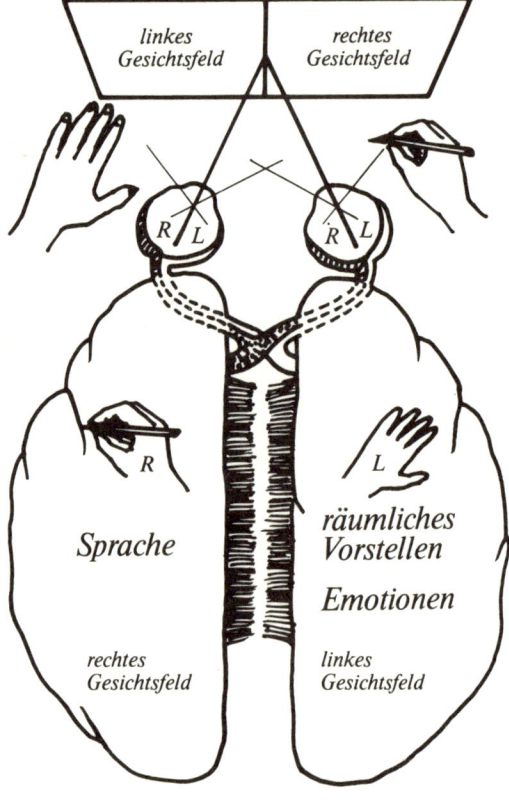

linkes
Gesichtsfeld

rechtes
Gesichtsfeld

R L

R L

R

L

Sprache

räumliches
Vorstellen

Emotionen

rechtes
Gesichtsfeld

linkes
Gesichtsfeld

Abbildung 26

hierher gelangen. Zur Vervollständigung des Bildes sind auch
schematisch die beiden Augen angegeben, die auf eine senkrechte Linie gerichtet sind, die das Gesichtsfeld in eine linke
und eine rechte Gehirnhälfte einteilt.

Stellen wir uns nun vor, der Patient fixiert ein bestimmtes
Wort, beispielsweise das Wort »Bewußtsein«, indem er genau
an die Stelle zwischen »Bewußt« und »sein« schaut. Das bedeutet, daß »Bewußt« in die rechte und »sein« in die linke
Gehirnhälfte gelangt. Da die beiden Gehirnhälften nichts voneinander wissen, kann das Wort »Bewußtsein« nicht zusam-

mengesetzt werden. Jede Gehirnhälfte hat ihre eigene Information, die mit der in der anderen Gehirnhälfte nichts zu tun hat. Die linke Gehirnhälfte, die »sein« vermittelt bekommen hat, muß dieses Wort unabhängig von seiner Verbindung zu »Bewußt« behandeln. Das Wort kann beispielsweise interpretiert werden in einem Zusammenhang wie »sein Auto« oder »Sein oder Nichtsein« oder »Dasein«. Da die linke Gehirnhälfte mit Sprache begabt ist, kann der Patient, dem Bewußt-sein gezeigt wurde, über diese und auch weitere Möglichkeiten sprechen. Die rechte Gehirnhälfte hat den Wortanteil »Bewußt« erhalten, und auch diese Gehirnhälfte ist im unklaren darüber gelassen, in welchem Kontext »Bewußt« zu verstehen ist. Anders als bei der Repräsentation des Wortteils »sein« in der linken Gehirnhälfte kann der Patient aber über »Bewußt« und seine Bezüge zu »Bewußtsein«, »Bewußtlosigkeit« oder andere Begriffe nicht sprechen, da die rechte Gehirnhälfte nicht sprachbegabt ist.

Diese Bedingungen hat Roger Sperry in seinem äußerst eleganten Versuch ausgenutzt, um mehr über die Arbeitsweise der Gehirnhälften zu erfahren. Zur Veranschaulichung des Versuches ziehen wir Abbildung 27 heran. Links oben sehen wir acht verschiedene Gesichter. Die Bilder dieser Gesichter wurden benutzt, um sogenannte Chimären-Reize zu konstruieren. Diese Reize sind unter den acht Originalphotographien gezeigt. Ein Chimären-Reiz besteht immer links aus *einem* Halbgesicht und rechts aus einem *anderen* Halbgesicht.

In der experimentellen Situation mit den Patienten wurde nun folgendes gemacht: Die Chimären-Gesichter wurden so gezeigt, daß der Patient genau die Mitte zwischen den Halbgesichtern fixierte. Diese Anordnung bewirkt, daß das linke Halbgesicht in die rechte und das rechte Halbgesicht in die linke Gehirnhälfte gelangt. Vor dem Versuch wurde der jeweils untersuchte Patient mit den acht Originalbildern vertraut gemacht.

Für die Versuche wurden zwei Bedingungen vorgesehen: Entweder erhielt der Patient den Auftrag zu *sagen*, welches Bild er gesehen habe, oder er sollte auf das Bild *zeigen* oder es aus einem Stapel von Bildern heraussuchen. Im ersten Fall wurde

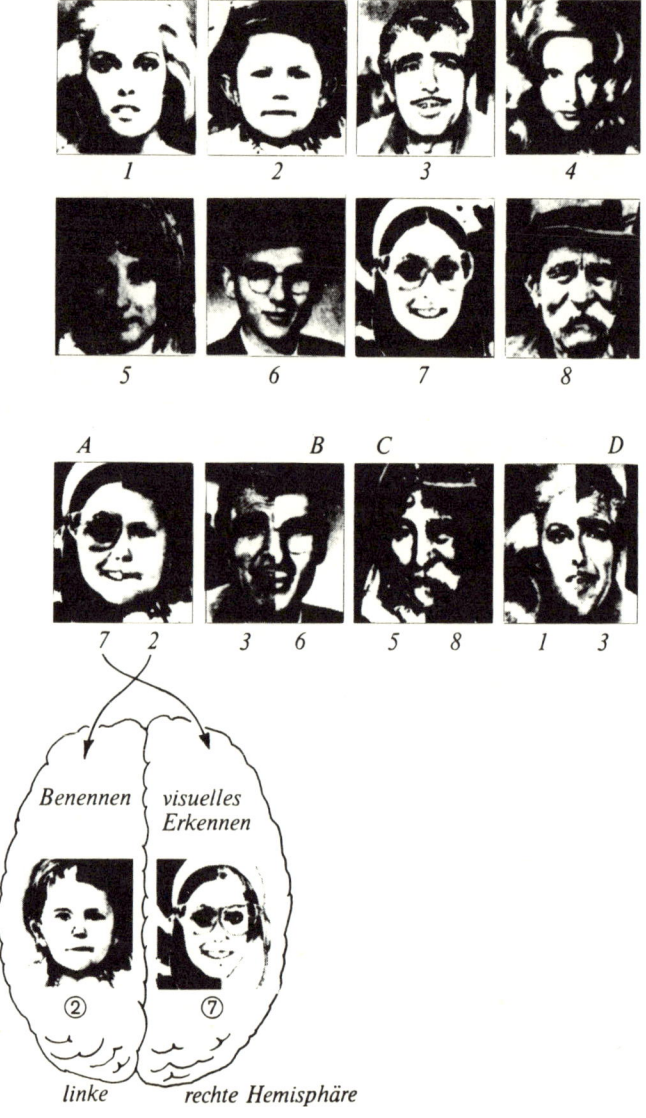

Abbildung 27

also eine *verbale* Reaktion verlangt. Im zweiten Fall mußte der Patient *nicht-verbal* reagieren. Die unterschiedliche Aufgabenstellung bewirkte nun, daß der Patient jeweils etwas anderes erkannte. Mußte der Patient verbal reagieren (»der kleine Junge mit dem rundlichen Gesicht«), dann »erkannte« er die Person, deren Bild in seiner *linken* Gehirnhälfte repräsentiert war. Wenn dagegen die nicht-verbale Reaktionsweise vereinbart war, dann »erkannte« der Patient jene Person, deren Bild in die rechte Gehirnhälfte geschickt worden war, indem er beispielsweise darauf zeigte (»die Dame mit der Brille«).

Die unterschiedliche Aufgabenstellung bewirkt, daß das Gehirn für die notwendige Reaktionsweise entweder die linke oder die rechte Gehirnhälfte in Gang setzt. Wird die linke aktiviert, kommt es zur sprachlichen Reaktion. Wird die rechte aktiviert, kommt es zwar zu einer richtigen Reaktion, die in diesem Fall, da die Gehirnhälften voneinander getrennt sind, aber sprachlich nicht verfügbar ist. Wenn die beiden Gehirnhälften miteinander verbunden sind, wie das normalerweise der Fall ist, dann kann nach der primären Aktivierung der rechten Gehirnhälfte und der erfolgten Reaktion die betreffende Person auch darüber sprechen, da dann die rechte Gehirnhälfte die sprachfähige linke von ihren Handlungen informieren kann.

Diese Untersuchungen von Roger Sperry zeigen zum einen, daß die linke Gehirnhälfte, auch wenn sie selbständig ohne die rechte funktionieren muß, sprachbegabt bleibt. Und es wird gezeigt, daß die rechte Gehirnhälfte zwar Kompetenzen im Hinblick auf das Unterscheiden und Erkennen von Reizen hat, daß diese Leistungen sich aber der sprachlichen Mitteilbarkeit entziehen. Unter normalen Bedingungen wird zur sprachlichen Vermittlung einer Leistung der rechten Gehirnhälfte die linke Gehirnhälfte herangezogen. Wie bei der Erörterung des Blindsehens liegt hier also ein Fall vor, daß Leistungen nicht-verbal nachgewiesen werden können, die wir üblicherweise als Leistungen des Bewußtseins ansehen.

Wie sollen wir uns nun verhalten im Hinblick auf das, was wir unter »Bewußtsein« verstehen oder verstehen wollen, wenn wir mit solchen Befunden konfrontiert werden, in denen

ganz eindeutig »Leistungen des Bewußtseins« vorliegen, ohne
daß der Betreffende davon etwas »weiß«? Der Autor möchte
hier einen Vorschlag machen, der nur als praktisch, nicht als
theoretisch begründet anzusehen ist. Von »Bewußtsein« wollen
wir nur dann sprechen, wenn das, was wir damit meinen, auch
anderen vermittelt werden kann. Die Weise der Vermittlung ist
üblicherweise sprachlich, aber sie kann auch anders erfolgen,
etwa mit Gesten. *Als »bewußt« sollen nur jene psychischen
Ereignisse angesehen werden, die kommuniziert werden können.* Bewußtsein steht also immer in einem sozialen Rahmen.
Ohne andere gibt es kein Bewußtsein.

18 »Über die allmähliche Verfertigung der Gedanken beim Reden« – sowie beim Gehen, Schreiben und nach dem Handeln

»Wenn du etwas wissen willst und es durch Meditation nicht finden kannst, so rate ich dir, mein lieber, sinnreicher Freund, mit dem nächsten Bekannten, der dir aufstößt, darüber zu sprechen. Er braucht nicht eben ein scharfdenkender Kopf zu sein, auch meine ich es nicht so, als ob du ihn darum befragen solltest: nein! Vielmehr sollst du es ihm selber allererst erzählen ... Der Franzose sagt: ›L'appétit vient en mangeant‹, und dieser Erfahrungssatz bleibt wahr, wenn man ihn parodiert und sagt: ›L'idée vient en parlant.‹« So beginnt Heinrich von Kleist seine berühmte Abhandlung, deren Titel als Überschrift zu diesem Kapitel gewählt wurde.

Wahrscheinlich hat sich jeder schon einmal in der von Kleist beschriebenen Situation befunden, auch wenn er sie nicht willkürlich herbeigeführt hat, wie Kleist hier vorschlägt, sondern wenn er zufällig in sie hineingeraten ist. Man beginnt zu sprechen und merkt plötzlich, wie sich beim Sprechen neue Gedanken entwickeln. Was vorher im Bewußtsein nicht verfügbar war, entsteht durch die Aktivität des Redens, und plötzlich wird man von einem neuen Gedanken überrascht. Diese Erfahrung kann man gelegentlich an sich selbst oder bei anderen in Seminaren machen, in denen eine lockere Arbeitsatmosphäre herrscht, wenn die Teilnehmer keine Angst voreinander haben. Ein Diskussionsredner mag stockend mit seinen Ausführungen beginnen, bis sich anscheinend ein Sachverhalt wie von selbst geklärt hat oder die Lösung eines schwierigen Problems erkannt worden ist, wobei der veränderte Redefluß die abgeschlossene Verfertigung des Gedankens erkennen läßt. *Eine* Bedingung für die »allmähliche Verfertigung der Gedanken beim Reden« muß allerdings erfüllt sein, nämlich die entspannte Atmosphäre. Der Sprechende muß Vertrauen dem oder den anderen gegenüber haben können. Es darf für ihn keine Gefahr bedeuten, auch etwas vielleicht vollkommen Unsinniges zu sa-

gen. Deshalb können Gespräche zwischen Liebenden besonders kreativ sein, da auf der Grundlage der Hingabe auch gedankliche »Grenzkontrollen« entfallen, denn man kann sich
öffnen. Und deshalb können manchmal auch Gespräche tief in
der Nacht, wenn man schon einige Gläser Wein getrunken hat
und die Selbstkontrolle eingeschränkt ist, ebenfalls so gedeih-
lich für die Ordnung der eigenen Gedanken sein. Allerdings
mag dann aufgrund des zu reichlichen Weinkonsums der Fall
eintreten, daß das, was man sich redend verdeutlicht hat, leider
wieder vergessen wird.

Wenn diese Situation des Vertrauens und der persönlichen
Sicherheit nicht besteht, dann kann der Redende gehemmt und
die allmähliche Verfertigung des Gedankens beim Reden blok-
kiert sein. Hierauf weist auch Heinrich von Kleist hin, wobei
er besonders die Situation des Examens im Auge hat: »Vielleicht gibt es überhaupt keine schlechtere Gelegenheit, sich von
einer vorteilhaften Seite zu zeigen, als gerade ein öffentliches
Examen.« Es dürfte die besondere Kunst des Prüfers sein, eine
Atmosphäre des Vertrauens zu schaffen, in der dem Prüfling
seine Gedanken überhaupt erst ins Bewußtsein kommen können – nicht nur die, die er im Sinne von Kleist noch *nicht*
hatte, sondern vor allem jene, die dem Bewußtsein aus dem
Gedächtnis bereitgestellt werden müssen, um den Examinator
mit eigenem Wissen zu beeindrucken.

Bewußtsein ist etwas, so hatten wir am Schluß des letzten
Kapitels festgestellt, das in einem kommunikativen Zusammenhang steht beziehungsweise gedacht werden muß. Bewußtsein ist durch die Möglichkeit zur Kommunikation definiert.
Der andere ist für mein Bewußtsein konstitutiv. In der von
Kleist beschriebenen Situation befinden wir uns also in der für
Bewußtseinstätigkeit vorgesehenen und somit vermutlich gün-
stigen Lage. Wenn Bewußtsein auf Mitteilung hin angelegt ist,
dann mag die soziale Situation auch die natürlichste sein, in
der es sich entfalten kann, das heißt, in der wir den leichtesten
Zugriff zu Inhalten des Gedächtnisses und zur »Verfertigung«
neuer Gedanken haben. Wenn wir bisher hauptsächlich auf die
Grenzen des Bewußtseins verwiesen haben, so soll nun auf Situationen hingewiesen werden, bei denen wir uns innerhalb

dieser Grenzen möglichst kreativ bewegen können. Welche anderen Situationen – neben jener des Miteinander-Redens – lassen sich noch für die »Verfertigung der Gedanken« finden?

Die soziale Situation des Redens können wir abwandeln, indem wir uns selbst zu jenem anderen machen. Wir führen ein Selbstgespräch. Für viele Menschen ist ein solches Selbstgespräch genauso kreativ wie ein Gespräch mit anderen. Allerdings können die meisten Menschen Selbstgespräche nicht immer und überall führen. Interessanterweise ist für viele das *Gehen* eine besonders günstige Rahmenbedingung für eine Unterhaltung mit sich selbst. In Abwandlung der Kleistschen These konnte man geradezu sagen: Über die allmähliche Verfertigung der Gedanken beim Gehen. Wenn man allein eine längere Strecke geht, ohne daß dabei die körperliche Anstrengung zu groß wird, dann befindet man sich in einer idealen Situation für ein kreatives Selbstgespräch. Man kann über Probleme nachdenken, man kann seine Gedanken ordnen und versuchen, über bisher nicht begriffene Sachverhalte Klarheit zu erlangen. Niemand kann einen ablenken, man kann sich ganz auf seine Gedanken konzentrieren. Für andere mag diese Situation der ideale Rahmen für Tagträumereien sein, in der man von seiner Phantasie irgendwohin entführt wird, wo nicht gedankliche Probleme gelöst, sondern individuelle Wünsche erfüllt werden.

Eine andere Tätigkeit, die für die Verfertigung der Gedanken ebenfalls sehr dienlich sein kann, ist das *Schreiben*. Nicht nur jene, die berufsmäßig zu schreiben haben, also Schriftsteller, Journalisten oder Wissenschaftler, werden bestätigen, daß das Schreiben selbst kreativ ist. Man schreibt beim Schreiben nicht nur das auf, was man schon weiß. Häufig entwickeln sich beim Schreiben neue Einsichten. Es gibt Wissenschaftler, die von sich sagen, daß sich zunächst geplante Ausführungen beim Schreiben eines Manuskriptes vollkommen verändert haben und etwas Neues entstand, das noch gar nicht im Blickfeld lag, als mit der Abfassung des Textes begonnen wurde. Auch jene, die nicht berufsmäßig schreiben, haben vielleicht beim Schreiben längerer Briefe gelegentlich schon die Erfahrung der Kreativität gemacht. Wenn nicht, sollte man das einmal probieren, und wenn man keinen geeigneten Briefpartner hat, dann kann man Briefe auch an sich selbst richten. Beim Schreiben befinden wir uns in einer ähnlichen Situation wie beim Selbstgespräch. Wir teilen etwas mit, was uns durch den Kopf geht, auch wenn niemand anwesend ist. Es ist aber eine Situation, *als ob* jemand anwesend wäre. Dies ist die Funktion des Tagebuchs.

Wie läßt sich nun diese Kreativität erklären, wenn uns etwas Neues, nie Gedachtes ins Bewußtsein kommt, indem wir sprechen, gehen oder schreiben? (Sicher mag es auch noch andere Situationen geben, in denen man einen besonderen Zugang zur eigenen Kreativität findet, wenn man beispielsweise nach Abschluß einer Handlung sich darüber klarzuwerden versucht, warum man in einer bestimmten Weise gehandelt hat.) Es wurde festgestellt, daß eine notwendige Bedingung für das Bewußtsein der *kommunikative* Bezug ist. So scheint es natürlich, daß der andere, der mir zuhört oder dem ich schreibe, mein Denken anregt. Zum kommunikativen Rahmen scheint aber noch etwas hinzukommen zu müssen. Ich möchte das als *Aktivität* bezeichnen. In all den genannten Situationen bestimmen *wir* die Situation. *Wir* sprechen, *wir* gehen, *wir* schreiben, das heißt, von uns geht die Aktivität aus. Wenn wir die einzelnen Gesichtspunkte zusammenfassen, bedeutet das, daß Kreativität durch persönliche *Sicherheit, Kommunikation* und *Aktivität* gekennzeichnet ist. Dann ist die größte Chance für das Entstehen neuer und das Ordnen alter Bewußtseinsinhalte gegeben.

Die Tatsache, daß sich für viele die Gedanken bevorzugt beim Gehen entwickeln, spricht auch für die Beteiligung *körperlicher* Aktivität an Bewußtseinsvorgängen. Trägheit scheint dem Denken eher abträglich zu sein. Vor allem sind wohl Bewegungen rhythmischer Art, die sich in ihrem Ablauf wiederholen, besonders vorteilhaft für die Verfertigung der Gedanken. Auch Sprechen und Schreiben sind ja rhythmische Bewegungsabläufe, wenn auch mit geringerer Intensität.

Wagen wir also die Hypothese, daß körperliche Aktivität, solange sie nicht ermüdend ist, anregend auf gedankliche Tätigkeit wirkt. Freilich sollte diese körperliche Aktivität auf ein mittleres Niveau eingestellt sein. Wenn es, etwa bei einer mehrstündigen Bergtour, zu anstrengend wird, dann denken wir nur noch an unseren Körper und versuchen, mit der Erschöpfung fertig zu werden.

Wann bewegen wir uns demnach wohl am freiesten in den uns aufgezwungenen Grenzen unseres Bewußtseins? Offenbar dann, wenn wir uns mit jemandem, dem wir vertrauen, gehend auf den Weg machen und mit ihm sprechen.

Die allmähliche Verfertigung der Gedanken beim Reden, Gehen oder Schreiben gilt natürlich auch für den Autor. Ihm fällt jetzt ein, daß diese Situation von griechischen Philosophen, den sogenannten Peripatetikern (vom griechischen *peripatein* – umherwandeln), vor allem von Aristoteles, seinen Schülern und Anhängern als Unterrichtsmethode benutzt wurde. Die auf Sokrates zurückgehende sokratische Methode der Belehrung durch Frage und Antwort ist ebenfalls dadurch charakterisiert, daß durch das Gespräch neue Einsichten entstehen – Sokrates' berühmte »Hebammenkunst« oder Maieutik.

Wenn die bisherigen Ausführungen beweisbar sind, dann sollte es auch Situationen geben, in denen die bisher genannten äußeren Bedingungen nicht erfüllt sind, wodurch sich eine Einengung des Bewußtseins einstellt. Solche Situationen könnten als Test für die eben formulierte Hypothese gelten. Eine solche Testsituation bietet uns ein schwer depressiver Patient. Eine typische Situation des schwer Depressiven: wenn er morgens im Bett liegt und über sein Leben nachgrübelt, ohne einen Ausweg aus seiner vermeintlich trostlosen Situation zu finden. Körperlich inaktiv, ohne Bezug zu einem anderen, ist er sich selbst überlassen, ohne Vertrauen in die Welt. Der Depressive klagt darüber, daß er mit anderen nicht mehr normal kommunizieren kann. Seine soziale Kompetenz ist eingeschränkt. Er kann keine Sache mehr aktiv anpacken, fühlt sich gelähmt und körperlich erschöpft. Er fühlt sich auch von anderen Menschen bedroht und kann niemandem mehr trauen. Jedes Selbstvertrauen ist ihm abhanden gekommen. Es treffen also alle jene Bedingungen zu, die die Tätigkeit des Bewußtseins hemmen. Und was sagt der Patient selbst dazu? Ihm falle nichts mehr ein, dauernd vergesse er etwas. Seine Gedanken bewegen sich nur noch im Kreis, aus dem er keinen Ausweg finde. Dem Depressiven sind die Grenzen seines Bewußtseins viel enger gezogen als jenen, die sich mit Selbstsicherheit, Vertrauen, geistiger und körperlicher Aktivität Problemen zu stellen vermögen. Will man einem solchen Patienten helfen, muß man Rahmenbedingungen schaffen, in denen sich sein Bewußtsein wieder normal entfalten kann. Vermutlich wird man damit zwar nicht die Depression ganz beseitigen können, dem Patienten aber doch eine wesentliche Hilfe zur Minderung seines Leidens bieten.

Es gibt im übrigen eine Situation, die uns allen vertraut ist und die in besonderer Weise durch »Trägheit des Geistes« gekennzeichnet ist, nämlich das Fernsehen und dieser Nicht-Tätigkeit verwandte Untätigkeiten. In körperlicher Passivität ist man einem Geschehen, das andere vorgeben, als Betrachter ausgeliefert. Die Tatsache, mit immer massiveren filmischen Mitteln an die Gefühlswelt der Zuschauer zu appellieren, mag ein Ausdruck der Tatsache sein, daß wir als Zuschauer letztlich unbefriedigt sind, wenn wir in einer Situation der Passivität gefangen sind. Eine Flucht vor dieser eigenen Trägheit des Geistes ist im Sinne einer Selbst-Therapie das Zapping, das Springen von Kanal zu Kanal, das unsere Sehnsucht nach Aktivität ausdrückt.

19 Der zeitliche Aufbau des Bewußtseins – und wie Unbewußtes Vorbewußtes beeinflußt

»Die Unterscheidung des Psychischen in Bewußtes und Unbewußtes ist die Grundvoraussetzung der Psychoanalyse und gibt ihr allein die Möglichkeit, die ebenso häufigen als wichtigen pathologischen Vorgänge im Seelenleben zu verstehen, der Wissenschaft einzuordnen. *Bewußt*sein ist zunächst ein rein deskriptiver Terminus, der sich auf die unmittelbarste und sicherste Wahrnehmung beruft. Die Erfahrung zeigt uns dann, daß ein psychisches Element, zum Beispiel die Vorstellung, gewöhnlich nicht dauernd bewußt ist. Es ist vielmehr charakteristisch, daß der Zustand des Bewußtseins rasch vorübergeht; die jetzt bewußte Vorstellung ist es im nächsten Moment nicht mehr, allein sie kann es unter gewissen, leicht hergestellten Bedingungen wieder werden. Inzwischen war sie, wir wissen nicht was; wir können sagen, sie sei *latent* gewesen, und meinen dabei, daß sie jederzeit *bewußtseinsfähig* war.«

Mit diesen Worten umschreibt Sigmund Freud in seiner Abhandlung »Das Ich und das Es«, was er unter dem Begriff Bewußtsein versteht, und er fährt dann wenig später fort: »Wir haben erfahren, das heißt annehmen müssen, daß es sehr starke seelische Vorgänge oder Vorstellungen gibt, ... die alle Folgen für das Seelenleben haben können wie sonstige Vorstellungen, ... nur werden sie selbst nicht bewußt ... Solche Vorstellungen (können) nicht bewußt sein, weil eine gewisse Kraft sich dem widersetzt, daß sie sonst bewußt werden könnten und daß man dann sehen würde, wie wenig sie sich von anderen anerkannten psychischen Elementen unterscheiden. ... Den Zustand, in dem diese sich vor der Bewußtmachung befanden, heißen wir *Verdrängung*, und die Kraft, welche die Verdrängung herbeiführt und aufrechterhalten hat, behaupten wir während der analytischen Arbeit als *Widerstand* zu verspüren. Unseren Begriff des Unbewußten gewinnen wir also aus der Lehre von der Verdrängung. Das Verdrängte ist uns das Vorbild des Unbewußten. Wir sehen aber, daß wir zweierlei Unbewußtes haben, das latente, doch bewußtseinsfähige, und das verdrängte, an sich und ohne weiteres nicht bewußtseinsfähige.« Es ist sicher angebracht, Sigmund Freud selbst über einen Sachverhalt zu Wort kommen zu lassen, der für seine Lehre als so zentral gilt. Freud schlägt vor, das latent Unbewußte als *vorbewußt* zu bezeichnen, während *unbewußt* auf das Verdrängte beschränkt werden sollte.

Für unsere Überlegungen über die Grenzen des Bewußtseins haben die Überlegungen von Freud eine wichtige Konsequenz. Wir müssen psychische Inhalte annehmen, die deshalb, weil sie verdrängt wurden, nicht bewußt werden können, aber trotzdem *Wirkungen* haben wie die bewußten. Wenn das gilt, dann ist der Spielraum unseres Bewußtseins noch weiter eingeengt; denn die Wirkungen, die vom Unbewußten ausgehen und Erleben und Verhalten mitsteuern, bleiben uns verschlossen. Nach dieser Auffassung kann etwas in unserem Bewußtsein erscheinen, ohne daß wir Einfluß darauf nehmen können.

Wenn man diese Betrachtungsweise akzeptiert, dann bedeutet das, daß unserem Handeln jegliche Freiheit fehlen könnte. Denn wenn mein Handeln vom Unbewußten mitbestimmt wird, mir das Unbewußte aber verschlossen ist, dann kann ich nicht abschätzen, was an meinen Handlungen aus dem Unbewußten gesteuert wird. Im ungünstigsten Fall muß ich annehmen, daß mir die Gründe meines Handelns nie bewußt sind, denn stets kann Unbewußtes mit ins Spiel kommen.

Die Annahme eines Unbewußten, dessen Inhalte verdrängt wurden, die aber gewaltsam ins Bewußtsein zurückdrängen, begründet sich durch Beobachtungen an Träumen, Fehlhandlungen und vor allem an seelischen Störungen. Besonders anschaulich sind die Fehlhandlungen, die Freud in seinem Werk »Die Psychopathologie des Alltagslebens« erörtert. Beispiele für Fehlhandlungen wären etwa die folgenden Versprecher: »Ich fordere Sie auf, jetzt auf das Wohl unseres Chefs *auf*zustoßen«; oder wenn ein Professor in seiner Antrittsvorlesung sagt: »Ich bin nicht *geneigt* (statt geeignet), die Verdienste meines sehr geschätzten Vorgängers zu schildern.« Wer sich in solcher Weise verspricht – und wem ist es nicht schon ähnlich ergangen? –, der ist selbst über seine Fehlleistung am meisten über-

rascht. Der nicht beabsichtigte Versprecher stammt offenbar
aus dem Unbewußten, also aus dem Bereich, der sich der bewußten Kontrolle entzieht.

Im Hinblick auf die Frage nach den Grenzen des Bewußtseins muß der Leser nun eine eigene Wahl treffen, ob er sich
der Argumentation anschließen will, die auf die Gedanken von
Freud zurückgeht, oder nicht. Müssen die Grenzen unseres Bewußtseins noch enger gezogen werden, als wir bisher vermutet
haben? Das ist als Frage formuliert, da wir uns in einer nicht
auflösbaren Situation befinden, denn die Bedeutung des Unbewußten kann nicht überprüft werden. Wenn ein Sachverhalt
nicht bewußt werden kann, er also dem Bewußtsein verschlossen bleibt, dann besteht auch keine Möglichkeit, seine Wirkung
auf das Bewußtsein zu überprüfen. Die Annahme eines stets in
das Bewußtsein hineindrängenden Unbewußten kann richtig
oder falsch sein – es gibt keine Möglichkeit, diese Frage zu
entscheiden. Der Leser kann sich also auch dafür entscheiden,
daß die Grenzen seines Bewußtseins durch den hier nahegeleg-
ten Mechanismus des Unbewußten *nicht* bestimmt werden,
daß er sich also in den Grenzen seines Bewußtseins als vollkommen frei ansehen kann. Allerdings ist auch diese Position
nicht begründbar.

Solche Überlegungen zeigen, daß die Grenzen des Bewußtseins jeweils auch *individuell* bestimmbar sind. Meine persönliche Einstellung bedingt, wo ich diese Grenzen ziehe, ob ich
die Wirkungen eines »Unbewußten« für mich anerkenne oder
nicht.

Gehen wir aber im folgenden davon aus, daß mit der Wirkung des Unbewußten zu rechnen ist und daß seine Inhalte
stets in das Bewußtsein drängen und nur mit Gewalt zurückge-
halten werden (wobei während einer Fehlhandlung diese Ein-
dämmung nicht vollkommen gelingt), wie müssen wir uns
dann diese Wirkung im zeitlichen Verlauf vorstellen? Zur Veranschaulichung der Antwort auf diese Frage sei der Leser auf
Abbildung 28 verwiesen, in der noch einige weitere, zum Teil
auch neue Begriffe auftauchen.

Wir orientieren uns wieder an der Zeit, die wir uns üblicherweise von links nach rechts laufend vorstellen, wobei links

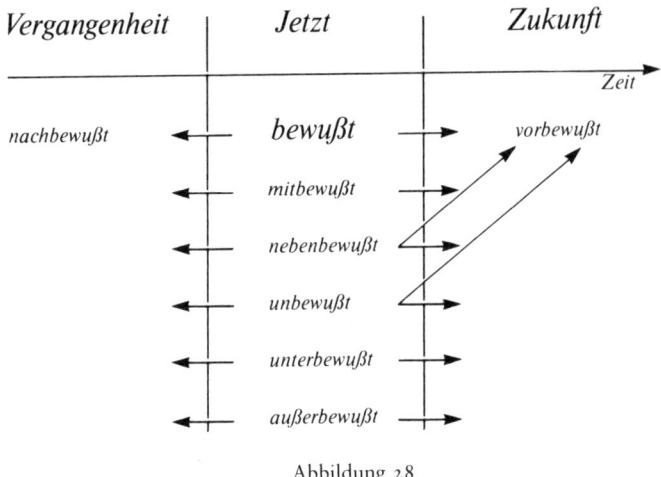

Abbildung 28

Vergangenes und rechts Zukünftiges repräsentiert sei. Die Gegenwart, was wir als Jetzt empfinden, ist nach den hier ausgeführten Überlegungen etwas dem jeweiligen Bewußtseinsinhalt Anhaftendes, also nicht der Bewußtseinsinhalt selber. Die zeitliche Grenze für das, was bewußt ist, kann aufgrund der beschränkten Integrationsfähigkeit des Gehirns nicht über etwa drei Sekunden hinausgehen. In der Abbildung müssen wir uns demnach »Jetzt« als eine Konstruktion aus dem, was darunter steht, nämlich dem jeweiligen Zustand »bewußt«, vorstellen. Für das, was mir nicht bewußt ist, es aber eben noch war, was also in der Vergangenheit liegt, kann man ein neues Wort verwenden, nämlich »nachbewußt«. Dieser Begriff ist vielleicht deshalb angebracht, weil es »vorbewußt« ja bereits gibt. Hiermit meinte Freud jene psychischen Phänomene, die jederzeit bewußtseinsfähig seien, aber im Augenblick nicht bewußt sind. Da die Möglichkeit, bewußt zu werden, sich nur auf die Zukunft beziehen kann, ist es angebracht, vorbewußt zeitlich – und nicht topologisch – zu interpretieren. Mit »nicht topologisch« ist gemeint, daß es nicht sinnvoll erscheint, eine Instanz des Vorbewußten anzunehmen, womöglich irgendwo im Gehirn lokalisiert. Wenn man »vorbewußt«, aber zeitlich deutet, also den nächsten oder übernächsten Bewußtseinsinhalt anspricht, der aktiv von mir herbeigeholt wird oder der sich mir aufdrängt, ist es naheliegend, das nicht mehr Bewußte als »nachbewußt« zu bezeichnen.

In der Abbildung sind unterhalb von »bewußt« fünf weitere Begriffe aufgeführt, wobei sich sprachliche Neuschöpfungen anboten. Die Tatsache, daß die Begriffe untereinander stehen, soll andeuten, daß das mit dem Begriffen jeweils Gemeinte als *gleichzeitig* mit »bewußt« aufzufassen ist.

Was wir mit dem Begriff »unbewußt« verbinden, ist vor allem durch die Überlegungen Freuds festgelegt. Diese Überlegungen lassen sich allerdings recht einfach mit dem vorliegenden Schema verbinden. Das Unbewußte wird als dauernd tätig angesehen. Deshalb nehmen wir synchron mit dem jeweiligen Bewußtseinsinhalt Wirkungen aus dem Unbewußten an. Diese Wirkungen können sich jedoch nur in der Zukunft auswirken – deshalb der schräge Pfeil von »unbewußt« zu »vorbewußt«. Bei dem gerade vorliegenden Bewußtseinsinhalt – also *jetzt* – hat das Unbewußte keine Einflußmöglichkeit mehr, da es schon zu spät ist. Für dieses Bewußte konnte nur eine Wirkung in Frage kommen, die nun schon in der Vergangenheit liegt. Was jetzt unbewußt ist und drängt, bewußt zu werden, kann dies frühestens, wie durch den Pfeil angedeutet, beim nächsten Bewußten, das jetzt noch vorbewußt ist.

Wie wir aus den Bemerkungen Freuds erfahren haben, drängt das Unbewußte zwar ins Bewußtsein, aber es wird daran gehindert, ins Bewußtsein einzutreten. Nur in Ausnahmesituationen, wie etwa bei Fehlhandlungen, kann Unbewußtes bewußt werden. Das, was normalerweise bewußt wird, stammt aus einer anderen Quelle. Dieser Bereich ist als »nebenbewußt« gekennzeichnet. Was bewußt wird, ist jeweils Ergebnis einer vorbereitenden Aktivität, die selbst nicht bewußt, sondern eben nebenbewußt ist, und die wir uns als gleichzeitig vorstellen müssen mit dem, was gerade bewußt ist.

Denken wir zurück an die zeitliche Gliederung der Sprache oder an das anschauliche Umkippen einer Figur, die jeweils etwas anderes bedeutet. Solche und ähnliche Beobachtungen legen nahe, daß zeitlich parallel zum jeweiligen Bewußtseinsinhalt mentale, nicht-bewußte, *nebenbewußte* Vorgänge ablaufen, die das jeweils kommende Bewußte bestimmen (daher der Pfeil zu vorbewußt). Das Nebenbewußte ist nicht unabhängig zu denken von jeweils Bewußtem, da aufeinanderfolgende Bewußtseinsinhalte inhaltlich ja normalerweise zusammenhängen. Allerdings kann bei Geisteskrankheiten, etwa bei der Schizophrenie, die inhaltliche Beziehung zeitlich aufeinanderfolgender Bewußtseinsinhalte zerbrechen.

Während das *Nebenbewußte* und das *Unbewußte* sich erst im *Vorbewußten* darstellen können, obwohl sie synchron ablaufen, ist das *Mitbewußte* eine Qualität des jeweilig *Bewußten*. Damit ist gemeint (vergleiche Kapitel 15), daß jeder Inhalt des Bewußtseins auch eine emotionelle Tönung aufweist. Was uns bewußt wird, hat stets auch das Attribut einer gefühlsmäßigen Färbung, mag diese Färbung auch noch so schwach sein. Manchmal jedoch kann das Emotionelle in seiner Intensität so stark sein, daß es zum alleinigen Bewußtseinsinhalt wird, etwa im Jetzt der Lust oder der Qual. Das Mitbewußte ist uns – dies soll der Begriff sagen – nicht bewußt, aber wir können uns im Nachbewußten des Mitbewußten oft versichern, wenn wir uns nämlich nachträglich fragen, wie etwas, was uns bewußt war, also jetzt nachbewußt ist, gefühlsmäßig angesprochen hatte. Unter Umständen kann es geschehen, wenn wir den Gedanken Freuds folgen, daß dieses Mitbewußte von solcher Qualität war, daß es verdrängt wird, so daß es aus dem bewußt verfügbaren Nachbewußten ins bewußt nicht mehr verfügbare Unbewußte verlagert wird, von wo es dann ins Vorbewußte drängt.

In das Schema sind zwei weitere Begriff aufgenommen worden, die sich zur Kennzeichnung der Grenzen des Bewußtseins eignen mögen. Mit »unterbewußt« ist gemeint, daß es zahlreiche Vorgänge gibt, die in uns ablaufen und die prinzipiell nicht ins Bewußtsein gelangen können. Nehmen wir das Beispiel des »Blindsehens« (Kapitel 17), das nicht bewußtseinsfähig, weil sprachlich nicht verfügbar ist. Oder denken wir an die Maschinerie des Gehirns, die uns Erleben und Verhalten erst ermöglicht. Nur durch indirekte Beobachtungen können wir uns über diese Prozesse informieren. Ihre unmittelbare Wahrnehmung ist uns verschlossen. Das, was jenseits dieser Grenze der unmittelbaren Erfahrung liegt, für unser Erleben und Verhalten aber konstitutiv ist und indirekt erschlossen werden kann, soll als »unterbewußt« angesehen werden.

Schließlich soll mit »außerbewußt« jener Bereich angesprochen werden, der uns prinzipiell verschlossen bleibt, das heißt auch nicht indirekt erschlossen werden kann. Die uns zur Verfügung stehende Maschinerie des Gehirns gibt uns einen speziellen Ausblick in die Welt und vermittelt uns *unsere* Realität, *unser* Weltbild. Eine andere Maschinerie – vielleicht entstanden in einer anderen Evolution – würde uns eine andere Realität vermitteln, die mit der unseren im günstigsten Fall *teilweise* übereinstimmen könnte. Doch wir haben eben nur unsere Realität und darüber hinaus keine Möglichkeit, andere Realitäten zu erfassen; sie bleiben außerbewußt. Wir können uns Außerbewußtes in der Phantasie ausmalen – was zum Schluß geschehen soll.

20 Besuch von einem anderen Stern –
oder: Warum Grenzen notwendig sind

Viele Leser finden vielleicht, wie der Autor, Gefallen an Zukunftsromanen oder Zukunftsfilmen, in denen uns die Phantasie in andere Zeiten und Welten trägt. Wenn man sich *andere* Welten ausmalt, hat man gleichzeitig die Möglichkeit zu verdeutlichen, wie es *bei uns* aussieht. Nehmen wir also an, wir bekommen Besuch aus einem anderen Sternensystem. Die Lebewesen, die zu uns kommen, haben ihre eigene Entwicklungsgeschichte hinter sich. Da die Lebensbedingungen auf ihrem Planeten vermutlich anders als bei uns sind, werden die Besucher aufgrund der evolutionären Anpassung an *ihre* Umwelt anders aussehen, anders wahrnehmen, anders denken und handeln. So wie wir ihnen werden sie uns fremd erscheinen. Werfen wir also mit *ihren* Augen einen Blick auf *uns*, um damit abschließend unsere eigene Wirklichkeit und Welterfahrung im Kontrast zu verdeutlichen. Ihrem Logbuch sind jene Bemerkungen entnommen, die sich auf die Grenzen menschlichen Bewußtseins beziehen.

»Auf der Erde gibt es Lebewesen, die sich Menschen nennen. Sie können nur in eine Richtung blicken. Wenn sie nach Norden schauen, dann ist ihnen der Süden verschlossen. Um nach Süden zu schauen, müssen sie erst ihren Körper umdrehen. Wieviel umfassender ist unser Panoramablick, der es uns mit unseren zahlreichen visuellen Rezeptorsystemen ermöglicht, stets in alle Richtungen zu schauen. Uns fiel bei unserem Aufenthalt auf der Erde auch auf, wie begrenzt das Gesichtsfeld von Menschen ist. Was wir an feinsten Details noch auf 100 Meter Distanz erkennen können, ist ihnen aufgrund der Konstruktion ihrer Augen nur bei einer Distanz von einem Meter möglich.

Interessanterweise haben Menschen kein Gespür für elektrische Veränderungen, was sie manchmal in gefährliche Situationen bringt. Das ist merkwürdig, weil es andere Lebewesen auf der Erde gibt, die diese Fähigkeit entwickelt haben. Anders als

wir haben sie eine Fähigkeit, die sie Hören nennen. Auf der
Grundlage des Hörens haben sie eine Kommunikationsform
entwickelt, die sie Sprache nennen. Die Menschen müssen allerdings, wenn sie ihre Sprache benutzen, ganz nah zueinander
kommen, um sich auch gegenseitig zu verstehen, weil zur Vermittlung der Sprache die Übertragung von Schall in der Luft
benötigt wird. Wenn sie sich voneinander entfernen, können
sie sich nicht mehr hören, weil Schall in der Luft nur begrenzt
übertragen wird. Zur Überwindung dieses Problems haben sie
technische Systeme entwickelt.

Die Menschen sehen merkwürdig aus: Sie gehen aufrecht
auf zwei Beinen. Dadurch gibt es für sie zwei Seiten, die sie
rechts und links nennen. Diesen seitensymmetrischen Aufbau
gibt es bei vielen Lebewesen auf der Erde, doch kommt auch
unser radiärsymmetrischer Aufbau vor, allerdings bei Tieren
sehr viel seltener als bei Pflanzen. Daß uns das Weltbild des
Menschen so merkwürdig fremd erscheint, mag daran liegen,
daß sie mit ihren Sinnen die ›Welt‹ ganz anders erleben als wir.
Manche Dinge, die wir erkennen, nehmen sie nicht wahr, aber
wir müssen zugeben, daß sie Einblick in andere Bereiche der
Realität haben, die uns verschlossen sind. Ihr ›Weltbild‹ hängt
offenbar auch davon ab, daß sie seitensymmetrisch aufgebaut
sind, denn ›links‹ und ›rechts‹ sind wesentliche Bestandteile ihrer Welterfahrung und ihres Denkens.

Wir hatten bei unserer Reise Gelegenheit, mit einigen Menschen Experimente durchzuführen. Unsere Versuche betrafen
unter anderem die zeitliche Verarbeitung von Reizen. Wir stellten zum Beispiel fest, daß die Gleichzeitigkeit für die Menschen
danach definiert ist, welcher Sinn Reize verarbeitet, das heißt
beim Hören und beim Sehen ist die Gleichzeitigkeit verschieden. Aber auch wenn sie Signale als ungleichzeitig erkannt haben, wissen sie noch nicht unbedingt, in welcher Reihenfolge
sie aufgetreten sind. Hier drückt sich an einem Detail in sehr
deutlicher Weise die zurückgebliebene Entwicklung der Menschen aus.

Die Menschen haben ebenfalls wie wir einen Mechanismus
entwickelt, der aufeinanderfolgende Ereignisse zu Wahrnehmungsgestalten zu integrieren vermag. Diese Integration hat

bei ihnen aber eine obere Grenze von nur drei Sekunden. Was
jeweils innerhalb eines solchen Intervalls zusammengefaßt ist,
das erscheint ihnen als gegenwärtig und bewußt. Für uns war
interessant festzustellen, daß sie immer nur *einen* Inhalt des
Bewußtseins haben können, während aufgrund der Konstruk-
tionsprinzien unseres zentralen Prozessors (die Menschen nennen dies Gehirn) bei uns viele solcher Bewußtseinsprozesse parallel ablaufen können. Diese Beschränkung auf *ein* Bewußtsein
ist ein prinzipieller Unterschied uns gegenüber. In unseren Experimenten mit den Menschen war dies im übrigen ein lange
nicht verstandenes Ergebnis. Wir mußten uns erst von unserer
Vorstellung lösen, daß es selbstverständlich ist, mehr als einen
Bewußtseinsinhalt zu haben.

Bei Menschen ist nicht genau vorauszusagen, was ihnen
demnächst ins Bewußtsein komme. Während bei uns jedes
Teilbewußtsein nacheinander im Hinblick auf Handlungsziele
abgefragt wird, bleiben bei den Menschen Bewertungen von
Sachverhalten, die zu Handlungen führen, häufig im dunkeln.
Dieses Dunkle nennen sie das Unbewußte. Die Menschen wissen also oft selber gar nicht, warum ihnen eine bestimmte Sache einfällt oder warum sie etwas Bestimmtes tun. Sie sind in
gewissem Sinne sich selbst ausgeliefert, was häufig zu Schwierigkeiten im Umgang miteinander führt. Was ihnen ins Bewußtsein kommt, ist immer auch gefühlsmäßig gefärbt, was
dazu führt, daß ihre Handlungen von ihren Emotionen beeinflußt sind, während unsere Handlungen ja rein rational ablaufen und von uns darum auch laufend kontrolliert und zuverläs-
sig gesteuert werden können. Da ihnen ihre Gefühle aber nicht
immer bewußt sind, macht ihr Verhalten für Außenstehende
häufig einen unkontrollierbaren und irrationalen Eindruck. Es
war für uns erstaunlich zu beobachten, daß das Zusammenle-
ben der Menschen nach rationalen Prinzipien nicht möglich zu
sein scheint.

Im Laufe der Evolution sind zahlreiche Strukturen in den
Gehirnen der Menschen entwickelt worden, die für den Aufbau der Wirklichkeit verantwortlich sind. Jede Teilstruktur,
man kann sie auch als Modul bezeichnen, ist für eine bestimmte *Kategorie* zuständig. Um eine sehr einfache zu nennen,

zum Beispiel die Kategorie ›Farbe‹: Es war für uns hochinteressant zu beobachten, wie gering die Anzahl dieser Kategorien ist. Da sich das ›Weltbild‹ des Menschen auf die kategoriale Erfassung der Wirklichkeit stützt, ist naturgemäß auch das menschliche Weltbild begrenzt. Die Menschen ahnen nicht einmal, wieviel umfassender die Wirklichkeit ist, in der sie leben, und dies nur, weil ihnen aufgrund der evolutionären Vorbedingungen die notwendigen Kategorien fehlen. Diese Beobachtungen an den Menschen haben *uns* allerdings auch zu der Frage verholfen: Ist es denkbar, daß unsere eigene Wirklichkeit ebenfalls begrenzt ist – obwohl sie aufgrund der sehr viel größeren Anzahl von Kategorien viel umfassender ist als jene der Menschen?

Die Menschen haben allerdings eine bemerkenswerte Vorgehensweise entwickelt, um die Grenzen des ihnen durch ihre Evolution aufgenötigten Weltbildes zu erweitern, nämlich die Wissenschaft. Sie untersuchen andere Lebewesen – so wie wir sie untersucht haben –, und über das Studium der Erfahrungsmöglichkeiten dieser Lebewesen gelingt ihnen ein breiterer Einblick in die Natur. Dieser Einblick ist aber kein unmittelbares Erleben, sondern ein mittelbares Erschließen aufgrund von Beobachtungen, und damit sind sie erstaunlich erfolgreich gewesen. Evolutionäre Anpassungen verschiedener anderer Lebewesen geben ihnen Aufschluß über eine umfassendere, letztlich aber natürlich verborgene Wirklichkeit. So erkennen sie, daß ihre eigene Wirklichkeit nicht absolut ist, sondern nur ein durch ihre Evolution bedingtes Bild.

Allerdings bleibt es fraglich, ob sie mit dem wissenschaftlichen Versuch einer Erweiterung ihres Wirklichkeitshorizontes letzten Endes erfolgreich sein können. Denn ihre Denkwerkzeuge sind natürlich abhängig von den evolutionären Randbedingungen, also den verfügbaren Kategorien, nach denen sie die Welt beschreiben. Die Begriffe sind nicht unabhängig von den gewordenen Kategorien; der den Menschen geläufige Begriff ›be-greifen‹ drückt dies selbst anschaulich aus. Deshalb ist ihre Welterfahrung letzten Endes zirkulär, das heißt: sie läuft im Kreise, da nur das erfaßt werden kann, für das es Kategorien gibt. Ihre Wirklichkeit muß notgedrungen eine Kon-

struktion auf der Grundlage der ihnen bereitgestellten Gehirn-
mechanismen sein. Sie können sich nicht objektiv von außen
betrachten.

Der Besuch auf diesem seltsamen Sonnentrabanten hat uns
interessante neue Einblicke über eine neu entdeckte Art ver-
schafft. Uns ist vor allem klargeworden, daß ohne die Grenzen
des Bewußtseins, die wir bei den Menschen beobachten, ihnen
gar keine Wirklichkeit verfügbar wäre. Die Grenzen definieren
den formalen Rahmen, damit Wirklichkeit überhaupt erfaßt
werden kann. Ohne Grenzen gäbe es für die Menschen nur das
Chaos. Da die Beobachtungen über notwendige Grenzen zum
Aufbau einer Wirklichkeit so aufschlußreich sind, müssen wir
vermuten, daß auch unsere eigene Wirklichkeit begrenzt ist.«

Nachweise

Die Abbildungen 1 bis 9, 11 bis 15, 25 und 28 stammen vom Verfasser.

Folgende Abbildungen wurden in meist modifizierter Form übernommen: 10 (U. Neisser), 16 (J. Haase, Neurophysiologie), 17, 18 (J. Aschoff), 19 (P. Glees, Das menschliche Gehirn), 20 (N. Geschwind), 21 (R. Melzack), 22 (H. A. Sackeim u. a.), 23 (J. Olds), 24 (D. Hubel und T. Wiesel), 26, 27 (R. Sperry).

Aus Ernst Pöppel: »Lust und Schmerz. Neuronale Grundlagen menschlichen Erlebens und Verhaltens«, Berlin 1982, wurden einige Abschnitte aus den Kapiteln 2, 17, 19, 22 und 24 in überarbeiteter Form übernommen; desgleichen aus Ernst Pöppel: »Erlebte Zeit und die Zeit überhaupt: Ein Versuch der Integration«, München 1983, Kapitel 11.

Literaturverzeichnis

Um die Lesbarkeit des Buches nicht einzuschränken, wurde meist darauf verzichtet, Literaturhinweise an der jeweils dafür in Frage kommenden Stelle im Text anzuführen. Diese Hinweise und auch Vorschläge zu weiterführender Lektüre für den besonders interessierten Leser sind hier zusammengefaßt.

M. L. Albert, D. Bear: Time to understand – a case study of word deafness with reference to the role of time in auditory comprehension. Brain 97, 373-384 (1974).

M. A. Arbib (Ed.): The Handbook of Brain Theory and Neural Networks. MIT Press, Cambridge 1995.

Aristoteles: Über die Seele. Paderborn 1953.

J. Aschoff (Ed.): Biological rhythms. Handbook of Behavioral Neurobiology. New York 1981.

J. Aschoff: On the perception of time during prolonged temporal isolation. Human Neurobiology 4, 41-52 (1985).

Augustinus: Bekenntnisse (Confessiones). München 1955, (orig. 397/398).

B. J. Baars: A cognitive theory of consciousness. Cambridge Univ. Press, Cambridge England 1989.

K. E. von Baer: Welche Auffassung der lebenden Natur ist die richtige? Und wie ist diese Auffassung auf die Entomologie anzuwenden? Vortrag in St. Petersburg 1860. Schmitzdorf, H. (Hrsg.) St. Petersburg 1864, S. 237-284.

F. E. Bloom, D. J. Kupfer (Hrsg.): Psychopharmacology. The fourth generation of progress. New York 1995.

E. G. Boring: The physical dimensions of consciousness. New York 1933.

M. Bunge: The mind-body problem. A psychobiological approach. Oxford 1980.

A. Cowey, P. Stoerig: The neurobiology of blindsight. Trends in Neuroscience 14, 4, 140-145 (1991).

A. Cowey, P. Stoerig: Blindsight in monkeys. Nature 373, 247-249 (1995).

N. Chomsky: Sprache und Geist. Frankfurt 1970.

P. S. Churchland: Neurophilosophy. Toward a unified science of the mind/brain. MIT Press, Cambridge 1986.

J. Cohen: Psychological time in health and disease. Springfield 1967.

O. Creutzfeldt: Bewußtsein und Selbstbewußtsein als neurophysiologisches Problem der Philosophie. In: A. Peisl, A. Mohler (Hrsg.): Reproduktion des Menschen. Frankfurt 1981, S. 29-54.

F. Crick: The astonishing hypothesis. The scientific search for the soul. Scribner's, New York 1994.

M. Critchley: The divine banquet of the brain. New York 1979.

J. M. Davidson: The physiology of meditation and mystic states of consciousness. Perspectives in Biology and Medicine, 345-397 (1976).

I. J. Deary, C. Stough: Intelligence and inspection time. Achievements, prospects and problems. American Psychologist 51, 599-608 (1996).

D. C. Dennett: Consciousness explained. Boston 1991.

R. Descartes: Discours de la méthode. (Von der Methode). Hamburg 1960.

F. C. Donders: On the speed of mental processes. Acta Psychologica 30, 412-431 (1969, orig. 1868).

G. M. Edelman: The Remembered Present. New York, 1989.

G. M. Edelman: Bright air, brilliant fire. On the matter of the mind. New York 1992.

I. Eibl-Eibesfeldt: Die Biologie des menschlichen Verhaltens. Grundriß der Humanethologie. München 1984, 3. Aufl. 1995.

A. Einstein: Physik und Realität. Nachdruck in A. Einstein: Aus meinen späten Jahren. Stuttgart 1979.

T. Elbert, R. Ulrich, B. Rockstroh et al.: The processing of temporal intervals reflected by CNV-like brain potentials. Psychophysiology 28, 648-655 (1991).

A. Elepfandt, G. Wolters (Eds.): Denkmaschinen? Interdisziplinäre Perspektiven zum Thema Gehirn und Geist. Universitätsverlag, Konstanz 1993.

D. Epstein: Beyond Orpheus. Studies in musical structure. Cambridge 1979.

D. Epstein: Shaping time. Music, the Brain and Performance. Prentice Hall International 1995.

S. Exner: Experimentelle Untersuchungen der einfachsten psychologischen Prozesse. Pflügers Archiv 11, 403-432 (1875).

P. Feyerabend: Wider den Methodenzwang. Skizze einer anarchistischen Erkenntnistheorie. Frankfurt 1975.

R. Feynman: The character of physical law. Cambridge 1965.

K. Flasch: Was ist Zeit? Frankfurt/Main 1993.

J. A. Fodor: The modularity of mind. Cambridge 1983.

P. Fraisse: The psychology of time. London 1964.

P. Fraisse: Perception and estimation of time. Annual Review of Psychology 35, 1-36 (1984).

S. Freud: Die Traumdeutung. Gesammelte Werke. Band 2 und 3. Frankfurt 1942 (orig. 1900).

S. Freud: Zur Psychopathologie des Alltagslebens. Über Vergessen, Versprechen, Vergreifen, Aberglaube und Irrtum. Gesammelte Werke. Band 4. Frankfurt 1941 (orig. 1904).

S. Freud: Das Ich und das Es. Gesammelte Werke. Band 13. Frankfurt 1940 (orig. 1923).

G. Gainotti: Emotional behavior and hemispheric side of lesion. Cortex 8, 41-55 (1972).

R. Galambos, S. Makeig, P. J. Talmachoff: A 40-Hz auditory potential recorded from the human scalp. Proc. Natl. Acad. Sci. USA 78, 2643-2647 (1981).

M. Gell-Mann: The quark and the jaguar. Adventures in the simple and the complex. New York 1994.

G. E. Gerstner, V. A. Fazio: Evidence of a universal perceptual unit in mammals. Ethology 101, 89-100 (1995).

N. Geschwind: Specializations of the human brain. Scientific American, 158-168 (Sept. 1979).

R. H. Gombrich: The image and the eye. Oxford 1982.

S. R. Graubard (Ed.): The artificial intelligence debate. False starts, real foundations. MIT Press, Cambridge 1990.

R. Hari, P. Kiesilä: Deficit of temporal auditory processing in dyslexic adults. Neuroscience Letters 205, 138-140 (1996).

L. S. Hearnshaw: Temporal integration and behaviour. Bulletin of the British Psychological Society 30, 1-20 (1956).

D. O. Hebb: Organization of behavior. A neuropsychological theory. New York 1961.

M. Heidegger: Sein und Zeit. Tübingen 1963 (orig. 1927).

R. Heiss: Allgemeine Tiefenpsychologie. Bern 1965.

W. R. Hess: Das Zwischenhirn. Syndrome, Lokalisationen, Funktionen. Basel 1954.

I. J. Hirsh, C. E. Sherrick: Perceived order in different sense modalities. Journal of Experimentel Psychology 26, 423-432 (1961).

J. A. Hobson: The dreaming brain. New York 1988.

A. Hoche: Langeweile. Psychologische Forschung 3, 258-271 (1923).

E. von Holst: Zur Verhaltensphysiologie bei Tieren und Menschen. München 1969.

L. van der Horst: Über die Psychologie des Korsakowsyndroms. Monatsschrift für Psychiatrie und Neurologie 83, 65-84 (1932).

D. H. Hubel, T. N. Wiesel: Functional architecture of macaque monkey visual cortex. Proceedings of the Royal Society London, B. 198, 1-59 (1977).

E. Husserl: Vorlesungen zur Phänomenologie des inneren Zeitbewußtseins. Tübingen 1980 (orig. 1928).

R. *Jakobson:* Kindersprache, Aphasie und allgemeine Lautgesetze. Frankfurt 1969 (orig. 1941).

W. *James:* Psychology. New York 1961 (orig. 1892).

K. *Jaspers:* Allgemeine Psychopathologie. Berlin/Göttingen/Heidelberg 1959 (7. Aufl.).

H. *Jokeit:* Analysis of periodicities in human reaction times. Naturwissenschaften 77, 289-291 (1990).

H. *Jonas:* Macht und Ohnmacht der Subjektivität. Das Leib-Seele-Problem im Vorfeld des Prinzips Verantwortung. Frankfurt 1981.

E. *Jünger:* An der Zeitmauer. Stuttgart 1959.

C. G. *Jung:* Vom Wesen der Träume. Olten 1971 (orig. 1945).

E. R. *Kandel, J. H. Schwartz, M. T. Jessell:* Principles of neural science. New York 1991.

I. *Kant:* Kritik der reinen Vernunft. Hamburg 1956.

H. v. *Kleist:* Über die allmähliche Verfertigung der Gedanken beim Reden. München/Wien 1977 (orig. wahrscheinlich 1805/06).

W. *Köhler:* Zur Theorie des Sukzessivvergleichs und der Zeitfehler. Psychologische Forschung 4, 115-175 (1932).

W. *Köhler:* Gestalt psychology. New York 1947.

I. *Kohler:* Über Aufbau und Wandlungen in der Wahrnehmungswelt. Österreichische Akademie der Wissenschaften Bd. 227/1, Wien 1951.

I. *Kohler:* Wahrnehmung. In: R. Meili, H. Rohracher (Hrsg.), Lehrbuch der experimentellen Psychologie, Bern 1963, S. 53-102.

S. *Kowal, D. O'Connell, E. J. Sabin:* Development of temporal patterning and vocal hesitations in spontaneous narratives. Journal of psycholinguistic research, 4, 195-207 (1975).

S. *Krämer (Ed.):* Geist – Gehirn – Künstliche Intelligenz. Berlin 1994.

T. S. *Kuhn:* Die Struktur wissenschaftlicher Revolutionen. Frankfurt 1979 (orig. 1962).

J. R. *Lackner, H.-L. Teuber:* Alternations in auditory fusion thresholds after cerebral injury in man. Neuropsychologia 11, 409-425 (1973).

E. H. *Land:* Recent advances in retinex theory and some implications for cortical computations: Colour vision and the natural image. Proceedings of the National Academy of Sciences, USA, 80, 5163-5169 (1983).

K. S. *Lashley:* The problem of serial order in behavior. In: L. A. Jeffress (Ed.), Cerebral mechanisms in behavior. New York 1951 S. 112-136.

K. S. *Lashley:* Mass action in cerebral function. Science 73, 245-254.

E. H. *Lenneberg:* Biological foundations of language. New York 1967.

J. Y. *Lettvin, H. R. Maturana, W. S. Cullock, W. H. Pitts:* What the frog's eye tells the frog's brain. Proceedings of the Institute of Radio Engineers 47, 1940-1951 (1959).

W. J. M. Levelt: Speaking. From intuition to articulation. MIT Press, Cambridge 1989.

J. Levy, C. Trevarthen, R. W. Sperry: Perception of bilaterial chimeric figures following hemispheric deconnexions. Brain 95, 61-78 (1972).

N. K. Logothetis, D. A. Leopold, D. L. Sheinberg: What is rivalring during binocular rivalry? Nature 380, 621-624 (1996).

N. K. Logothetis, D. L. Sheinberg: Visual object recognition. Ann. Rev. Neurosci 19, 577-621 (1996).

K. Lorenz: Die angeborenen Formen möglicher Erfahrung. Zeitschrift für Tierpsychologie 5, 235 409 (1943).

K. Lorenz: Die Rückseite des Spiegels. Versuch einer Naturgeschichte menschlichen Erkennens. München 1973.

A. R. Luria: The Working Brain. An introduction to neuropsychology. New York 1973.

A. R. Luria: The mind of a mnemonist. A little book about a vast memory. New York 1968.

E. Mach: Die Analyse der Empfindungen und das Verhältnis des Physischen zum Psychischen. Jena 1885.

C. Madler, E. Pöppel: Auditory evoked potentials indicate the loss of neuronal oscillations during general anaesthesia. Naturwissenschaften 74, 42-43 (1987).

Th. Mann: Der Zauberberg. Frankfurt 1967 (orig. 1924).

J. G. Martin: Rhythmic (hierarchical) versus serial structure in speech and other behavior. Psychological Review 79, 487-509 (1972).

J. Mates, U. Müller, T. Radil, E. Pöppel: Temporal integration in sensorimotor synchronization. J. Cogn. Neuroscience 6, 332-340 (1994).

J. C. Meadows: The anatomical basis of prosopagnosia. Journal of Neurology, Neurosurgery, and Psychiatry 37, 489-501 (1974).

R. Melzack: The puzzle of pain. New York 1973.

M. M. Merzenich, W. M. Jenkins, P. Johnston et al.: Temporal processing deficits of language-learning impaired children ameliorated by training. Science 271, 77-81 (1996).

B. Milner, H. L. Teuber: Alternation of perception and memory in man: Reflections on methods. In: L. Weiskrantz (Ed.), Analysis of behavioral change. New York 1968, S. 268-375.

W. J. H. Nauta, M. Feirtag: Fundamental neuroanatomy. New York 1986.

U. Neisser: Kognitive Psychologie. Stuttgart 1974.

I. Newton: Philosophiae naturalis principia mathematica. London 1687.

J. Olds: Drives and reinforcements. New York 1977.

R. E. Ornstein: On the experience of time. Harmondsworth/England 1969.

M. A. Pastor, J. Artieda (Eds.): Time, Internal Clocks and Movement. Amsterdam/New York 1996.

W. Penfield, L. Roberts: Speech and brain-mechanisms. Princeton 1959.

W. Penfield, T. Rasmussen: The cerebral cortex of man. A clinical study of localisation of function. New York 1968.

L. B. Peterson, M. J. Peterson: Short-term retention of individual items. J. Exp. Psychol. 58, 193-198 (1959).

S. Pinker: The language instinct. How the mind creates language. New York 1994.

D. Ploog: Emotionen als Produkte des limbischen Systems. Medizinische Psychologie 6, 7-19 (1980).

D. Ploog: Kommunikation in Affengesellschaften und deren Bedeutung für die Verständigungsweisen des Menschen. Neue Anthropologie. In: H. G. Gadamer, P. Vogler (Hrsg.), Biologische Anthropologie, Zweiter Teil. Stuttgart 1972, S. 98-178.

N. F. Podvigin, H. Jokeit and E. Pöppel et al.: Stimulus-dependent oscillatory activity in the lateral geniculate body of the cat. Naturwissenschaften 79, 428-431 (1992).

E. Pöppel: Excitability cycles in central intermittency. Psychologische Forschung 34, 1-9 (1970).

E. Pöppel: Comment on »Visual system's view of acoustic space«. Nature 243, 295-296 (1973).

E. Pöppel, R. Held, D. Frost: Residual visual function after brain wounds involving the central visual pathways in man. Nature 243, 295-296 (1973).

E. Pöppel, R. Held, J. E. Dowling: Neuronal mechanisms in visual perception. Neurosciences Research Program Bulletin 15, 315-553 (1977).

E. Pöppel: Time Perception. In: R. Held, H. Leibowitz, H.-L. Teuber (Eds.), Handbook of Sensory Physiology, Vol. VIII: Perception. Berlin 1978, S. 713-729.

E. Pöppel, R. Brinkmann, D. von Cramon, W. Singer: Association and dissociation of visual functions in a case of bilateral occipital lobe infarction. Archiv für Psychiatrie und Nervenkrankheiten 225, 1-21 (1978).

E. Pöppel: Erlebte Zeit und die Zeit überhaupt: Ein Versuch der Integration. In: A. Peisl, A. Mohler (Hrsg.), Die Zeit. München 1983, S. 369-382.

E. Pöppel, N. Logothetis: Neuronal oscillations in the brain. Naturwissenschaften 73, 267-268 (1986).

E. Pöppel (Ed.): Gehirn und Bewußtsein. Weinheim 1989.

E. Pöppel, K. Schill, N. v. Steinbüchel: Sensory integration within temporally neutral system states: a hypothesis. Naturwissenschaften 77, 89-91 (1990).

E. Pöppel: Lust und Schmerz. Über den Ursprung der Welt im Gehirn. Berlin, 2. Auflage 1993.

E. *Pöppel:* Taxonomy of subjective phenomena: A neuropsychological basis of functional assessment of ischemic or traumatic brain lesions. Acta Neurochirurg. Suppl. 57, 123-129 (1993).

E. *Pöppel, M. Bullinger, U. Härtel (Eds.):* Medizinische Psychologie und Soziologie. Chapman Hall, Weinheim, London 1994.

E. *Pöppel, A.-L. Edingshaus:* Geheimnisvoller Kosmos Gehirn. 1994.

E. *Pöppel:* Temporal mechanisms in perception. Intern. Rev. Neurobiol. 37, 185-202 (1994).

E. *Pöppel, M. Kerner:* Zeit und Mensch. Aachen 1996.

E. *Pöppel:* A hierarchical model of temporal perception. Trends in Cognitive Sciences, 1, 56–61 (1997).

K. R. *Popper, J. C. Eccles:* The self and its brain. An argument for interactionism. New York 1977.

I. *Prigogine:* Vom Sein zum Werden. Zeit und Komplexität in den Naturwissenschaften. München 1979.

D. M. *Raup:* Extinction. Bad genes or bad luck? New York 1991.

I. *Rentschler, B. Herzberger, D. Epstein (Eds.):* Beauty and the brain. Biological aspects of aesthetics. Basel 1988.

E. *Ruhnau, E. Pöppel:* Adirectional Temporal Zones in Quantum Physics and Brain Physiology. International Journal of Theoretical Physics 30, 1083-1090 (1991).

E. *Ruhnau, V. Haase:* Parallel distributed processing and integration by oscillation. Behav. Brain Sci. 16, 587-588 (1993).

H. A. *Sackeim, M. S. Greenberg A. L. Weiman, R. C. Gur, J. P. Hungerbuhler, N. Geschwind:* Hemispheric asymmetry in the expression of positive and negative emotions. Archives of Neurology 39, 210-218 (1982).

G. P. *Sackett:* Monkeys reared in isolation with pictures as visual input. Evidence for an innate releasing mechanism. Science 154, 1468-1473 (1966).

M. *Sams, R. Hari, J. Rif et al.:* The human auditory sensory memory trace persists about 10 sec: Neuromagnetic evidence. J. Cogn. Neuroscience 5, 363-370 (1993).

W. *Schiefenhövel:* Of body and soul – about the concept of man among the Eipo, Mek language group, Highlands of Irian Jaya. Bikmaus, Journal of Papua New-Guinea. Affairs, Ideas and the Arts. IV, 1 87-93 (1983).

M. *Schleidt, I. Eibl-Eibesfeldt, E. Pöppel:* A universal constant in temporal segmentation of human short-term behaviour. Naturwissenschaften 74, 289-290 (1987).

G. E. *Schwartz, R. A. Davidson, F. Maer:* Right hemisphere lateralization for emotion in the human brain: Interactions with cognition. Science 190, 286-288 (1975).

D. *Schwender, C. Madler, S. Klasing et al.*: Anaesthetic control of 40-Hz brain activity and implicit memory. Consciousness and Cognition 3, 129-147 (1994).

J. R. *Searle*: Die Wiederentdeckung des Geistes. München 1993.

H. *Simon*: The sciences of the artificial. Cambridge 1982.

W. *Singer*: Control of thalamic transmission by corticofugal and ascending reticular pathways in the visual system. Physiological Reviews 57, 386-420 (1977).

W. *Singer, C. M Gray*: Visual feature integration and the temporal correlation hypothesis. Annual Review Neuroscience 18, 555-586 (1995)

S. *H. Snyder*: Drugs and the brain. New York 1986.

R. *Sperry*: Lateral specialisation in the surgically separated hemispheres. In: F. O. Schmitt and F. G. Worden (Eds.), The Neurosciences – Third Study Program. Cambridge 1975, S. 5-19.

R. *Sperry*: Science and moral priority. New York 1983.

G. S. *Stent*: A physiological mechanism for Hebb's postulate of learning. Proceedings of the National Academy of Sciences 70, 997-1001 (1973).

S. *Sternberg*: High-speed scanning in human memory. Science 153, 652-654 (1966).

N. *v. Steinbüchel, D. Y. von Cramon, E. Pöppel (Eds.)*: Neuropsychological rehabilitation. Berlin 1992.

N. *v. Steinbüchel, E. Pöppel*: Domains of rehabilitation: a theoretical perspective. Behav. Brain Res. 56, 1-10 (1993).

L. *W. Stern*: Psychische Präsenzzeit. Zeitschrift für Psychologie und Physiologie der Sinnesorgane 13, 325-349 (1897).

P. *Stoerig, A. Cowey*: Wavelength discrimination in blindsight. Brain 115, 125-144 (1992).

P. *Stoerig, L. Weiskrantz*: Sources of blindsight. Science, 261 (493-494) 1993.

P. *Stoerig, A. Cowey*: Visual perception and phenomenal consciousness. Behavioural Brain Research 71 (2), 147-156 (1995).

P. *Stoerig, A. Cowey*: Blindsight in man and monkey. Brain (im Druck) 1997.

E. *Szelag, N. v. Steinbüchel, M. Reiser et al.*: Temporal constraints in processing of nonverbal rhythmic patterns. Acta Neurobiologiae Experimentalis 56, 215-225 (1996).

J. *Szentágothai, M. A. Arbib*: Conceptual models of neural organization. Neurosciences Research Program Bulletin, Vol. 12, 307-510 (1974).

J. D. *Talbot, S. Marett, A. C. Evans et al.*: Multiple representations of pain in human cerebral cortex. Science 251, 1355-1357 (1991).

P. *Tallal, S. L. Miller, G. Bedi et al.*: Language comprehension in language-learning impaired children improved with acoustically modified speech. Science 271, 81-84 (1996).

K. Tanaka, H. Saito, Y. Fukada, M. Moriya: Coding of visual images of objects in inferotemporal cortex of macaque monkey. J. Neurophysiol. 66, 170-189 (1991).

H.-L. Teuber, W. S. Battersby, M. B. Bender: Visual field defects after penetrating missile wounds of the brain. Harvard University Press, Cambridge, 1960.

H.-L. Teuber: Effects of focal brain injury on human behavior. In: The Nervous System (Ed.: D. B. Tower). New York 1975, 457-480.

H.-L. Teuber: The brain and human behavior. In: R. Held, H. Leibowitz, H.-L. Teuber (Eds.), Handbook of Sensory Physiology. Vol. VIII: Perception. Berlin 1978, S. 879-920.

M. L. Teuber: Zwei frühe Quellen zu Paul Klees Theorie der Form. Eine Dokumentation. Katalog »Paul Klee – Das Frühwerk 1883-1922«. Städt. Galerie Lenbachhaus, München 1980, S. 261-296.

N. Tinbergen: Instinktlehre. Vergleichende Erforschung angeborenen Verhaltens. Berlin 1956.

G. Tononi, O. Sporns, G. M. Edelman: Reentry and the problem of integrating multiple cortical areas: Simulation of dynamic integration in the visual system. Cerebral Cortex 2, 310-335 (1992).

F. Turner, E. Pöppel: The neuronal lyre: Poetic meter, the brain and time. Poetry, 227-309 (August 1983).

F. Varela: Resonant cell assemblies: A new approach to cognitive functions and neuronal synchrony. Biol. Research 28, 81-95, 1995.

S. Le Vay: Keimzellen der Lust. Die Natur der menschlichen Sexualität. Heidelberg 1993.

M. Velmans: Consciousness, causality and complementarity. Behav. Brain Sci. 16, 404-416 (1993).

K. Vierordt: Der Zeitsinn nach Versuchen. Tübingen 1868.

M. Vollrath, J. Kazenwadel, H.-P. Krüger: A universal constant in temporal segmentation of human speech. Naturwissenschaften 79, 479-480 (1992).

L. Weiskrantz, E. K. Warrington, M. D. Sanders, J. Marshall: Visual capacity in the hemianoptic field following a restricted occipital ablation. Brain 97, 709-728 (1974).

L. Weiskrantz: Blindsight: A case study and implications. Open University Press, London 1986.

R. Werth: Bewußtsein. Psychologische, neurobiologische und wissenschaftstheoretische Aspekte. Berlin/Heidelberg 1983.

R. A. Wever: The circadian system of man. Results of experiments under temporal isolation. New York 1979.

N. Wiener: Time and the science of organisation. Scientia 93, 199-205 (1958).

T. N. Wiesel: Postnatal development of the visual cortex and the influence of environment. Nature 229, 583-591 (1982).

D. M. Willows, R. S. Kruk, E. Corcos (Eds.): Visual processes in reading and reading abilities. Hillsdale 1993.

W. Wundt: Einführung in die Psychologie. Leipzig 1911.

R. K. Yin: Face recognition by brain injured patients: A dissociable ability? Neuropsychologia 8, 395-402 (1970).

J. Z. Young: Programs of the brain. New York 1978.

D. Zakay: Time and Human Cognition. A Life-Span Perspective (J. Levin, D. Zakay, Eds.). New York 365-397, 1989.

S. M. Zeki: Functional specialization in the visual cortex of the rhesus monkey. Nature 274, 423-428 (1978).

S. M. Zeki: The representation of colours in the cerebral cortex. Nature 284, 412-418 (1980).

S. M. Zeki: A century of cerebral achromatopsia. Brain 113, 1721-1777 (1990).

S. M. Zeki: A vision of the brain. London 1993.

J. Zihl: »Blindsight«: Improvement of visually guided eye movements by systematic practice in patients with cerebral blindness. Neuropsychologia 18, 71-77 (1980).

J. Zihl, D. von Cramon, N. Mai: Selective disturbance of movement vision after bilateral brain damage. Brain 106, 313-340 (1983).

J. Zihl, D. von Cramon, E. Pöppel: Sensorische Rehabilitation bei Patienten mit postchiasmatischen Sehstörungen. Nervenarzt 49, 101-111 (1978).

*Sachbücher im Hauptprogramm
des Insel Verlags 1994–1996*

Anne Bohnenkamp
» ... das Hauptgeschäft nicht außer Augen lassend «
Die Paralipomena zu Goethes Faust
940 Seiten. Gebunden. 1994

Georg Bollenbeck
Bildung und Kultur
Glanz und Elend eines deutschen Deutungsmusters
418 Seiten. Leinen. 1994

Modernes Mittelalter
Neue Bilder einer populären Epoche
Herausgegeben von Joachim Heinzle
495 Seiten. Gebunden. 1994

Walter Hinck
Magie und Tagtraum
Das Selbstbild des Dichters in der deutschen Lyrik
359 Seiten. Gebunden. 1994

Ärztliches Urteilen und Handeln
Zur Grundlegung einer medizinischen Ethik
Herausgegeben von Ludger Honnefelder und Günter Rager
377 Seiten. Gebunden. 1994

Michael Ignatieff
Reisen in den neuen Nationalismus
Aus dem Englischen von Werner Schmitz
310 Seiten. Gebunden. 1994

Hans Jonas
Das Prinzip Leben
Ansätze zu einer philosophischen Biologie
408 Seiten. Gebunden. 1994

Wolfgang Kaempfer
Zeit des Menschen
Das Doppelspiel der Zeit im Spektrum
der menschlichen Erfahrung
289 Seiten. Leinen. 1994

Erhart Kästner
Was die Seele braucht
Erhart Kästner über Bücher und Autoren
Herausgegeben von Julia Hiller von Gaertringen
und Katrin Nietzschke
228 Seiten. Gebunden. 1994

Die Geheimnisse der Gesundheit
Medizin zwischen Heilkunde und Heiltechnik
Herausgegeben von Peter Kemper
360 Seiten. Broschur. 1994

Michael Kohtes
Nachtleben. Topographie des Lasters
188 Seiten. Gebunden. 1994

Goethes Anschauen der Welt
Schriften und Maximen zur wissenschaftlichen Methode
Herausgegeben von Eckehart Krippendorff
221 Seiten. Gebunden. 1994

David B. Morris
Geschichte des Schmerzes
Aus dem Amerikanischen von Ursula Gräfe
460 Seiten. Gebunden. 1994

Jacob Needleman
Geld und der Sinn des Lebens
Aus dem Amerikanischen von Charlotte Franke
311 Seiten. Gebunden. 1994

Die großen Frankfurter
Herausgegeben von Hans Sarkowicz
287 Seiten. Gebunden. 1994

Theo Stemmler
Stemmlers kleine Stil-Lehre
Vom richtigen und falschen Sprachgebrauch
231 Seiten. Gebunden. 1994

Paul Davies
Der Plan Gottes
Die Rätsel unserer Existenz und die Wissenschaft
Aus dem Englischen von Anita Ehlers
300 Seiten. Gebunden. 1995

Karl Eibl
Die Entstehung der Poesie
327 Seiten. Gebunden. 1995

Timothy Ferris
Das Weltall und ich
Eine unterhaltsame Einführung in die neuen Wissenschaften
von Mensch, Erde und Kosmos
Illustrationen von Ingram Pinn
Vorwort von John Gribbin
Aus dem Amerikanischen von Vladimir Delavre
88 Seiten. Gebunden. 1995

Herbert W. Franke
Das P-Prinzip
Naturgesetze im Rechnenden Raum
345 Seiten. Gebunden. 1995

Herbert Genzmer
Deutsche Grammatik
350 Seiten. Gebunden. 1995

Christiaan L. Hart Nibbrig
Übergänge
Versuch in sechs Anläufen
254 Seiten. Gebunden. 1995

Lawrence M. Krauss
Schwarze Materie
Aus dem Amerikanischen von Anita Ehlers
432 Seiten. Gebunden. 1995

Ervin Laszlo
Kosmische Kreativität
Neue Grundlagen einer einheitlichen Wissenschaft
von Materie, Geist und Leben
333 Seiten. Gebunden. 1995

David Layzer
Die Ordnung des Universums
Aus dem Amerikanischen von Anita Ehlers
458 Seiten. Gebunden. 1995

Walter von Lucadou
Psyche und Chaos
Theorien der Parapsychologie
280 Seiten. Gebunden. 1995

»Als der Krieg zu Ende war«
Erinnerungen an den 8. Mai 1945
Herausgegeben von Hans Sarkowicz
232 Seiten. Gebunden. 1995

Mathias Schulenburg
Nanotechnologie
Die letzte industrielle Revolution
241 Seiten. Gebunden. 1995

Michel Serres
Die Legende der Engel
Aus dem Französischen von Michael Bischoff
304 Seiten. Gebunden. 1995

Robert S. Wistrich
Ein Wochenende in München
Kunst, Propaganda und Terror im Dritten Reich
Aus dem Englischen von Vladimir Delavre
176 Seiten. Gebunden. 1996

Verstrahlt, vergiftet, vergessen
Die Opfer von Tschernobyl nach zehn Jahren
Ein journalistischer Report von Frank Franke,
Norbert Schreiber und Peter Vinzens
324 Seiten. Kartoniert. 1996

Erhard Eppler
Komplettes Stückwerk
Erfahrungen aus fünfzig Jahren Politik
299 Seiten. Gebunden. 1996

Handy, Swatch und Party-Line
Zeichen und Zumutungen des Alltags
Herausgegeben von Peter Kemper
336 Seiten. Gebunden. 1996

Giacomo Marramao
Die Säkularisierung der westlichen Welt
Aus dem Italienischen von Günter Memmert
173 Seiten. Gebunden. 1996

Der Himmel
Eine Kulturgeschichte des ewigen Lebens
Von Bernhard Lang und Colleen McDannell
578 Seiten. Gebunden. 1996

Manfred Reitz
Leben jenseits der Lichtjahre
Die Wissenschaften
auf der Suche nach außerirdischen Intelligenzen
279 Seiten. Gebunden. 1996

Die großen Leipziger
26 Annäherungen
Herausgegeben von Vera Hauschild
400 Seiten. Leinen. 1996

Die großen Hessen
Herausgegeben von Hans Sarkowicz
und Ulrich Sonnenschein
348 Seiten. Gebunden. 1996

Friedrich Cramer
Symphonie des Lebendigen
Versuch einer allgemeinen Resonanztheorie
248 Seiten. Gebunden. 1996

Francis L. Carsten
Widerstand gegen Hitler
Die deutschen Arbeiter und die Nazis
Aus dem Englischen vom Autor
312 Seiten. Gebunden. 1996

Ernst R. Sandvoss
Sternstunden des Prometheus
Vom Weltbild zum Weltmodell
445 Seiten. Gebunden. 1996

Bruce Mazlish
Faustkeil und Elektronenrechner
Die Annäherung von Mensch und Maschine
Aus dem Amerikanischen
von Christian Stahlhut
409 Seiten. Gebunden. 1996